Mensa‘s knifflige GEOMETRIERÄTSEL

ISBN 978-3-8094-4456-5

1. Auflage

Die Originalausgabe erschien auf Englisch unter dem Titel *Mensa's most Difficult Geometric Puzzles*.

Projektleitung dieser Ausgabe: Dr. Iris Hahner
Umschlaggestaltung: Atelier Versen, Bad Aibling
Übersetzung: Dr. Ulrike Kretschmer
Lektorat und Satz: Dr. Alex Klubertanz
Herstellung: Elke Cramer

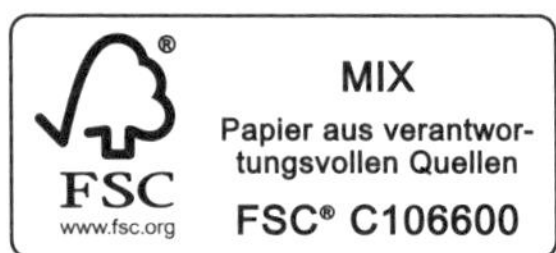

Penguin Random House Verlagsgruppe FSC® N001967
Druck und Bindung: DZS Grafik d.o.o., Ljubljana
Printed in Slovenia

Graham Jones

Mensa's knifflige GEOMETRIE RÄTSEL

200 Knobeleien
mit Lösungen

Bassermann

Was ist Mensa?

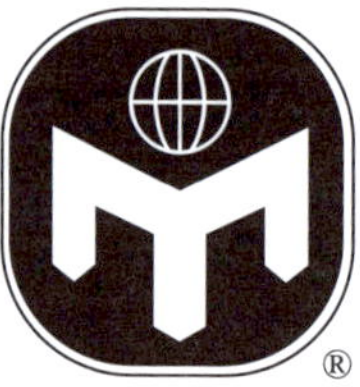

Mensa ist ein internationaler Verein für Hochbegabte. Seine aktuell mehr als 126 000 Mitglieder stammen aus über 45 Ländern weltweit.

Die Ziele des Vereins sind:
- Menschliche Intelligenz zum Wohl der Menschheit erkennen und fördern
- Forschungen zu Natur; Anzeichen und Gebrauch von Intelligenz unterstützen
- Mitgliedern ein anregendes intellektuelles und soziales Umfeld bieten

Jeder mit einem IQ, der höher ist als bei 98 Prozent der Bevölkerung, ist für die Aufnahme in den Verein qualifiziert – sind Sie der oder die »Eine von 50«, nach dem bzw. der wir gesucht haben?

Als Mensa-Mitglied haben Sie zahlreiche Vorteile:
- Nationales und internationales Netzwerk sowie gesellschaftliche Aktivitäten
- Special Interest Groups zu zahlreichen Themen von Astronomie bis Zoologie
- Monatliche Mitgliederzeitschrift und regionale Newsletter
- Regionale Stammtische, Ausflüge und Spieleabende
- Nationale und internationale Wochenendtreffen und Konferenzen
- Intellektuell anregende Vorträge und Seminare
- Zugang zum welweiten SIGHT-Netzwerk für Reisende

Weitere Informationen finden Sie unter www.mensa.de oder bei:
Mensa in Deutschland e.V.
Wandlhamerstraße 2
82166 Gräfelfing bei München
Sprechzeiten: Dienstag und Donnerstag von 8:30 bis 16:30 Uhr
Telefon: +49 89 8646-6251

Mail: office@mensa.de
www.mensa.de
https://www.facebook.com/mensa.de/
https://twitter.com/Mensa_Germany

Inhalt

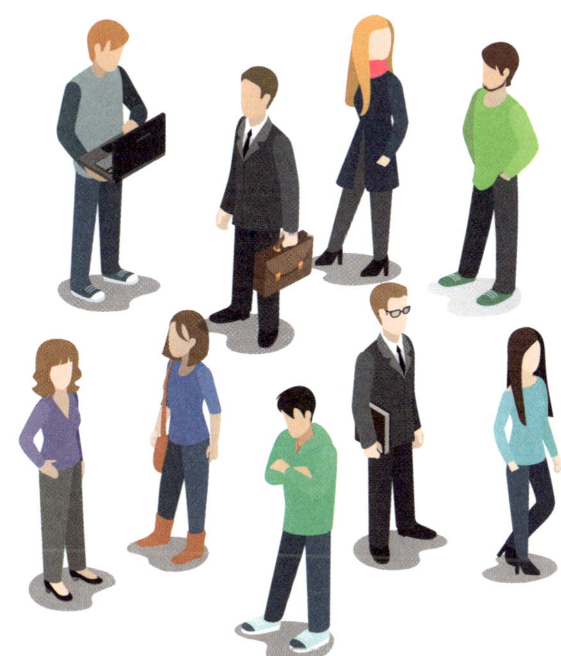

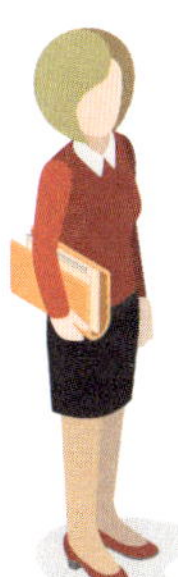

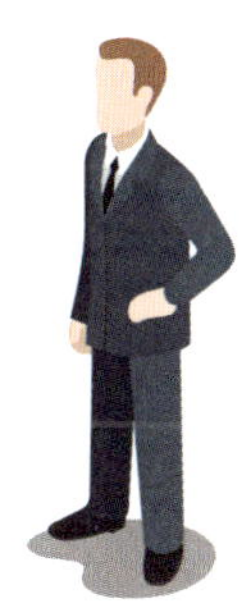

Ein Wort vorweg

Herzlich willkommen in diesem Buch, das kein Geometriebuch ist, sondern Ihnen dabei helfen will, anhand von Formen Ihren Geist in Form zu bringen. Diese Form der Unterhaltung soll Sie herausfordern, überraschen, zum Schmunzeln bringen und die Dinge aus einer neuen Perspektive sehen lassen.

Wir alle kennen die großen griechischen Geometriekünstler wie Pythagoras, Plato, Archimedes und Euklid und die Lust (oder Angst), die sie uns in der Schule bereitet haben. Doch keine Sorge: Sie sind hier nicht in der Schule. Um die Aufgaben in diesem Buch lösen zu können, müssen Sie sich nicht an den Stoff von damals erinnern, Sie müssen nur ein wenig denken – manchmal auch um die Ecke.

Wohl jeder erinnert sich an zwei Dinge aus dem Geometrieunterricht: den Satz des Pythagoras ($a^2 + b^2 = c^2$) bezüglich der rechtwinkligen Dreiecke und die Geschichte von Archimedes in der Badewanne, aus der das Wasser überlief, als der Gelehrte eintauchte, woraufhin er nackt die Straße hinunterrannte und »Heureka!« schrie. Die Geschichte ging für den Goldschmied, der König Hieron II. eine Krone aus reinem Gold anfertigen sollte, übrigens nicht gut aus.

Warum ist Geometrie so wichtig? Weil sie auch im echten Leben wirklich nützlich ist. Die Wissenschaft der, wörtlich, Erdvermessung nahm ihren Anfang als Möglichkeit, praktische Probleme beim Vermessen, beim Bauen, bei der Navigation und in der Astronomie zu lösen. Ihre ersten schriftlichen Aufzeichnungen reichen erstaunliche 5000 Jahre bis ins Reich der Babylonier und ins Industal zurück. Wenn Sie jetzt dieses Buch zur Hand nehmen, folgen Sie einem ausgetretenen Pfad und den Fußstapfen zahlloser Mathematiker.

Mit den 20 verschiedenen Aufgabentypen in diesem Buch werden Sie zwar keine astronomischen Rätsel lösen können, doch Sie schulen damit alle möglichen geistigen Fähigkeiten: Logik, Analytik, räumliches Denken in zwei- und dreidimensionalen Systemen und nicht zuletzt Ihre Rechenkunst sowie die Fähigkeit, unkonventionell zu denken. Sie finden Klassiker wie Streichholz- und Tangram-Legeaufgaben ebenso wie neuere Kreationen.

Irgendwie sind jedoch alle Aufgaben miteinander verbunden, sie alle arbeiten mit Linien und Formen. Bei manchen ist Ihr 3D-Vorstellungsvermögen gefragt, bei anderen können Sie sich zurücklehnen, nachdenken und sich inspirieren lassen. Natürlich dürfen Sie dabei auch ein Bad nehmen und nackt die Straße hinunterlaufen, wenn Sie die Lösung gefunden haben.

Beim Durcharbeiten der Aufgaben werden Sie bemerken, dass es bei der Mathematik im Allgemeinen und der Geometrie im Besonderen um Beziehungen geht: wie die Dinge in Bezug zueinander funktionieren und wie sie zusammen etwas Neues bilden – Geometrie als Schule fürs Leben und Lektion im Beantworten praktischer Fragen. Da Sie hier aber eben nicht in der Schule sind, finden Sie im hinteren Teil des Buchs alle Lösungen zu den Aufgaben (sehen Sie aber erst nach, wenn Sie wirklich nicht mehr weiterkommen!).

Und jetzt: Ran an die Aufgaben und viel Spaß auch beim Knacken der härteren Nüsse!

– Graham Jones

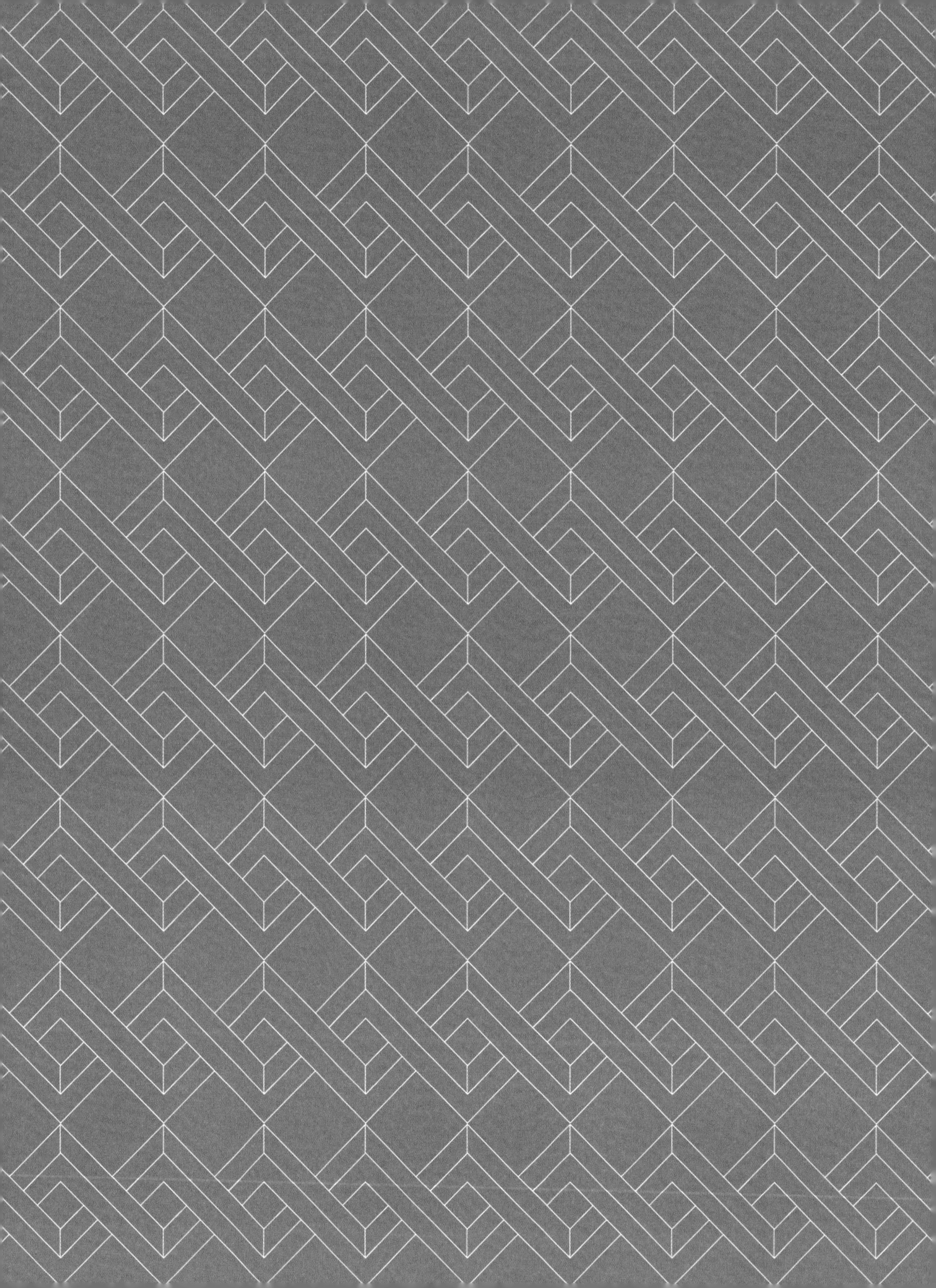

AUFGABEN

Tangram

1 Wie können die sieben vorgegebenen Formen zum Umriss der Ente zusammengelegt werden?

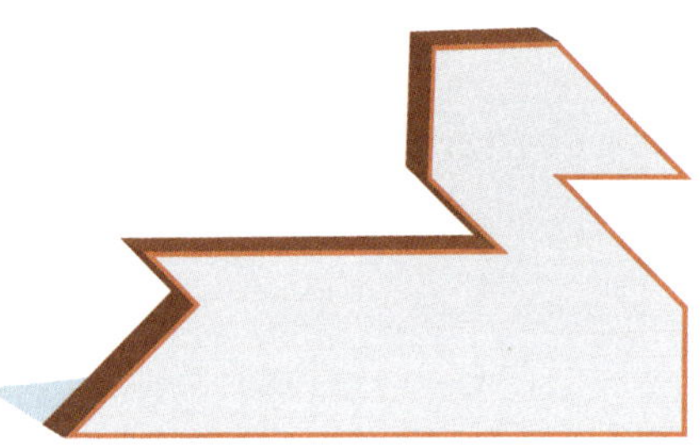

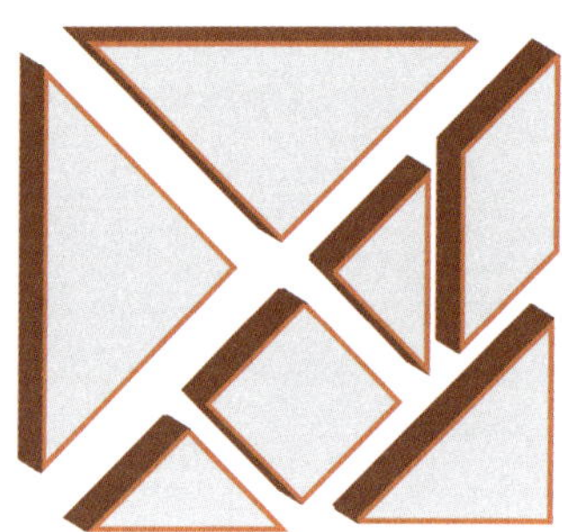

Lösung Seite 112

2 Wie können die sieben vorgegebenen Formen zum Umriss des Tänzers zusammengelegt werden?

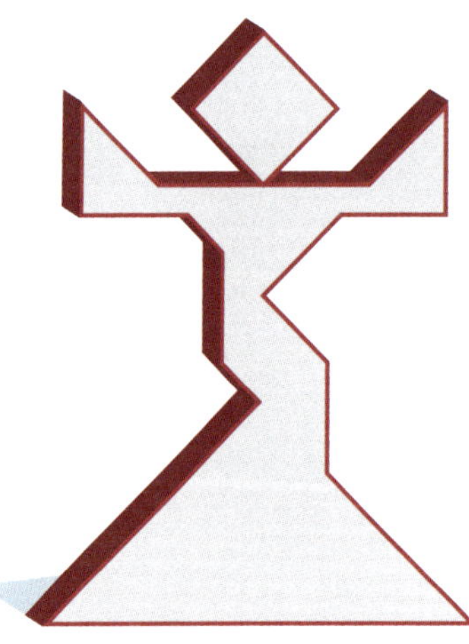

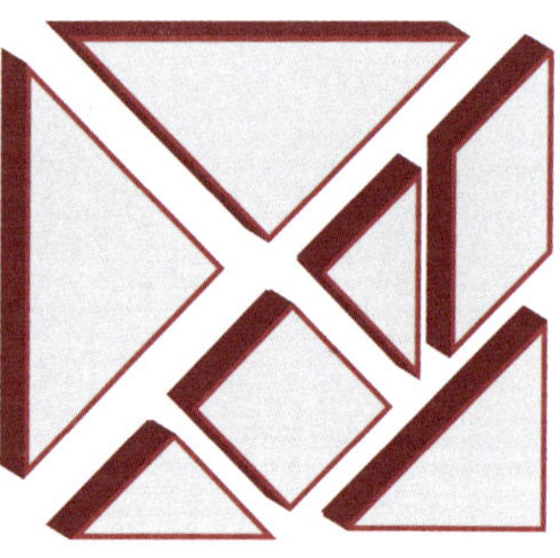

Lösung Seite 118

Gut geteilt

3 Wie kann man die Figur so in zwei Teile aufteilen, dass ein Quadrat aus 5 x 5 Kästchen entsteht?

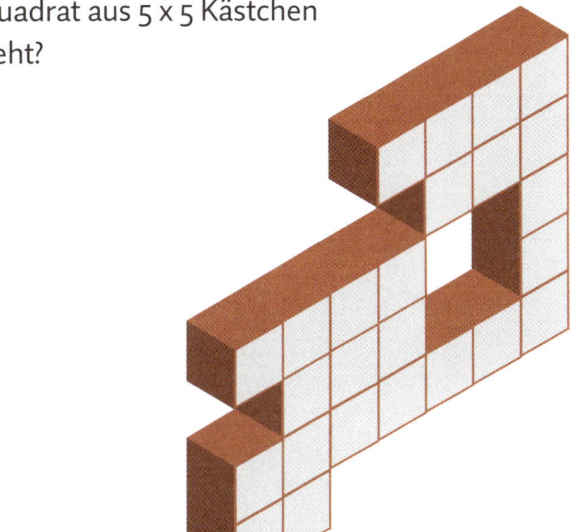

Lösung Seite 112

4 Teilen Sie die Figur in zwei deckungsgleiche Hälften und markieren Sie den Drehpunkt.

Lösung Seite 119

Streichhölzer

5 Legen Sie zwei Streichhölzer so um, dass sich am Ende nur vier Quadrate ergeben. Dabei muss jedes Streichholz Teil eines Quadrats sein, und die Hölzer dürfen nicht übereinanderliegen.

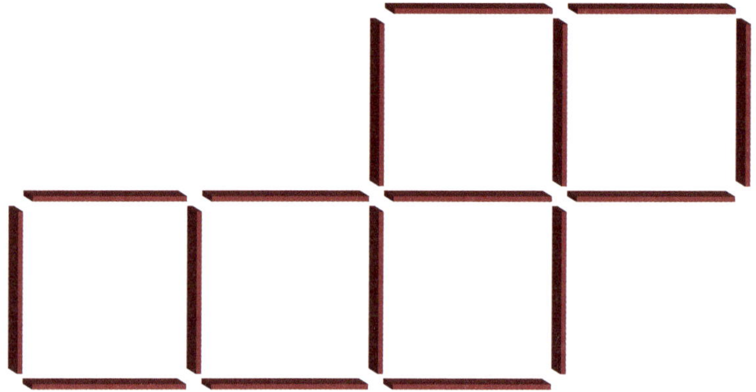

Lösung Seite 119

6 A) Legen Sie drei Streichhölzer so um, dass sich fünf Dreiecke ergeben. Dabei muss jedes Streichholz Teil eines Dreiecks sein, und die Hölzer dürfen nicht übereinanderliegen.
B) Legen Sie vier Streichhölzer so um, dass sich drei Dreiecke ergeben. Dabei muss jedes Streichholz Teil eines Dreiecks sein, und die Hölzer dürfen nicht übereinanderliegen.

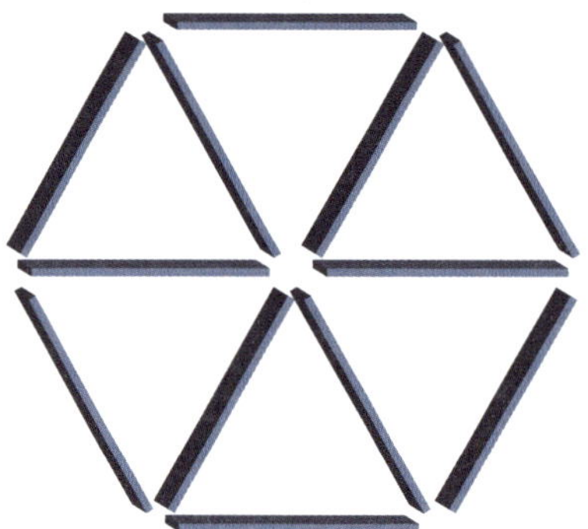

Lösung Seite 112

Linien hinzufügen

7 A) Ziehen Sie in der Figur eine gerade Linie so, dass vier Dreiecke entstehen.
B) Ziehen Sie in der Figur eine gerade Linie so, dass acht Dreiecke entstehen.

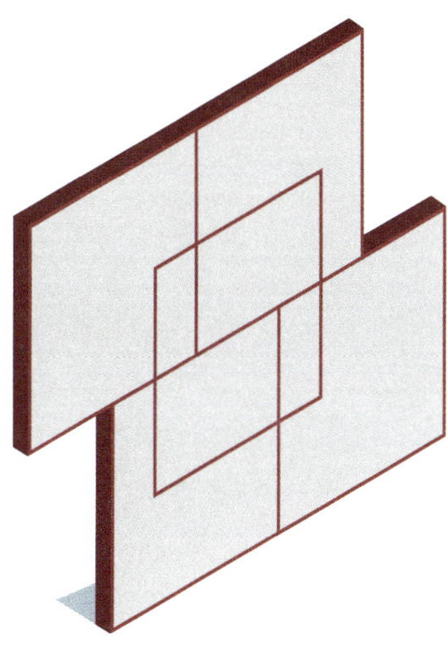

Lösung Seite 113

8 Fügen Sie dem Stern gerade Linien so hinzu, dass 13 weitere Dreiecke in der Figur entstehen.

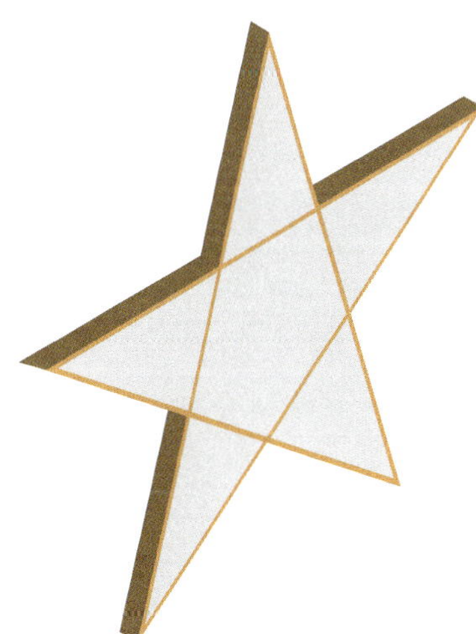

Lösung Seite 119

Linien einzeichnen

9 Zeichnen Sie in das Rechteck fünf Linien von einer Seite zur gegenüberliegenden so ein, dass es in 13 Flächen geteilt wird. In jeder Fläche muss sich eines der Quadrate befinden. Dabei darf keine Fläche ein Quadrat in der Farbe einer angrenzenden Fläche enthalten.

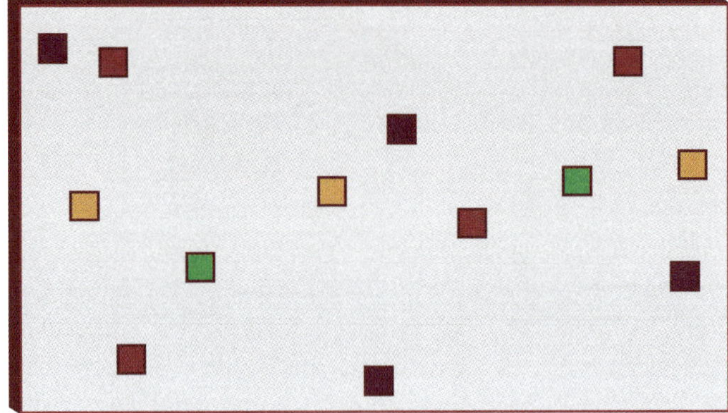

Lösung Seite 120

10 Zeichnen Sie in die Ellipse fünf Linien von einer Seite zur gegenüberliegenden so ein, dass sie in 16 Flächen geteilt wird. In jeder Fläche muss sich einer der Punkte befinden.

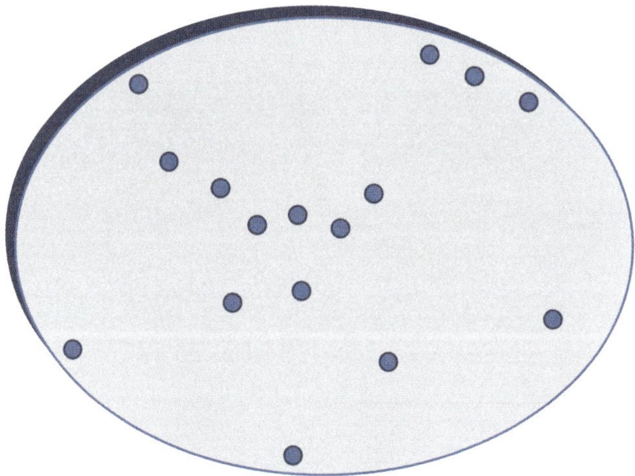

Lösung Seite 113

Kongruente Formen

11 Teilen Sie die Figur in zwei Formen auf, die beim Drehen und/oder Wenden deckungsgleich sind.

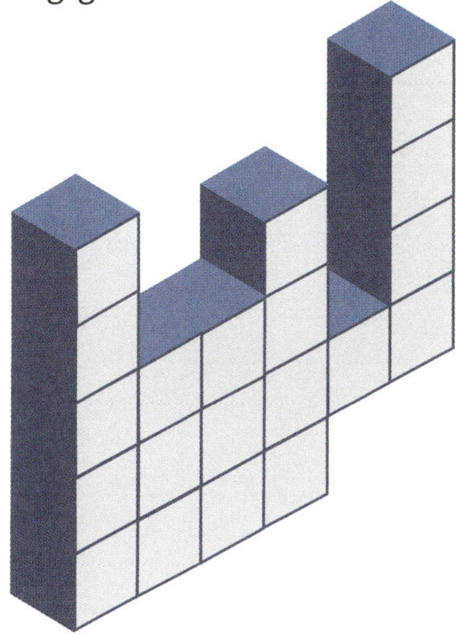

Lösung Seite 118

12 Teilen Sie die Figur in zwei Formen auf, die beim Drehen und/oder Wenden deckungsgleich sind.

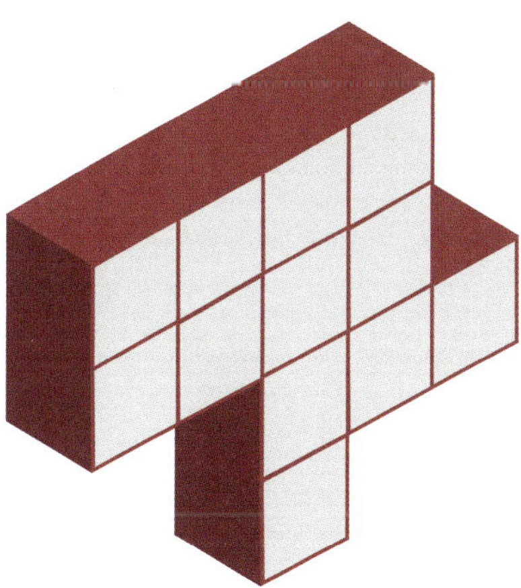

Lösung Seite 113

XOXO

13 Teilen Sie das Gitter in vier deckungsgleiche Formen auf, der Drehpunkt befindet sich in der Mitte des Gitters. Die vier blauen und vier roten Quadrate sind Orientierungshilfen – keine der Formen enthält mehr als ein blaues und ein rotes Quadrat.

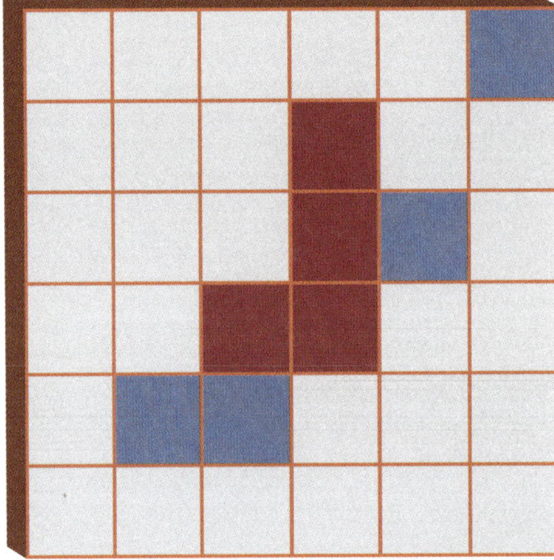

Lösung Seite 120

14 Teilen Sie das Gitter in vier deckungsgleiche Formen auf, der Drehpunkt befindet sich in der Mitte des Gitters. Die vier blauen und vier roten Quadrate sind Orientierungshilfen – keine der Formen enthält mehr als ein blaues und ein rotes Quadrat.

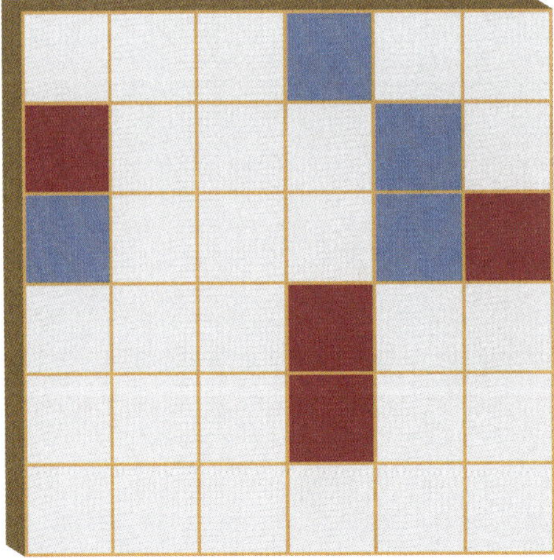

Lösung Seite 114

Übereinander

15 Mit welcher kleinstmöglichen Anzahl übereinandergelegter Papierquadrate kann man diese Figur bilden? In welcher Reihenfolge wurden sie gelegt?

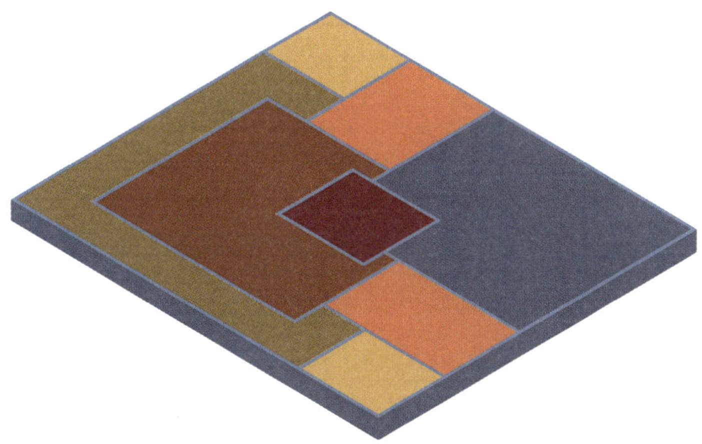

Lösung Seite 114

16 Mit welcher kleinstmöglichen Anzahl übereinandergelegter Papierquadrate kann man diese Figur bilden? In welcher Reihenfolge wurden sie gelegt?

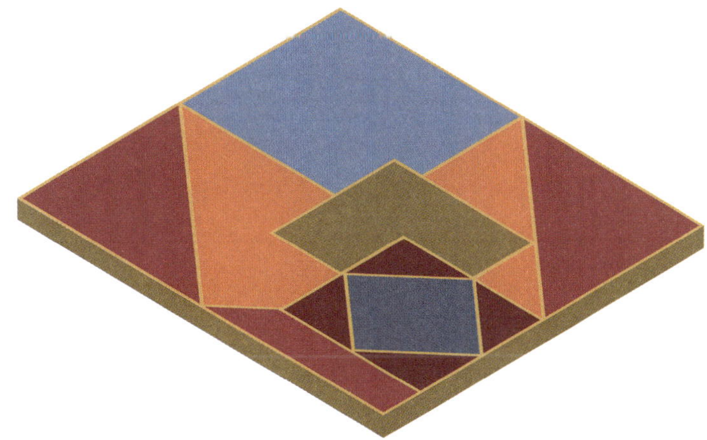

Lösung Seite 126

Übersicht

17 Dieser Würfel (2 x 2 x 2) besteht aus acht verschiedenfarbigen gleich großen Würfeln. Einer der Würfel wurde entfernt.
Fünf der sechs Seiten des Würfels sind aus der Sicht von oben abgebildet. Die dickere Kontur bedeutet, dass dieser Würfel Teil der unteren Ebene ist.
Wie muss die sechste Seite aussehen?

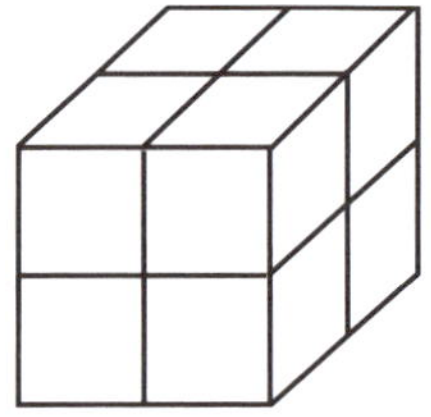

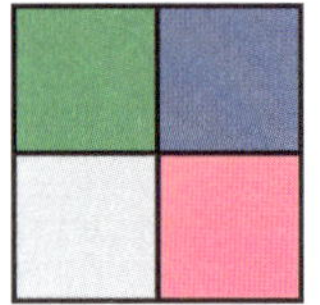 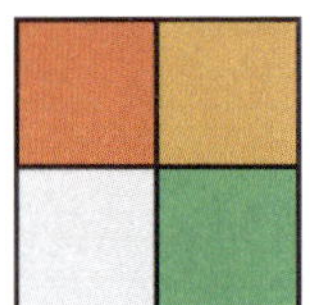 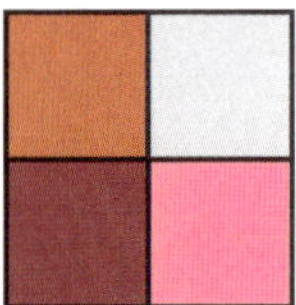 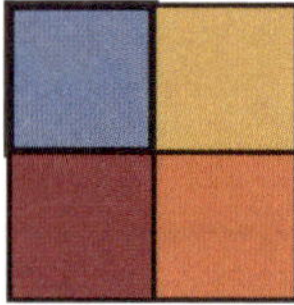 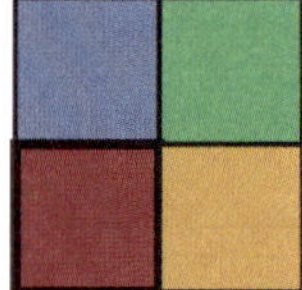 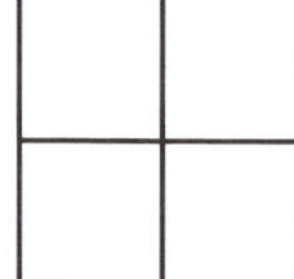

Lösung Seite 121

18 Dieser Würfel (2 x 2 x 2) besteht aus acht verschiedenfarbigen gleich großen Würfeln. Vier der Würfel wurden entfernt.
Fünf der sechs Seiten des Würfels sind aus der Sicht von oben abgebildet. Die dickere Kontur bedeutet, dass dieser Würfel Teil der unteren Ebene ist.
Wie muss die sechste Seite aussehen?

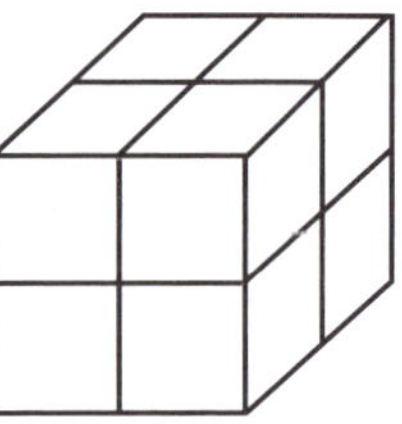

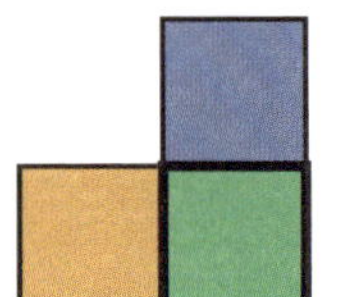 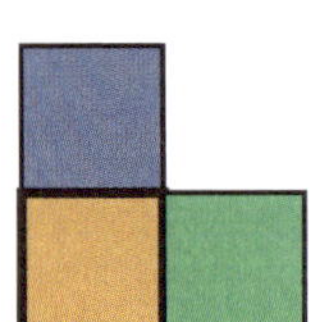 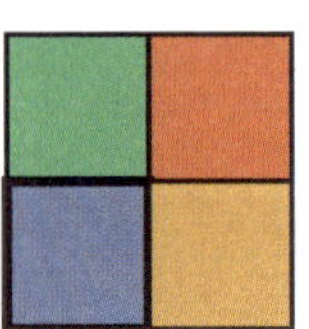 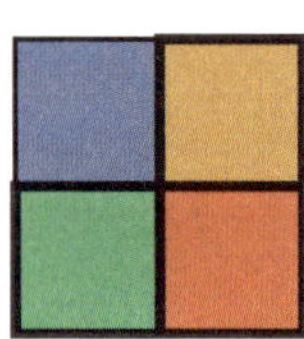 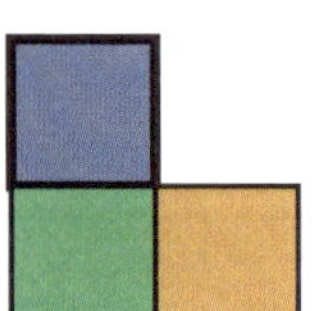 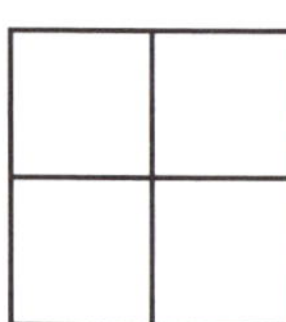

Lösung Seite 114

Wie viele?

19 Wie viele einzelne Dreiecke sind in diesem Stern erkennbar?

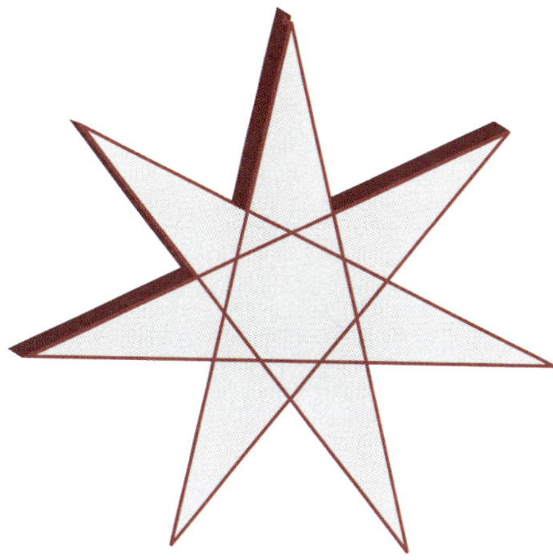

Lösung Seite 121

20 Wie viele einzelne Dreiecke sind in dieser Abbildung erkennbar?

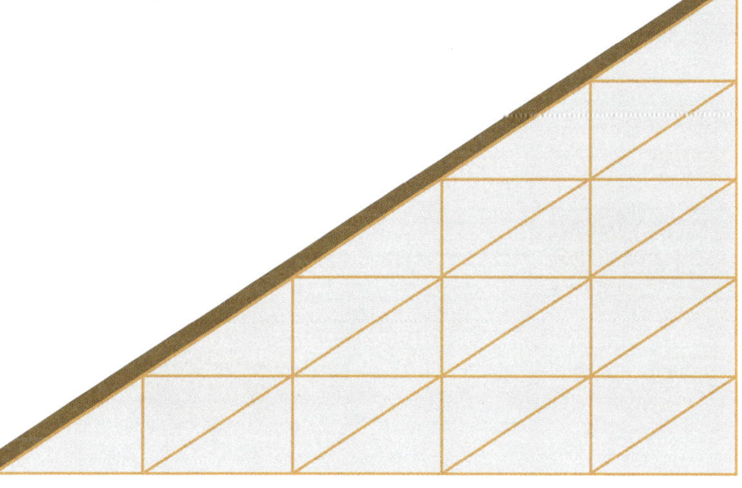

Lösung Seite 114

Würfelgrundriss

21 Wie viele und welche der fünf gezeigten Farbkombinationen entstehen, wenn man die abgebildete Schablone zu einem Würfel faltet?

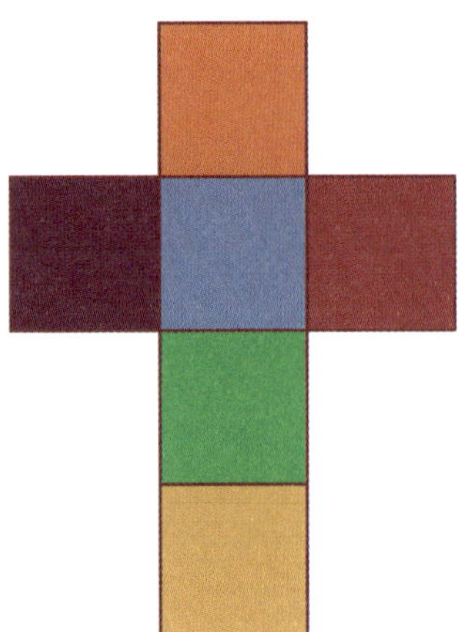

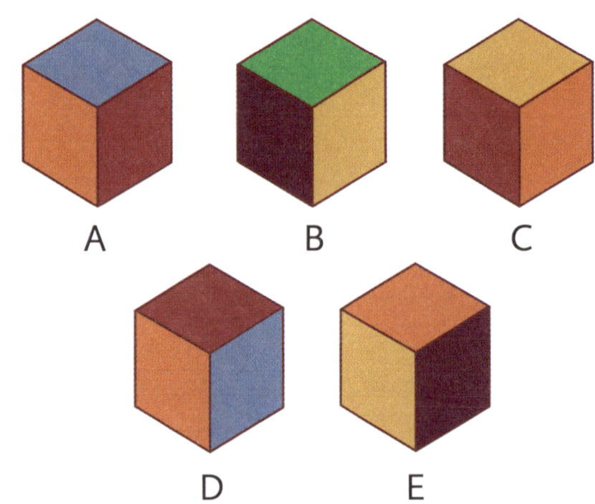

Lösung Seite 121

22 Wie viele und welche der fünf gezeigten Farbkombinationen entstehen, wenn man die abgebildete Schablone zu einem Würfel faltet?

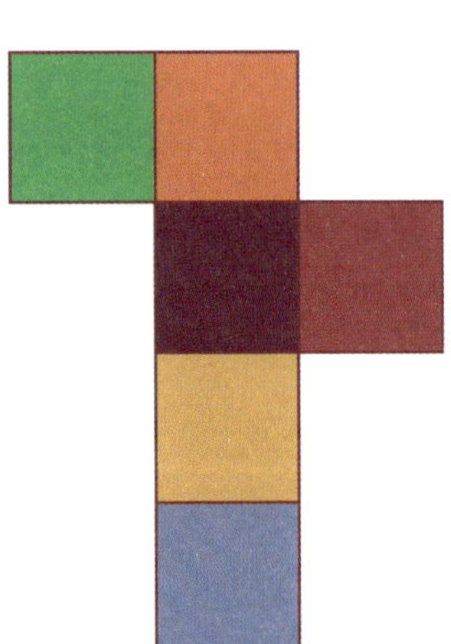

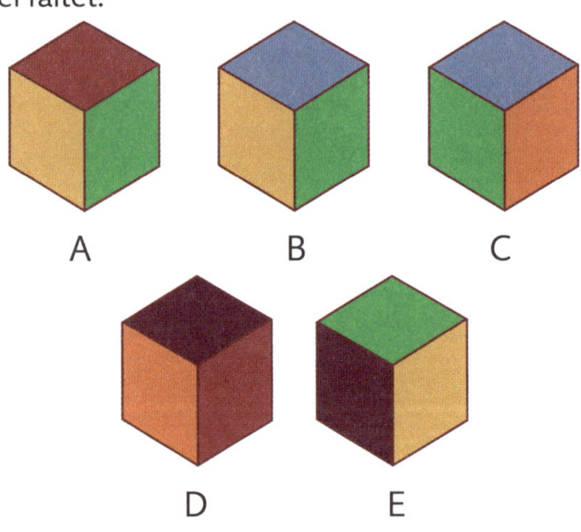

Lösung Seite 115

Umfang

23 Jeder Stein in der Mauer hat einen Umfang von 36 cm.
Welchen Gesamtumfang hat die Mauer?

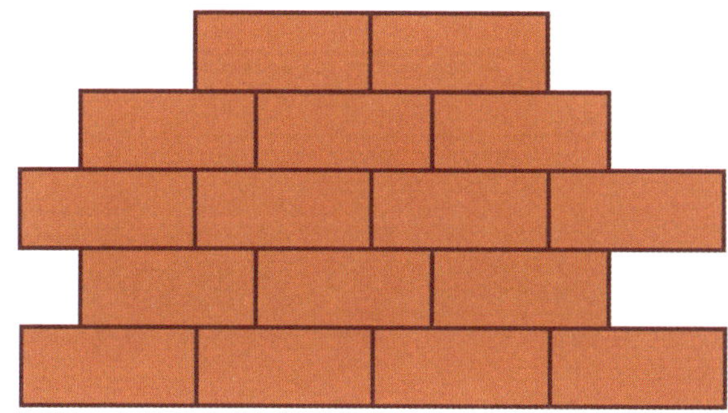

Lösung Seite 114

24 Aus drei identischen Blöcken wird wie abgebildet der Buchstabe I geformt. Verwendet man dieselben Blöcke für den Buchstaben A, welchen Gesamtumfang inklusive innerem Umfang hat A dann?

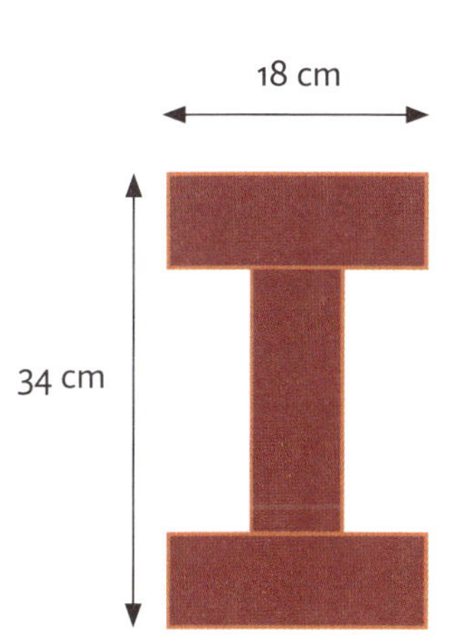

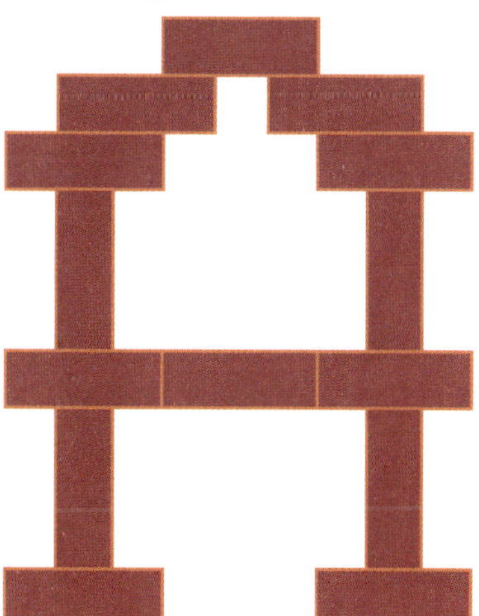

Lösung Seite 114

Falten und schneiden

25 Faltet man das quadratische Blatt Papier an den gestrichelten Linien und schneidet an den durchgezogenen Linien entlang, welches Muster entsteht dann? Beim mittleren Bild wird erst geschnitten, dann gefaltet.

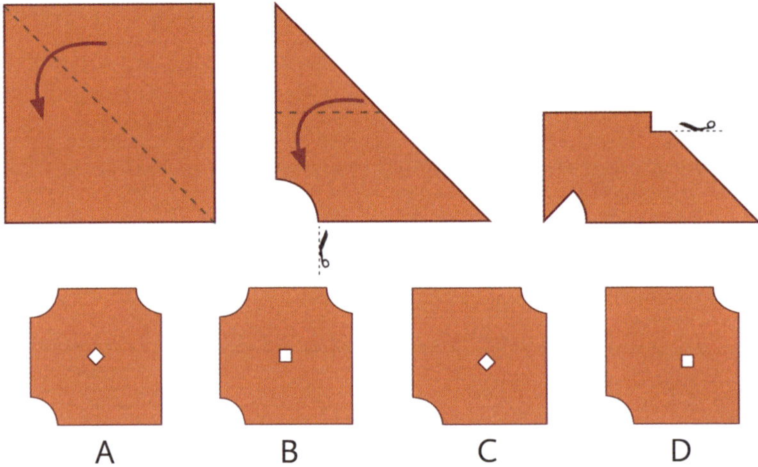

A B C D

Lösung Seite 122

26 Faltet man das quadratische Blatt Papier an den gestrichelten Linien und schneidet an den durchgezogenen Linien entlang, welches Muster entsteht dann? Beim mittleren Bild wird erst geschnitten, dann gefaltet.

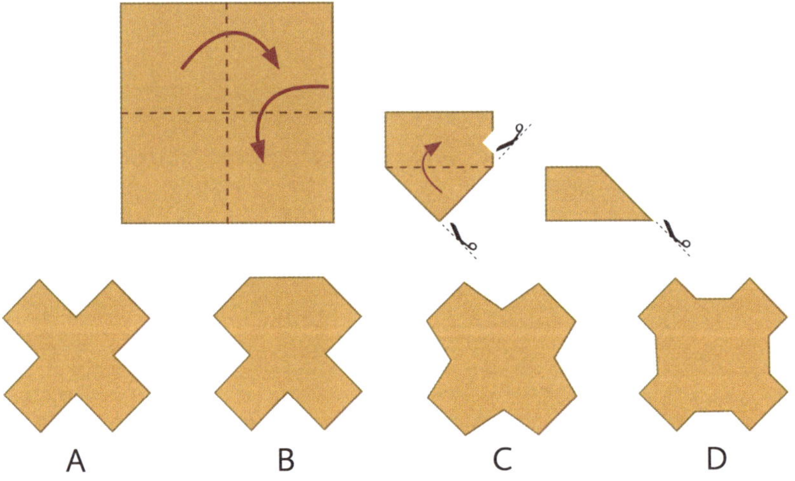

A B C D

Lösung Seite 115

Winkelzüge

27 Welcher Winkel ergibt sich an der mit ? gekennzeichneten Stelle aus den Informationen in der Abbildung? Die Linie AC kreuzt die Linie BD und die Linie EF an Punkt F.

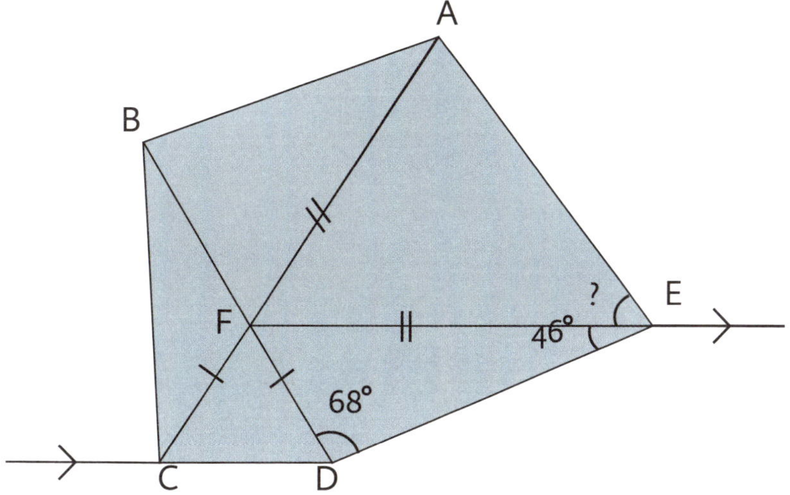

Lösung Seite 115

28 Linie A halbiert das regelmäßige Fünfeck zu zwei deckungsgleichen Hälften. Wenn Linie B parallel zu Linie A verläuft, wie groß ist dann Winkel C?

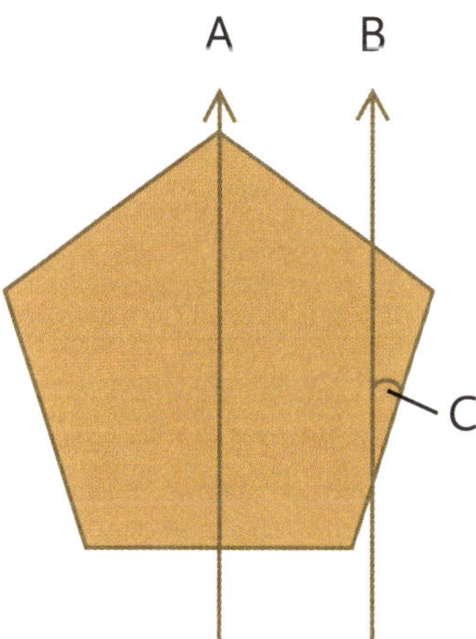

Lösung Seite 116

Flächenlabyrinth (3D)

29 Wie groß ist die mit ? gekennzeichnete Fläche?

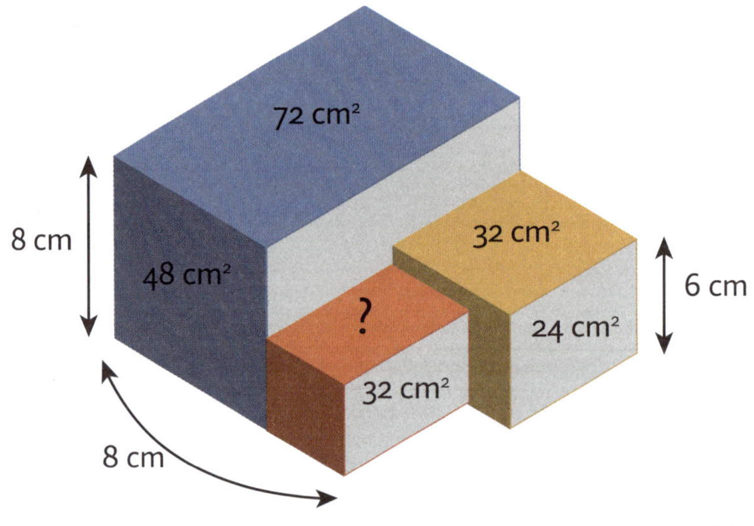

Lösung Seite 116

30 Wie groß ist die mit ? gekennzeichnete Fläche?

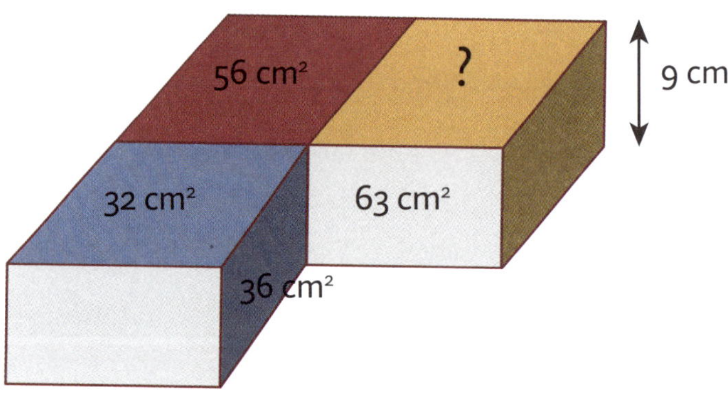

Lösung Seite 123

Pentominos

31 Ordnen Sie alle acht Pentominos so an (wie sie sind und/oder gedreht und/oder gespiegelt), dass die Brücke entsteht.

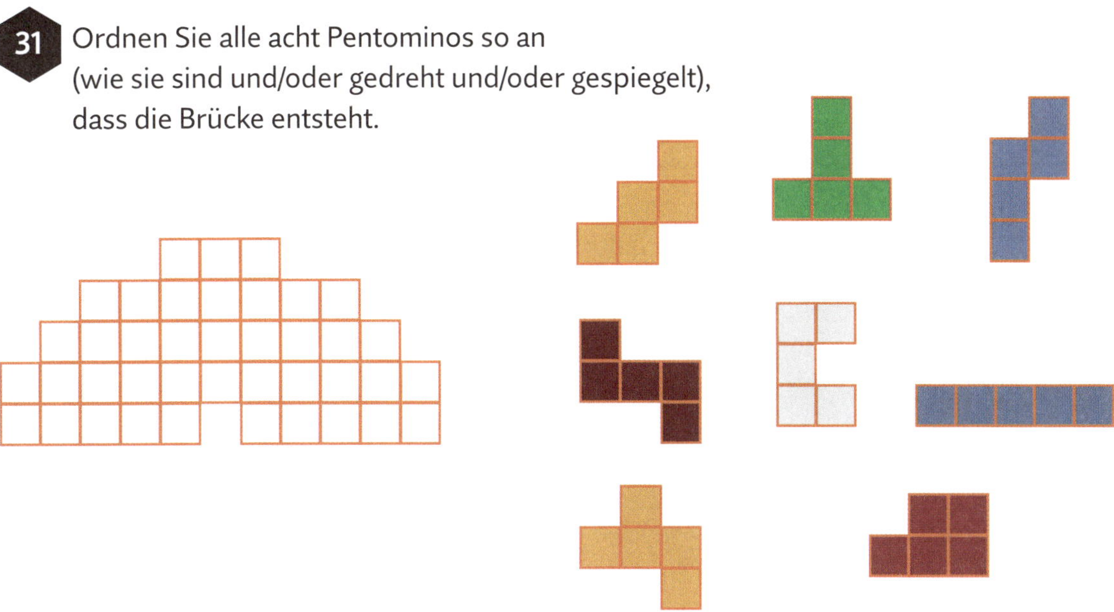

Lösung Seite 123

32 Ordnen Sie sechs der zwölf Pentominos rechts so an (wie sie sind oder gedreht und/oder gespiegelt), dass der Schlüssel entsteht.

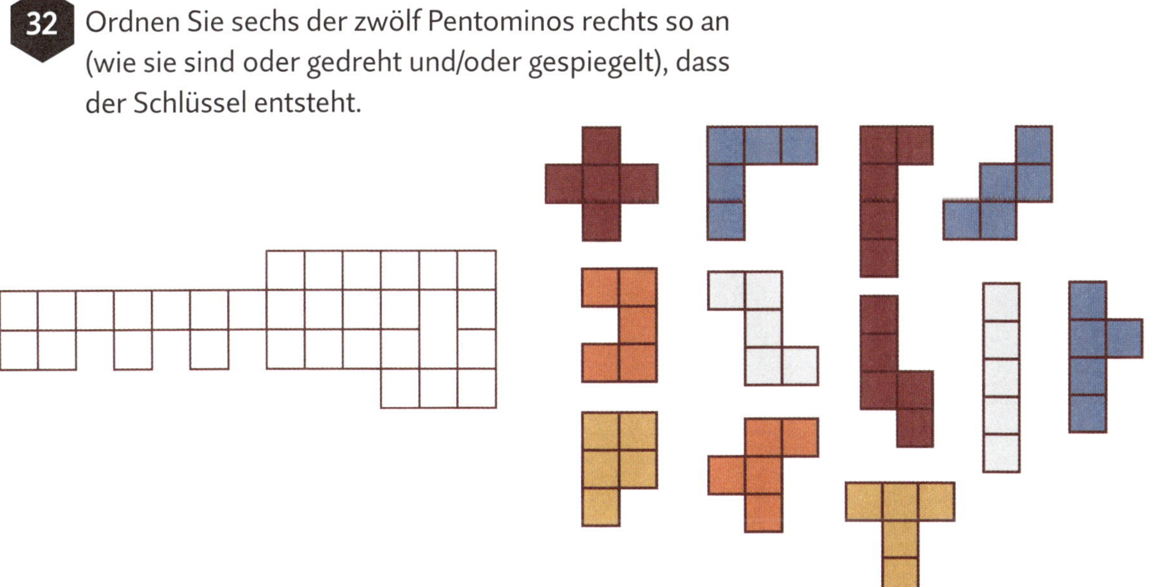

Lösung Seite 116

Anordnen

33 Leicht verdientes Geld

Eine Mathematikerin und ihr Mann sind in den Flitterwochen in London. Bei einem Spaziergang an der South Bank kommen sie an einem Straßenunterhalter vorbei, der ihnen ein Angebot macht, das sie nicht ablehnen können: Gelingt es ihnen, neun 50-£-Noten in zehn Reihen von jeweils drei Noten anzuordnen, dürfen sie das Geld behalten. Das Paar verlässt den Straßenkünstler um 450 £ reicher. Wie hat die Mathematikerin das geschafft?

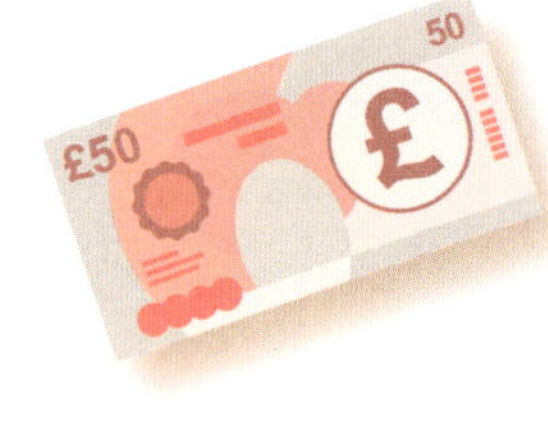

Lösung Seite 124

34 Holzkopf

Alan der Schreiner bereitet ein rechteckiges Stück Buchenholz so vor, dass er daraus zwei Platten für baugleiche Küchentische für ein Zwillingspaar machen kann. Dann fährt er in den Urlaub. Als er zurückkommt, hat sein Lehrling »für einen dringenden Auftrag« ein kleineres Rechteck aus dem Stück Holz ausgeschnitten. Wie kann Alan das Holz nun noch so zuschneiden, dass jeder Zwilling seinen Tisch bekommt?

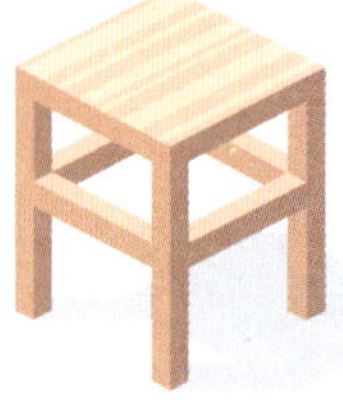

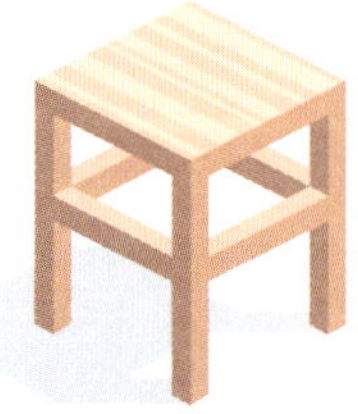

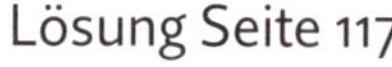

Lösung Seite 117

Flächenlabyrinth

35 Für welche Länge steht das Fragezeichen?

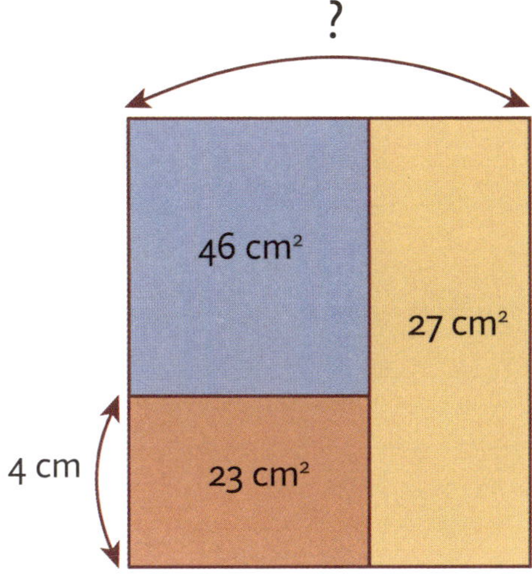

Lösung Seite 117

36 Für welche Länge steht das Fragezeichen?

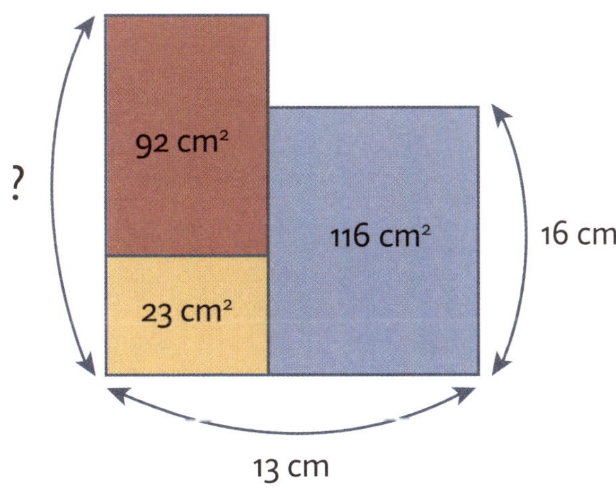

Lösung Seite 124

Flächenlabyrinth (Prozent)

37 Welchen Prozentsatz (Näherungswert) der Fläche des Achtecks machen die gelben Dreiecke aus?

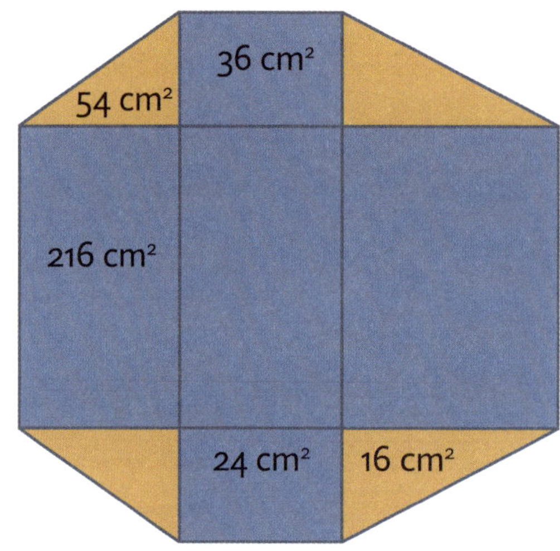

Lösung Seite 117

38 Welche Fläche ist zusammengenommen größer – die blaue oder die rote?

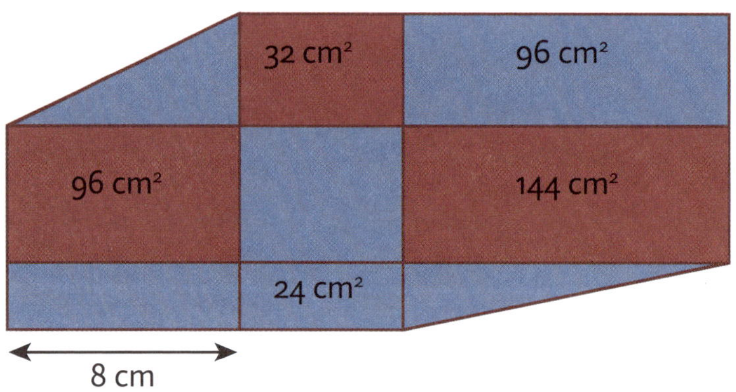

Lösung Seite 118

Teilen

39 Teilen Sie die Figur entlang den Linien in vier identische Formen auf. Diese können gedreht, dürfen aber nicht gewendet werden.

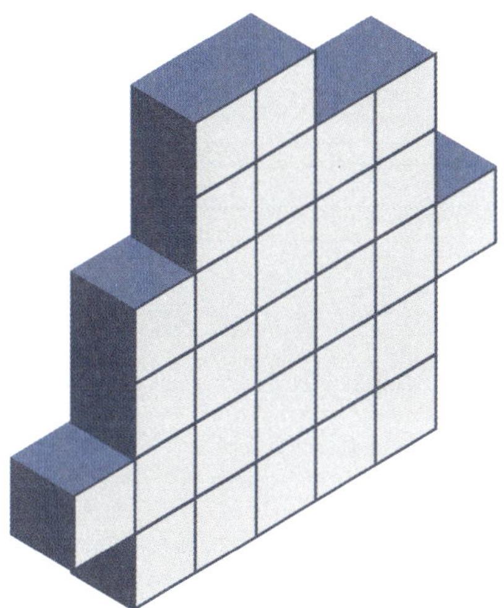

Lösung Seite 113

40 Teilen Sie die Figur entlang den Linien in drei identische Formen auf. Diese können gedreht, dürfen aber nicht gewendet werden.

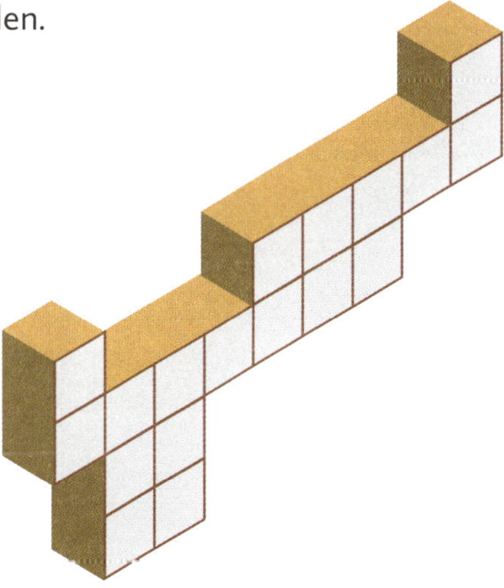

Lösung Seite 118

Tangram

41 Wie können die sieben vorgegebenen Formen zum Umriss des Fuchses zusammengelegt werden?

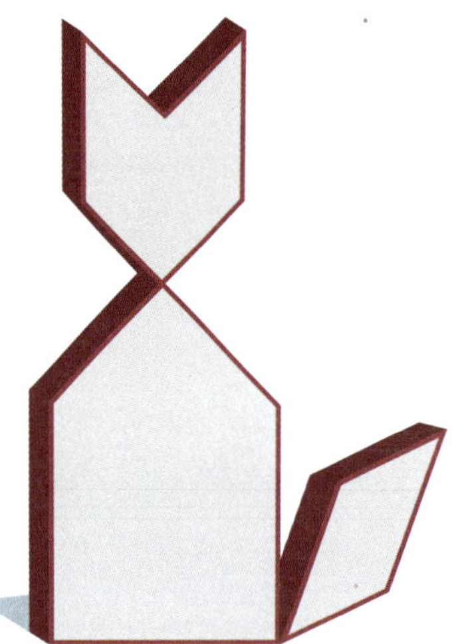

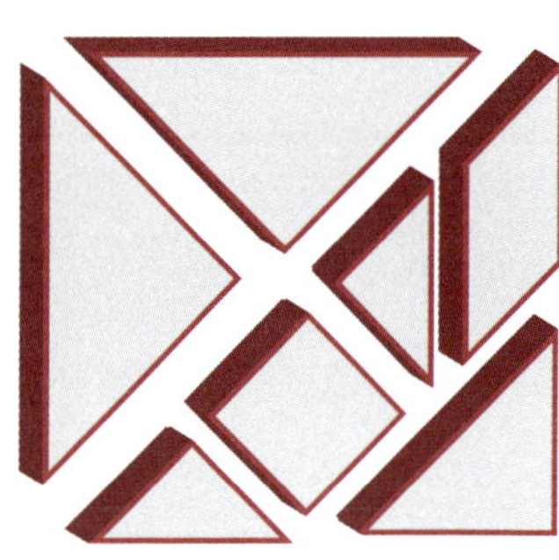

Lösung Seite 112

42 Wie können die sieben vorgegebenen Formen zum Umriss der Rakete zusammengelegt werden?

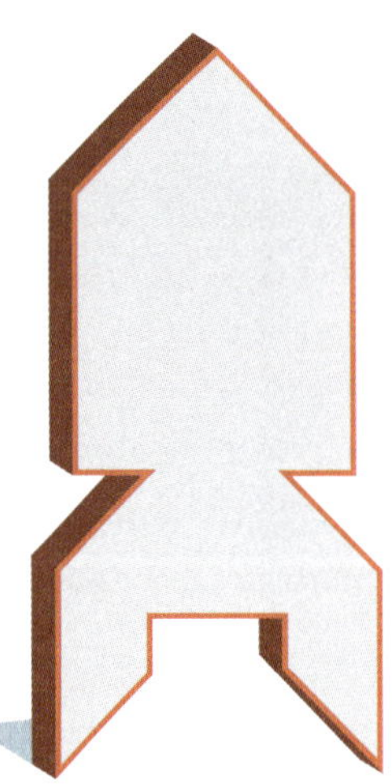

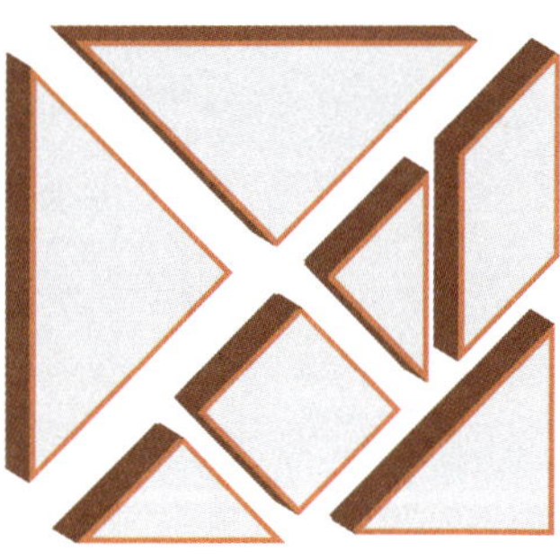

Lösung Seite 118

Teilen

43 Teilen Sie die Figur entlang den Linien in vier gleiche Formen auf. Diese können gedreht, dürfen aber nicht gewendet werden.

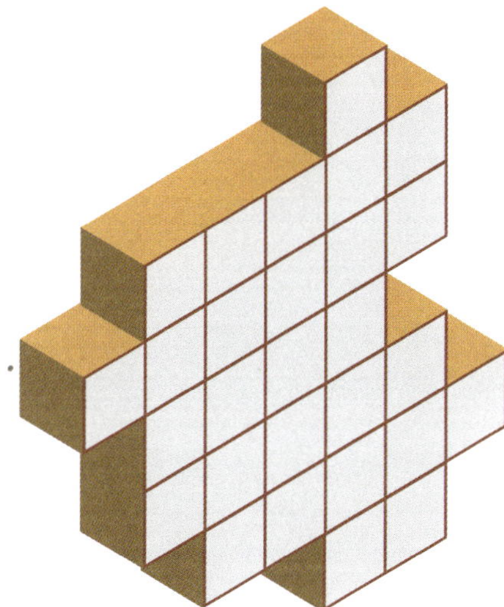

Lösung Seite 130

44 Teilen Sie die Figur entlang den Linien in vier gleiche Formen auf. Diese können gedreht, dürfen aber nicht gewendet werden.

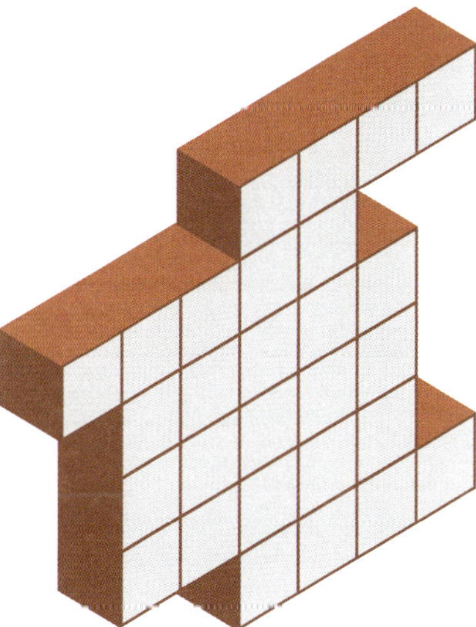

Lösung Seite 119

Gut geteilt

45 Teilen Sie die Figur in zwei deckungsgleiche Hälften und markieren Sie den Drehpunkt.

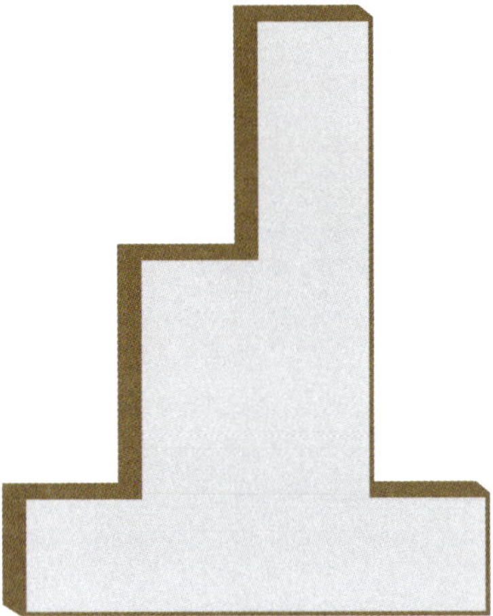

Lösung Seite 112

46 Wie kann man die Figur so in zwei Teile aufteilen, dass ein Quadrat aus 8 x 8 Kästchen entsteht?

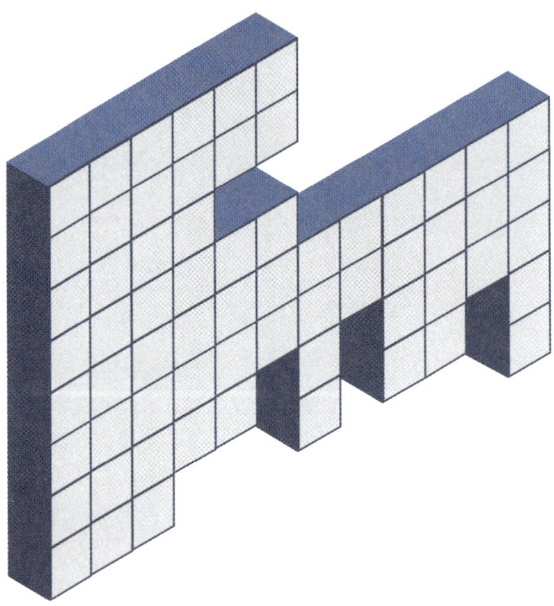

Lösung Seite 119

Streichhölzer

47 A) Legen Sie vier Streichhölzer so um, dass drei Quadrate übrig bleiben. Dabei muss jedes Streichholz Teil eines Quadrats sein, und die Hölzer dürfen nicht übereinanderliegen.

B) Legen Sie drei Streichhölzer so um, dass drei Quadrate übrig bleiben. Dabei muss jedes Streichholz Teil eines Quadrats sein, und die Hölzer dürfen nicht übereinanderliegen.

Lösung Seite 119

48 Legen Sie drei Streichhölzer so um, dass drei Quadrate entstehen. Dabei muss jedes Streichholz Teil eines Quadrats sein, und die Hölzer dürfen nicht übereinanderliegen.

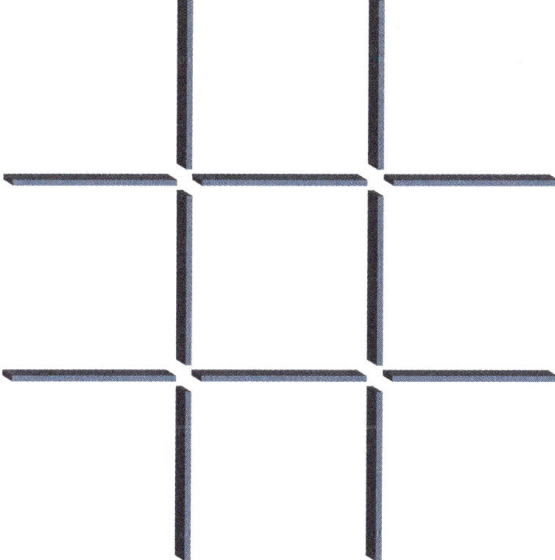

Lösung Seite 112

Linien hinzufügen

49 Wie viele Dreiecke können maximal entstehen, wenn man der Figur ein Dreieck hinzufügt? Wo muss dieses Dreieck liegen?

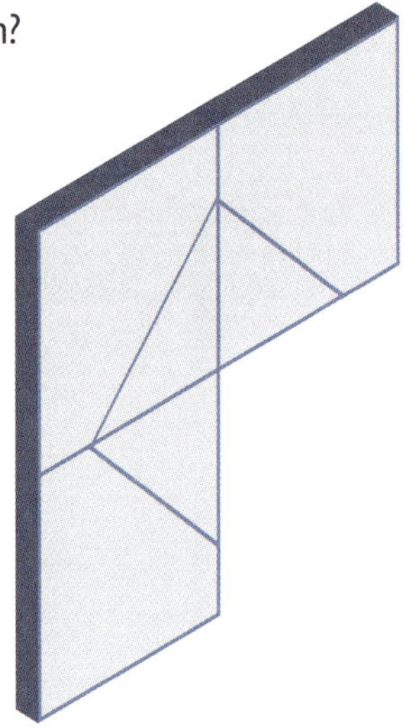

Lösung Seite 113

50 Fügen Sie der Figur vier gerade Linien hinzu, die sich nicht berühren, sodass vier Dreiecke und acht Quadrate entstehen.

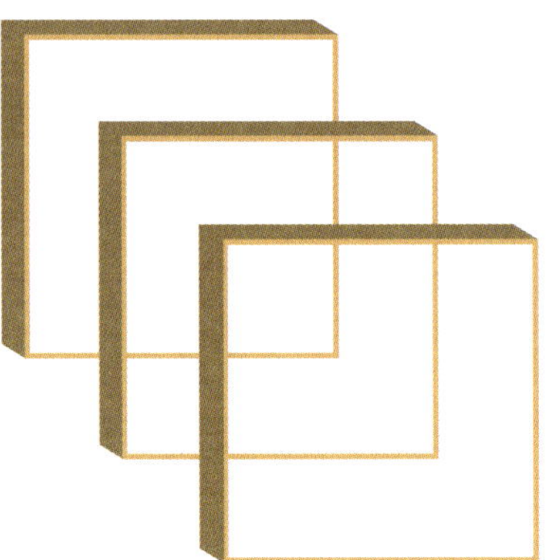

Lösung Seite 120

Linien einzeichnen

51 Zeichnen Sie in das Rechteck fünf Linien von einer Seite zu einer anderen so ein, dass es in 14 Flächen geteilt wird. In jeder Fläche muss sich eines der Quadrate befinden.

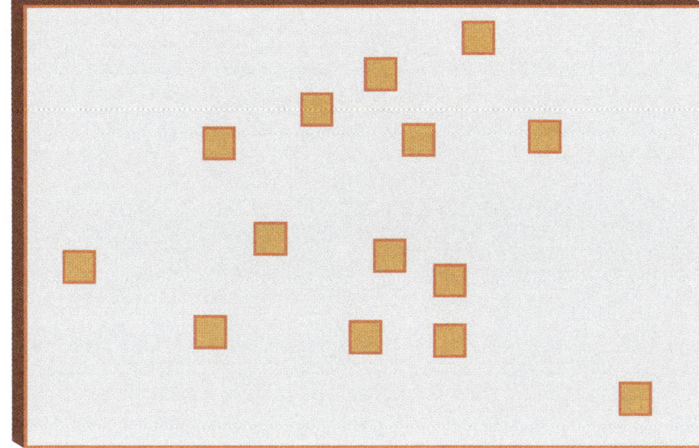

Lösung Seite 120

52 Zeichnen Sie in das Rechteck vier Linien von einer Seite zur gegenüberliegenden so ein, dass es in neun Flächen geteilt wird. In jeder Fläche muss sich einer der Punkte befinden.

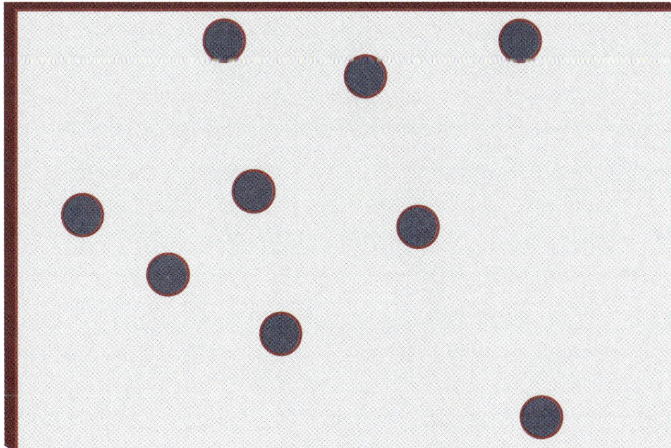

Lösung Seite 113

Kongruente Formen

53 Teilen Sie die Figur in zwei Formen auf, die beim Drehen und/oder Wenden deckungsgleich sind. Sie haben hier kein Raster, an dem Sie sich orientieren können, doch enthält die Abbildung genügend Informationen.

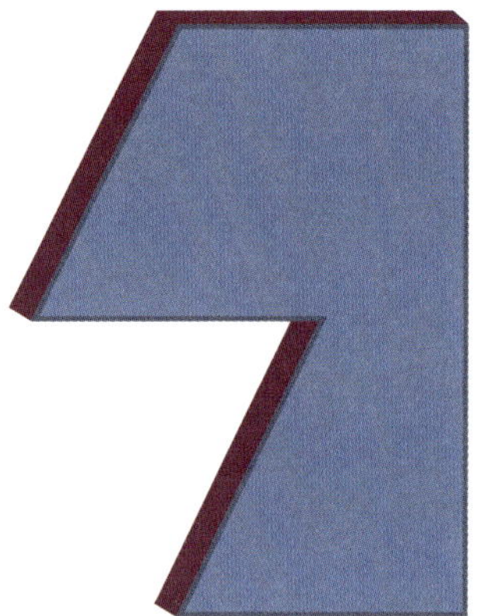

Lösung Seite 120

54 Teilen Sie die Figur in drei Formen auf, die beim Drehen und/oder Wenden deckungsgleich sind.

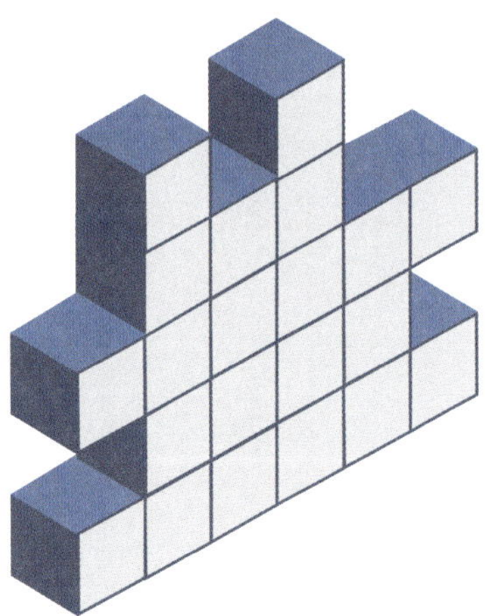

Lösung Seite 120

XOXO

55 Teilen Sie das Gitter in vier deckungsgleiche Formen auf, der Drehpunkt befindet sich in der Mitte des Gitters. Die vier blauen und drei roten Quadrate sind Hinweise – jede Form enthält höchstens ein blaues und ein rotes Quadrat.

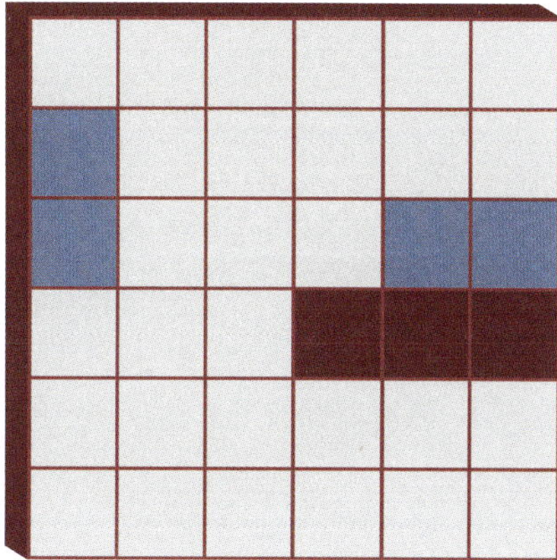

Lösung Seite 114

56 Teilen Sie das Gitter in vier deckungsgleiche Formen auf, der Drehpunkt befindet sich in der Mitte des Gitters. Die drei blauen Quadrate sind Hinweise – jede Form enthält höchstens ein blaues Quadrat.

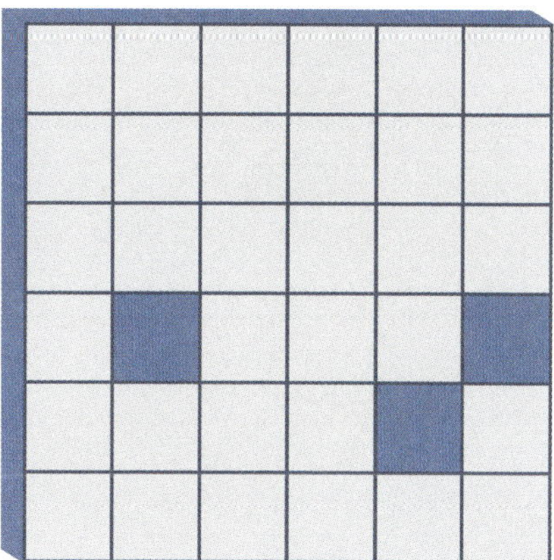

Lösung Seite 132

Übereinander

57 Mit welcher kleinstmöglichen Anzahl übereinandergelegter Papierquadrate kann man diese Figur bilden? In welcher Reihenfolge wurden sie gelegt?

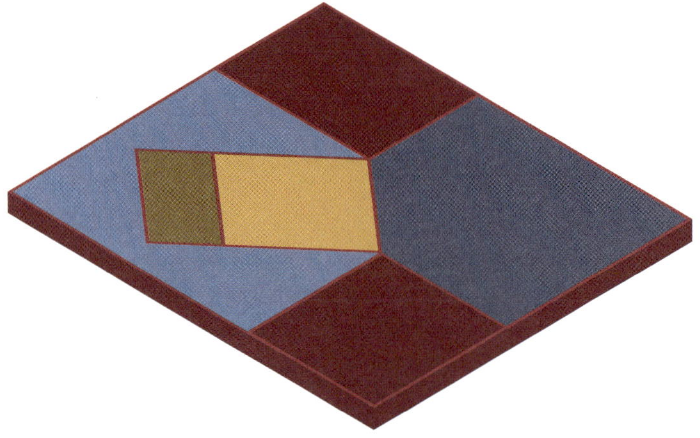

Lösung Seite 115

58 Mit welcher kleinstmöglichen Anzahl übereinandergelegter Papierquadrate kann man diese Figur bilden? In welcher Reihenfolge wurden sie gelegt?

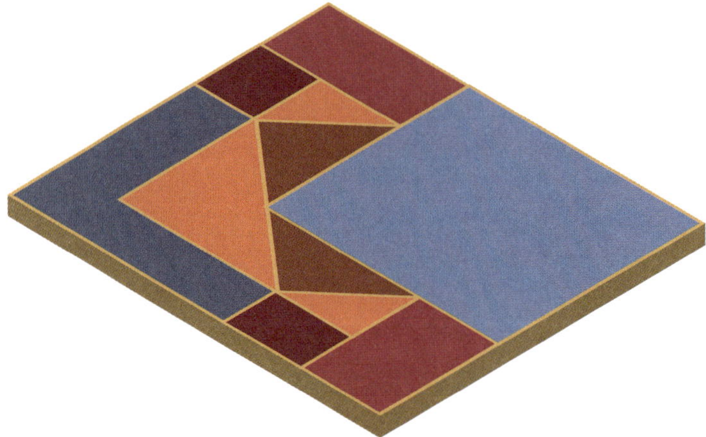

Lösung Seite 121

Übersicht

59 Dieser Würfel (2 x 2 x 2) besteht aus acht verschiedenfarbigen gleich großen Würfeln. Drei der Würfel wurden entfernt. Fünf der sechs Seiten des Würfels sind unten aus der Sicht von oben abgebildet. Die dickere Kontur bedeutet, dass dieser Würfel Teil der unteren Ebene ist. Wie muss die sechste Seite aussehen?

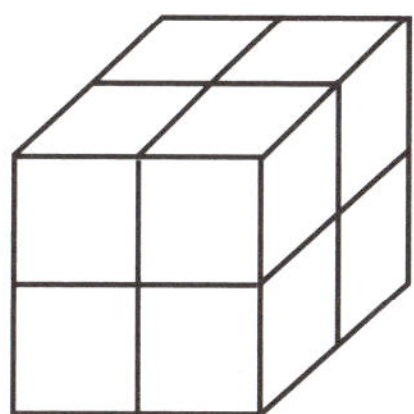

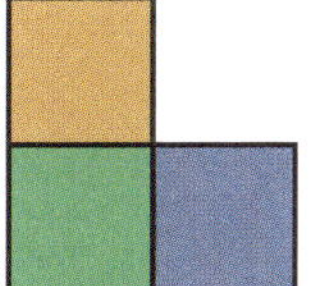 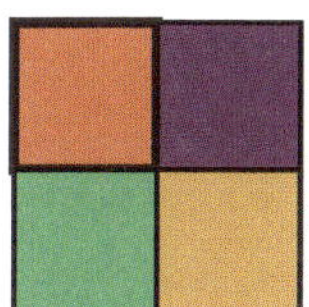 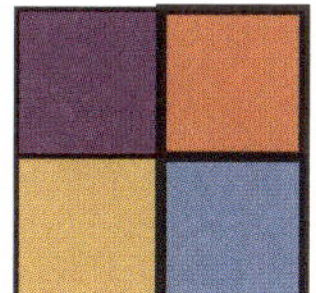 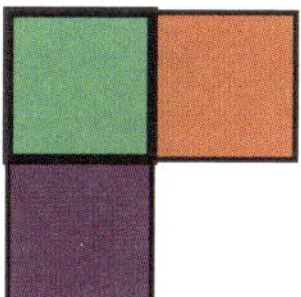 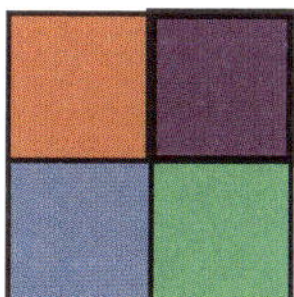 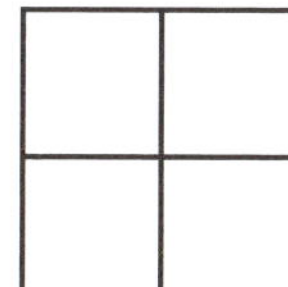

Lösung Seite 121

60 Dieser Würfel (2 x 2 x 2) besteht aus acht verschiedenfarbigen gleich großen Würfeln. Zwei der Würfel wurden entfernt. Fünf der sechs Seiten des Würfels sind unten aus der Sicht von oben abgebildet. Die dickere Kontur bedeutet, dass dieser Würfel Teil der unteren Ebene ist. Wie muss die sechste Seite aussehen?

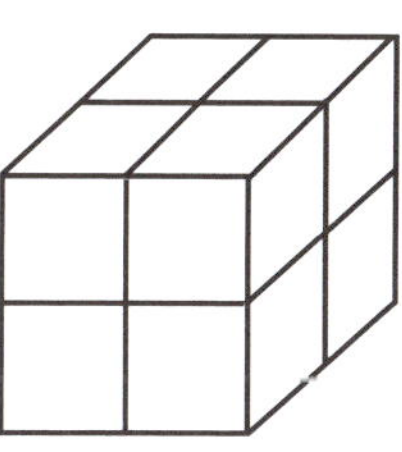

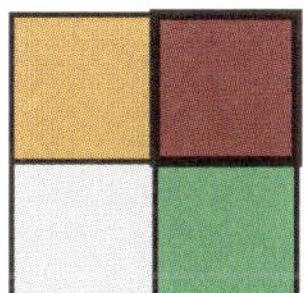 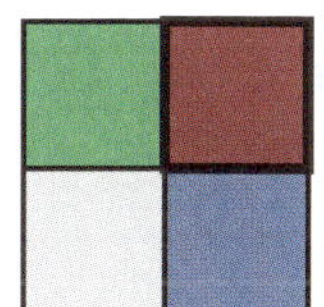 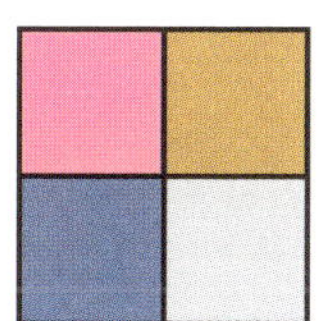 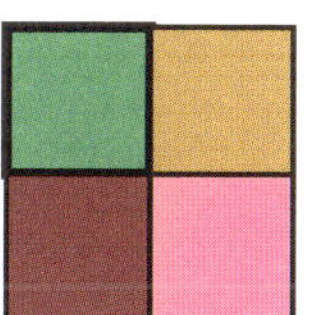 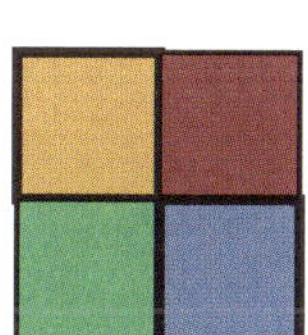 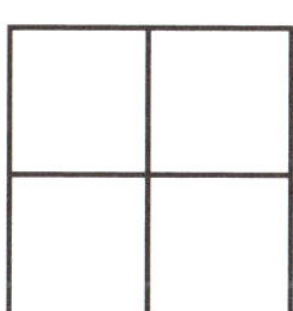

Lösung Seite 114

Wie viele?

61 Wie viele einzelne Rauten sind in dieser Abbildung erkennbar?

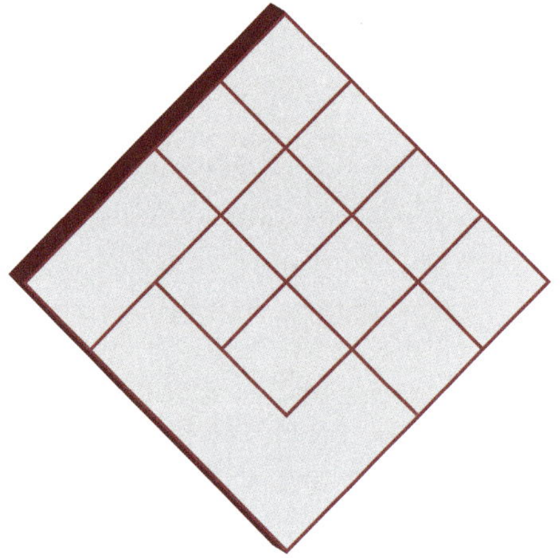

Lösung Seite 114

62 Wie viele einzelne Dreiecke sind in dieser Abbildung erkennbar?

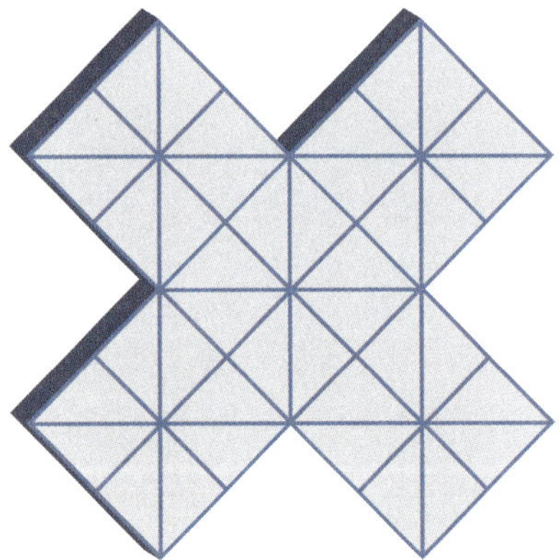

Lösung Seite 121

Würfelgrundriss

63 Wie viele und welche der fünf abgebildeten Würfel können aus der Schablone rechts gefaltet werden?

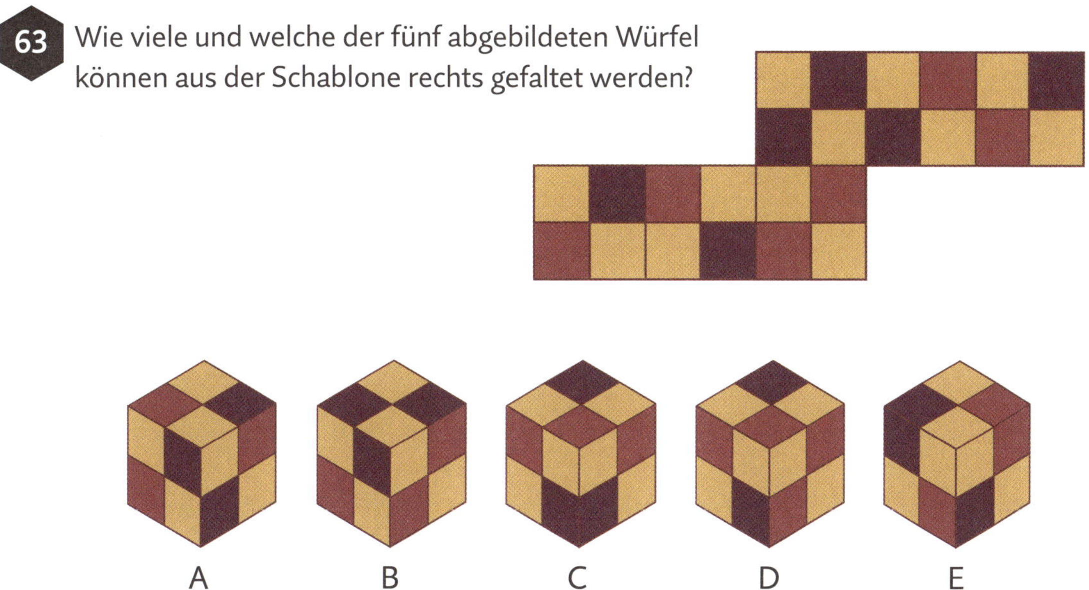

Lösung Seite 121

64 Wie viele und welche der fünf abgebildeten Würfel können aus der Schablone unten gefaltet werden?

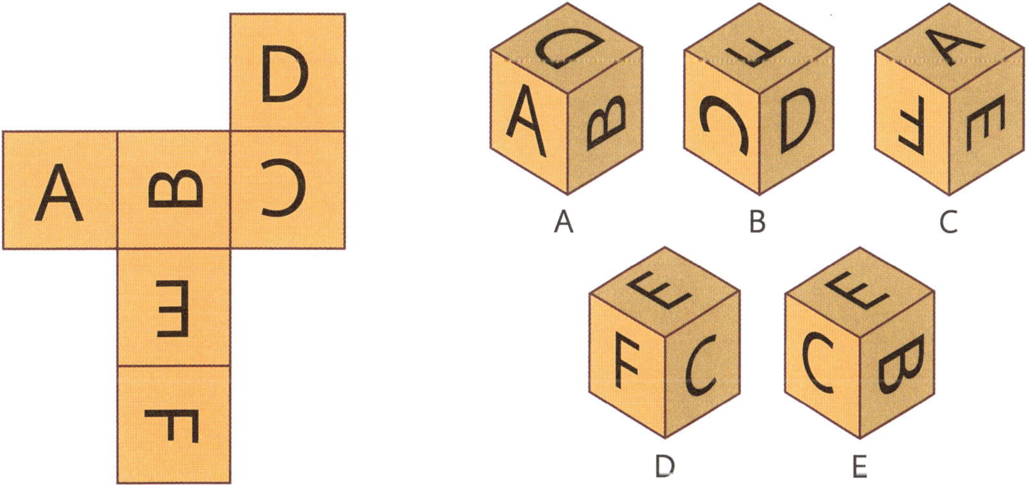

Lösung Seite 114

Umfang

65 Für das unten abgebildete Muster verwendet ein Fliesenleger Fliesen in drei verschiedenen Formen. Die rautenförmige Fliese hat einen Umfang von 28 cm. Wie groß ist der Umfang der gelb gefliesten Fläche, und wie viel Prozent des Gesamtumfangs macht sie aus?

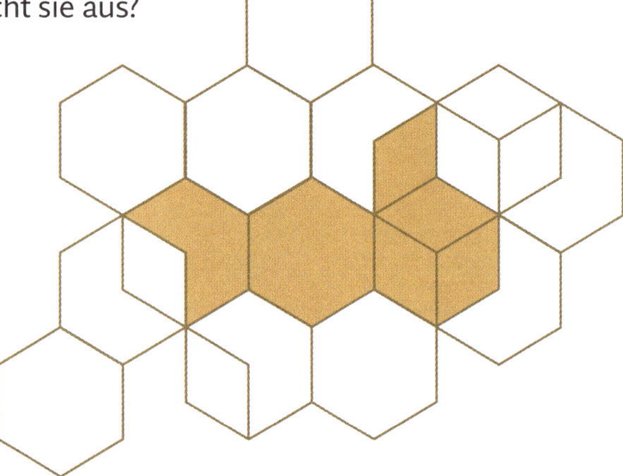

Lösung Seite 121

66 Jede Diele des Parkettbodens ist doppelt so lang wie breit. Wie breit ist eine Diele, wenn der Gesamtumfang der unten abgebildeten Fläche 504 cm beträgt?

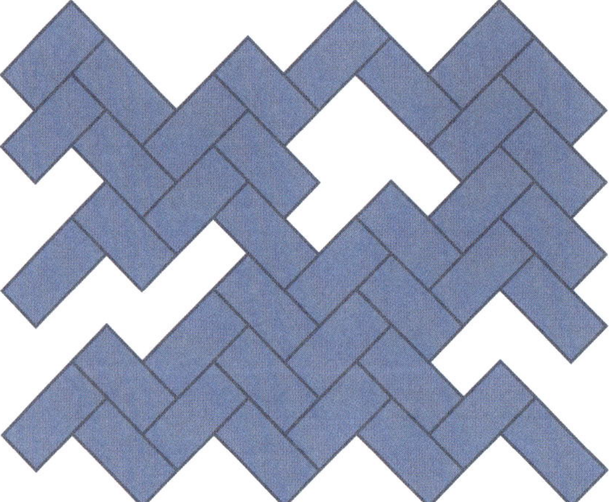

Lösung Seite 122

Falten und schneiden

67 Faltet man das quadratische Blatt Papier an den gestrichelten Linien und schneidet an den durchgezogenen Linien entlang, welches Muster entsteht dann? Beim mittleren Bild wird erst geschnitten, dann gefaltet.

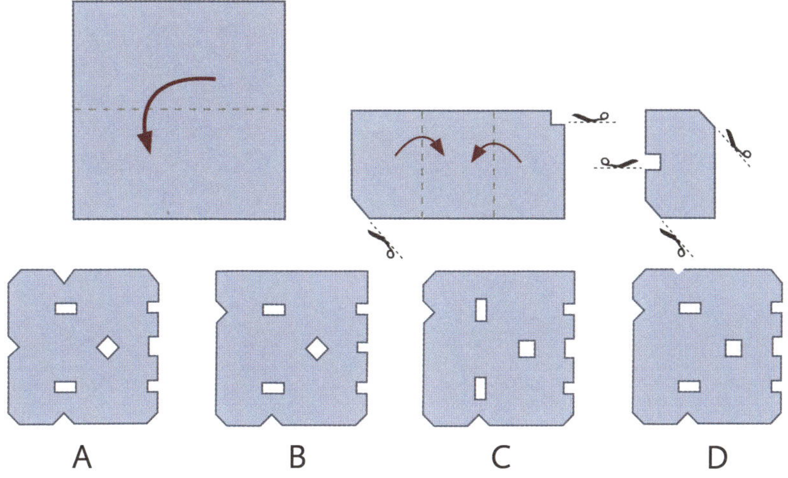

Lösung Seite 115

68 Faltet man das quadratische Blatt Papier an den gestrichelten Linien und schneidet an den durchgezogenen Linien entlang, welches Muster entsteht dann? Beim dritten Bild wird erst geschnitten, dann gefaltet.

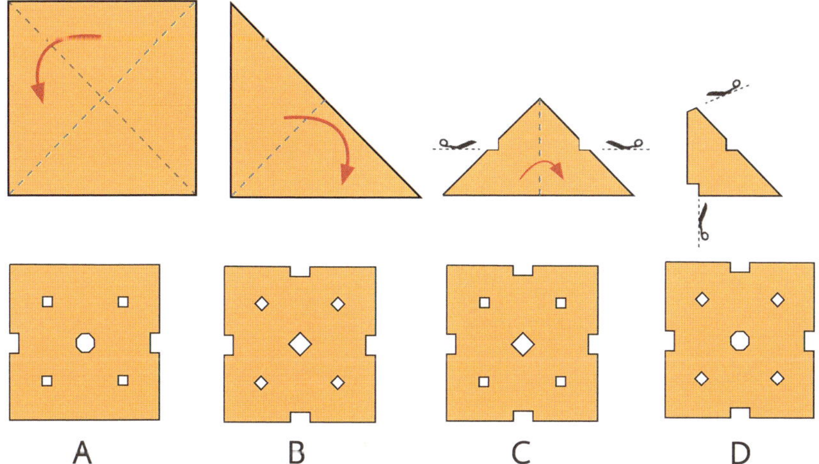

Lösung Seite 122

Winkelzüge

69 Wie groß ist Winkel C bei den unten vorgegebenen Winkeln A und B?

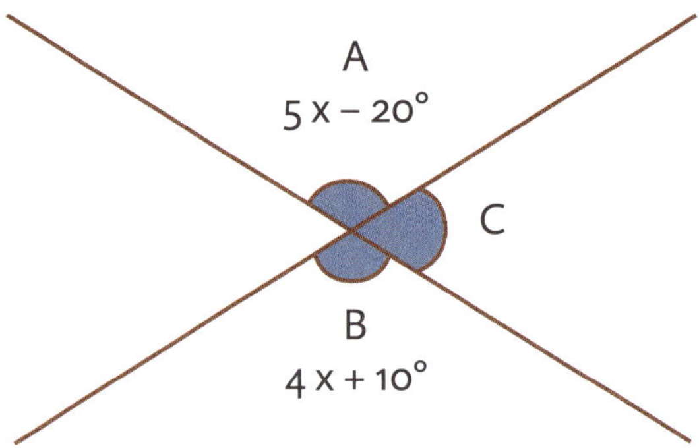

Lösung Seite 122

70 Wie groß ist der Winkel an der mit ? gekennzeichneten Stelle?

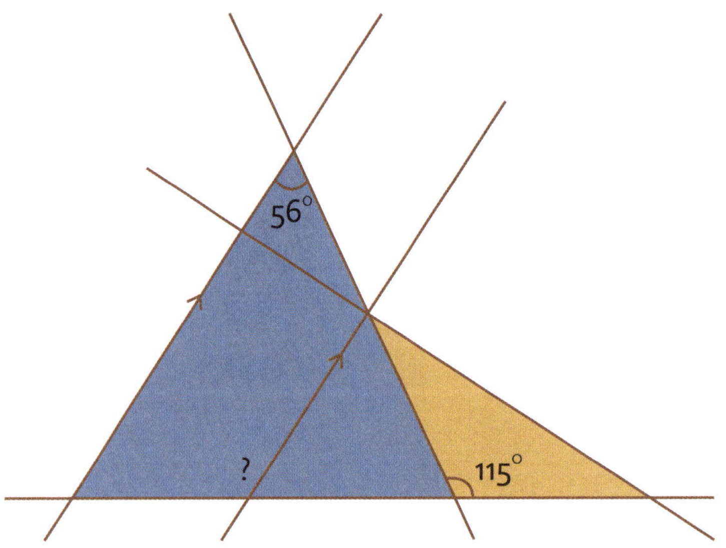

Lösung Seite 122

Flächenlabyrinth (3D)

71 Für welche Länge steht das Fragezeichen?

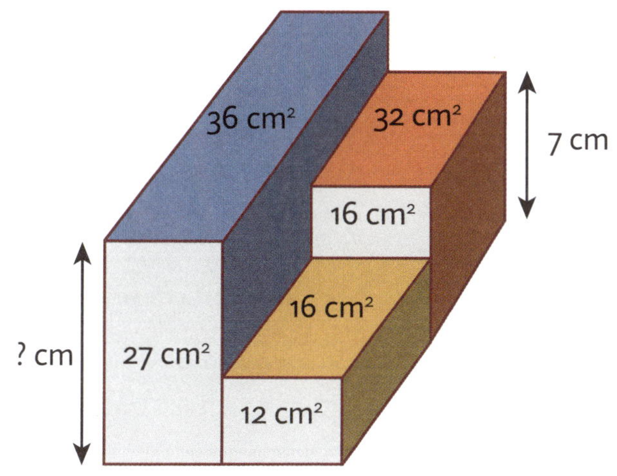

Lösung Seite 122

72 Für welche Länge steht das Fragezeichen?

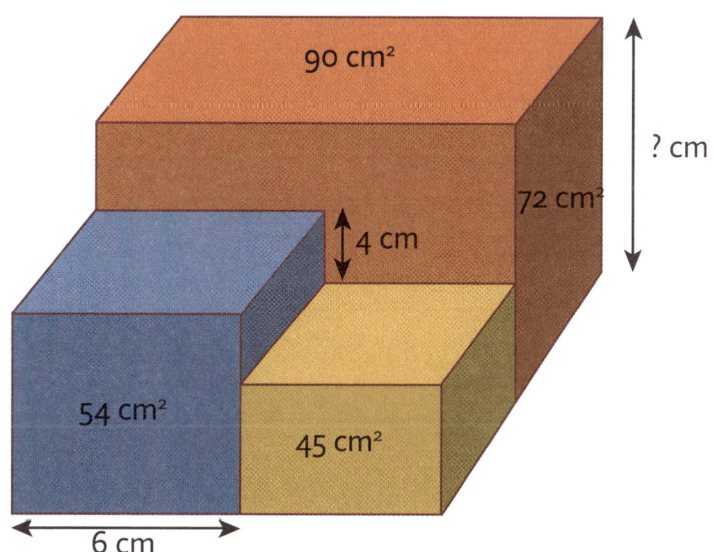

Lösung Seite 116

Pentominos

73 Ordnen Sie sieben der zwölf Pentominos rechts so an (wie sie sind, gedreht und/oder gespiegelt), dass die Figur unten entsteht.

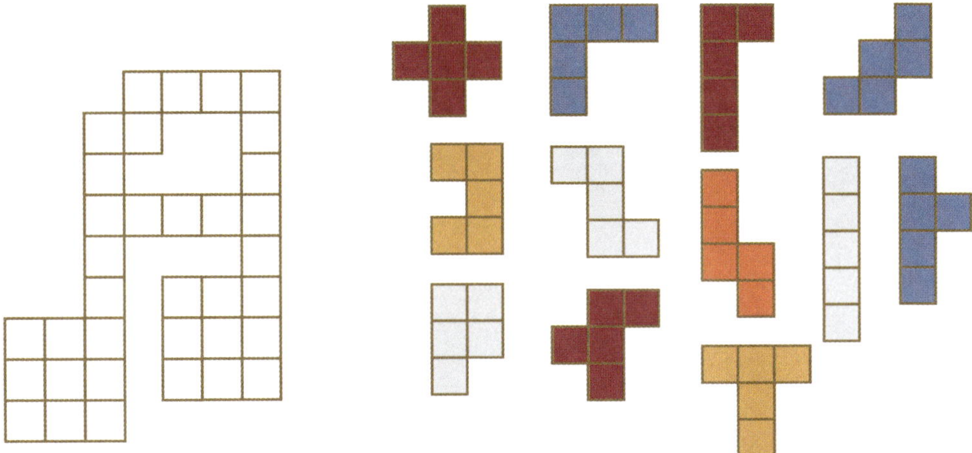

Lösung Seite 116

74 Ordnen Sie acht der zwölf Pentominos rechts so an (wie sie sind, gedreht und/oder gespiegelt), dass das Pfundzeichen unten entsteht.

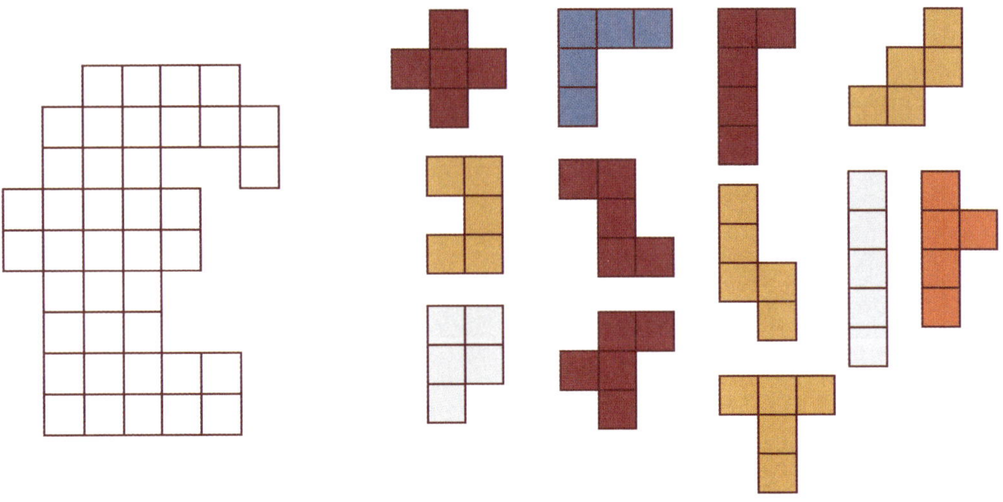

Lösung Seite 123

Flächenlabyrinth (Prozent)

75 Welchen Anteil am gesamten Rechteck hat das graue Rechteck?

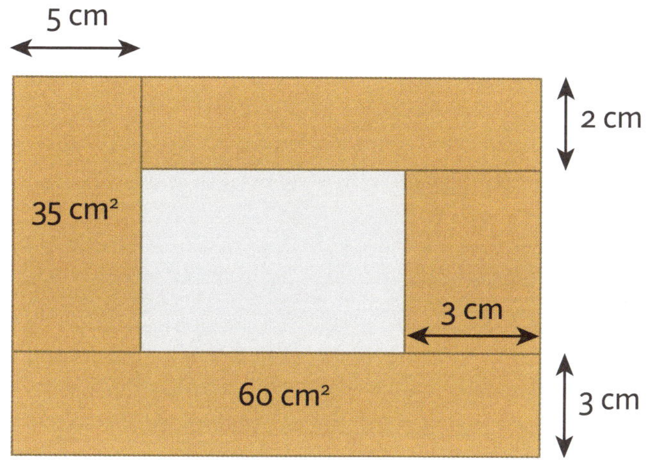

Lösung Seite 123

76 Welche Fläche ist zusammengenommen größer – die hellgraue oder die orangefarbene?

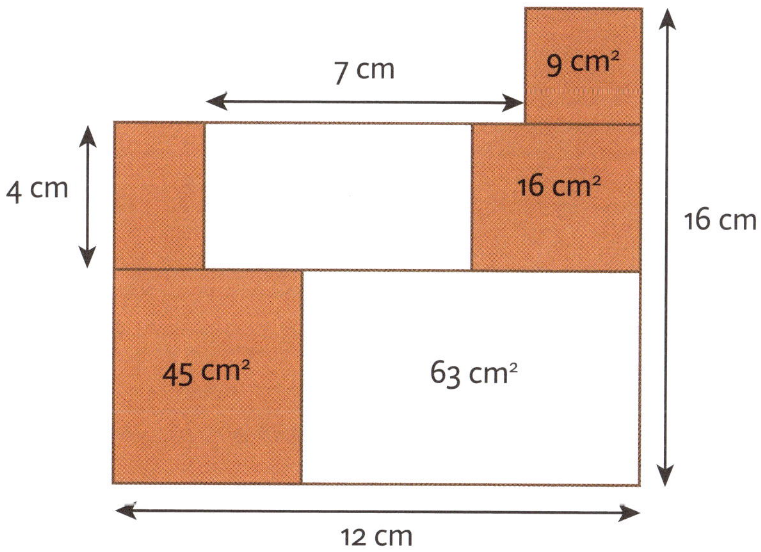

Lösung Seite 130

Flächenlabyrinth

77 Für welche Fläche steht das Fragezeichen?

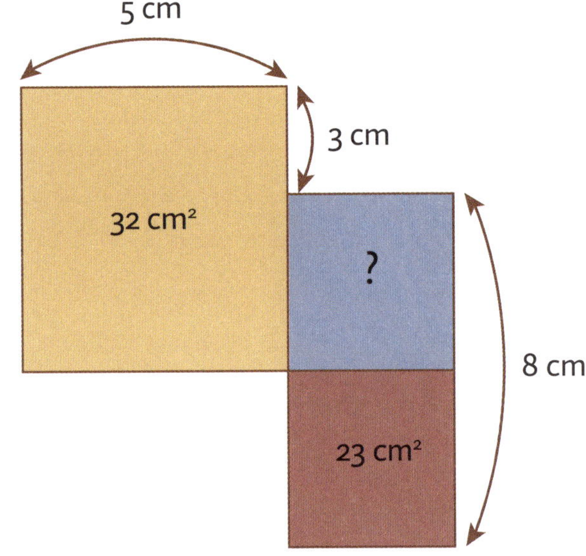

Lösung Seite 124

78 Für welche Länge steht das Fragezeichen?

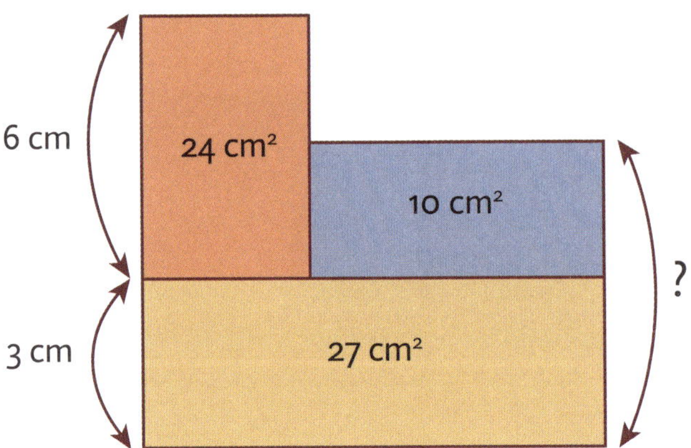

Lösung Seite 117

Anordnen

79 Felsenfest

Sie sind Kurator einer Ausstellung über das Sonnensystem und wollen zehn Meteoriten auf Säulen präsentieren. Sie haben einen Geistesblitz und weisen Ihre Mitarbeiter lediglich an, die Meteoriten in fünf Reihen zu je vier Steinen anzuordnen. Wie geht das, und warum tun Sie das?

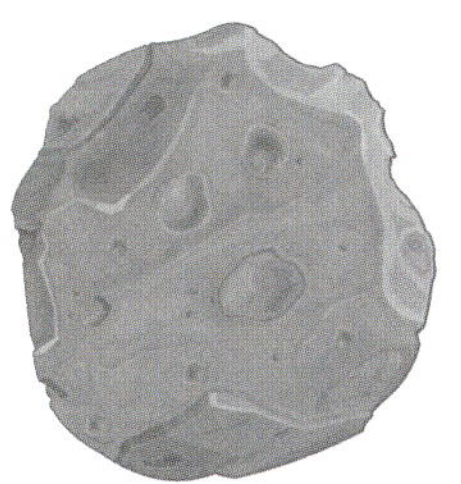
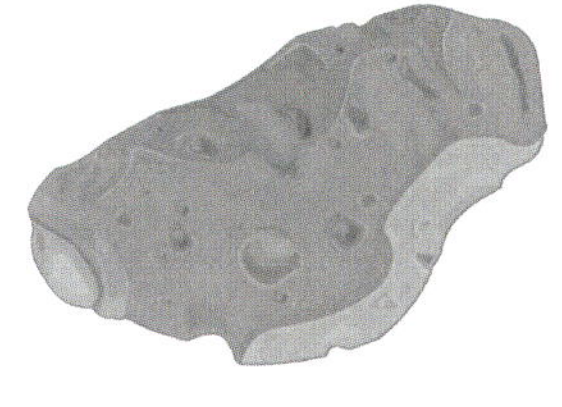

Lösung Seite 117

80 Wohnblöcke

Ihre Architekturfirma hat eine Ausschreibung gewonnen und darf nun sieben neue Wohnblöcke bauen – denn Sie allein haben mit Ihrem Entwurf eine der Bedingungen der Ausschreibung erfüllt. Die sieben Wohnblöcke, so lautete die Bedingung, müssen sechs Reihen à drei Blöcke bilden. Wie haben Sie das geschafft?

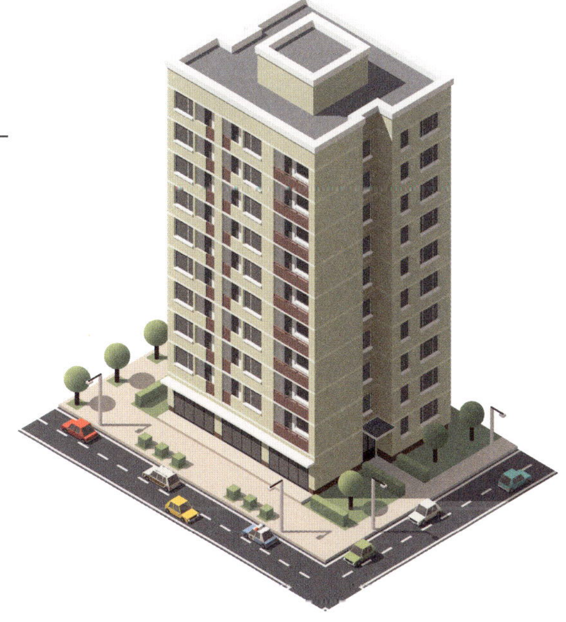

Lösung Seite 124

Tangram

81 Wie können die sieben vorgegebenen Formen zum Umriss des Bootes zusammengelegt werden?

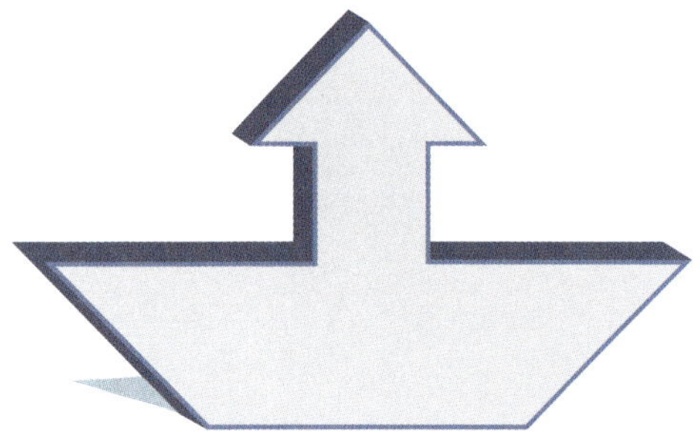

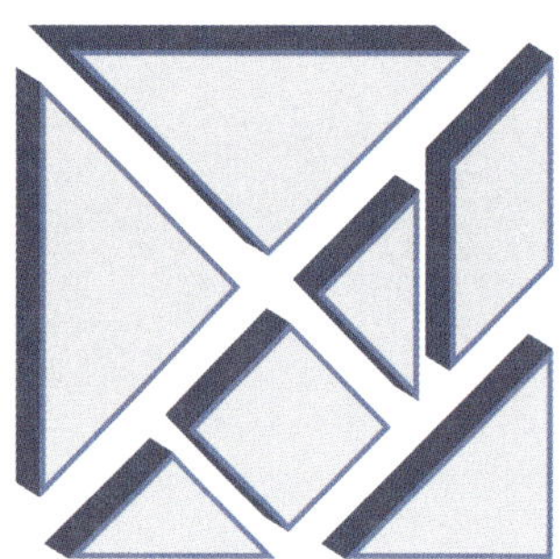

Lösung Seite 130

82 Wie können die sieben vorgegebenen Formen zum Umriss des Hauses zusammengelegt werden?

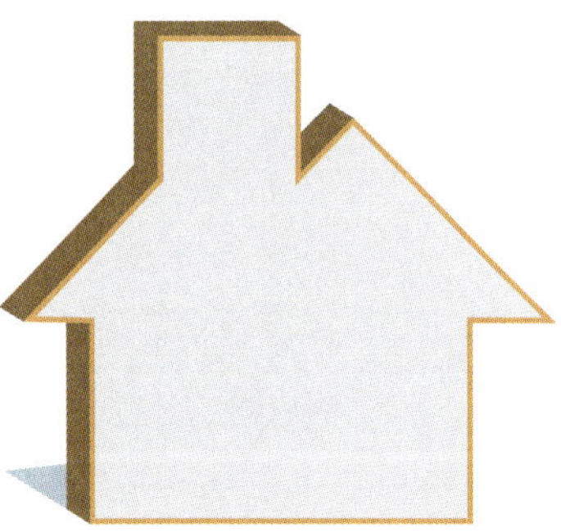

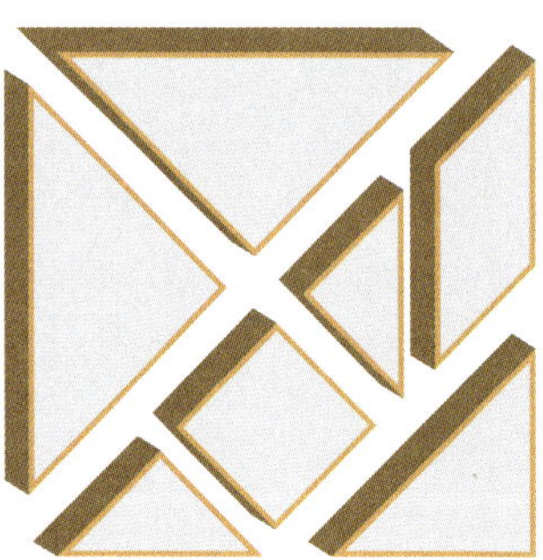

Lösung Seite 125

Gut geteilt

83 Teilen Sie die Figur in zwei deckungsgleiche Hälften und markieren Sie den Drehpunkt.

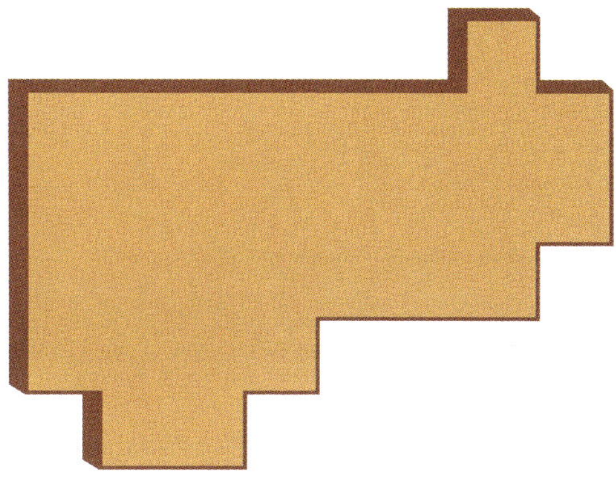

Lösung Seite 127

84 Wie kann man die Figur so in zwei Teile aufteilen, dass ein Quadrat aus 8 x 8 Kästchen entsteht?

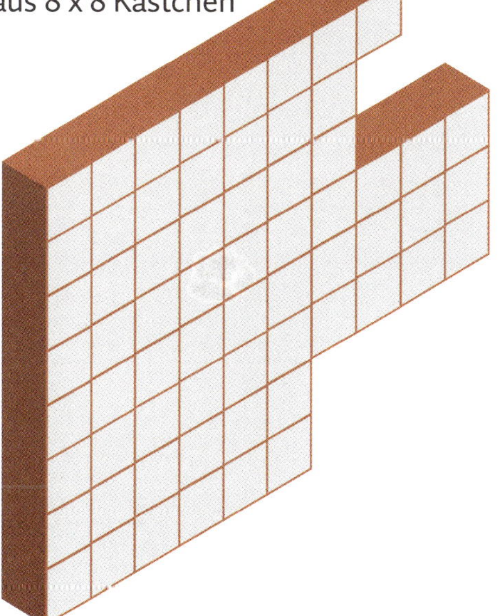

Lösung Seite 125

Streichhölzer

85 A) Entfernen Sie zwei Streichhölzer, sodass zwei Quadrate entstehen.
B) Legen Sie zwei Streichhölzer so um, dass sieben Quadrate entstehen.

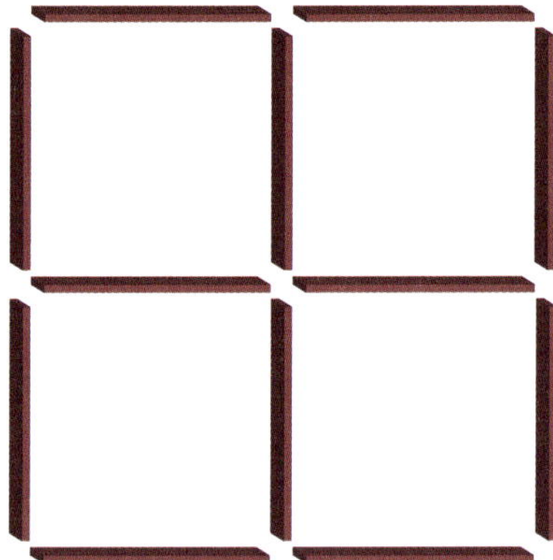

Lösung Seite 125

86 Legen Sie drei Streichhölzer so um, dass vier Quadrate entstehen. Dabei muss jedes Streichholz Teil eines Quadrats sein, und die Hölzer dürfen nicht übereinanderliegen.

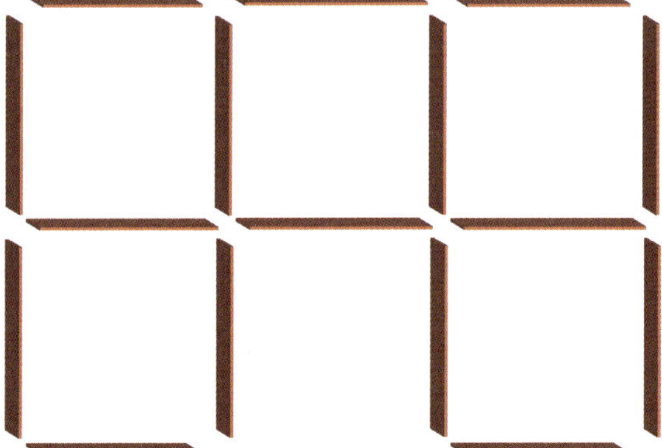

Lösung Seite 137

Linien hinzufügen

87 Wie viele Dreiecke können maximal entstehen, wenn man der Figur zwei Quadrate hinzufügt? Wo müssen diese Quadrate liegen?

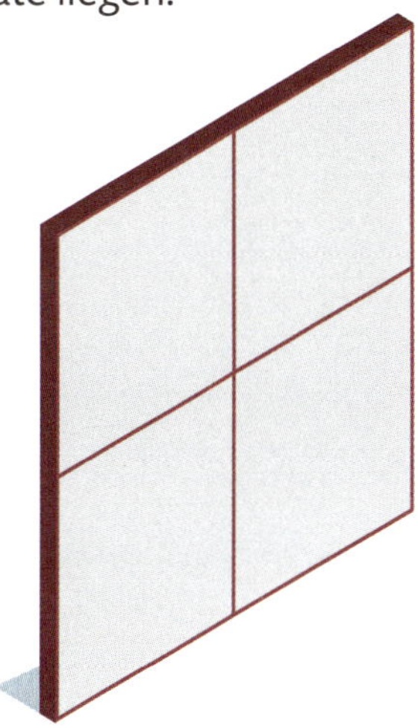

Lösung Seite 125

88 Wie kann man der Figur ein regelmäßiges Vieleck so hinzufügen, dass eine Kette von fünfzackigen Sternen entsteht?

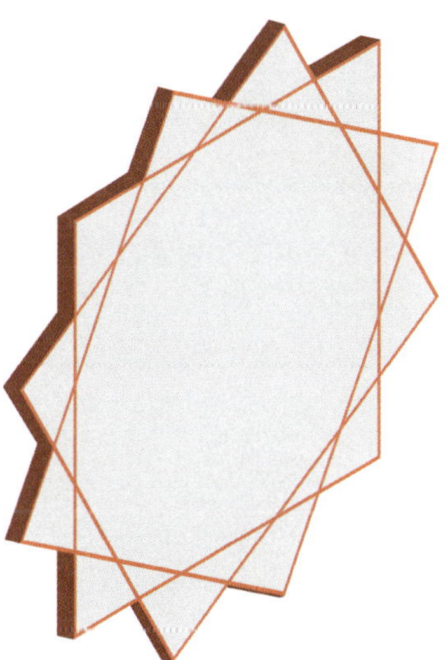

Lösung Seite 125

Kongruente Formen

89 Teilen Sie die Figur in vier Formen auf, die beim Drehen und/oder Wenden deckungsgleich sind.

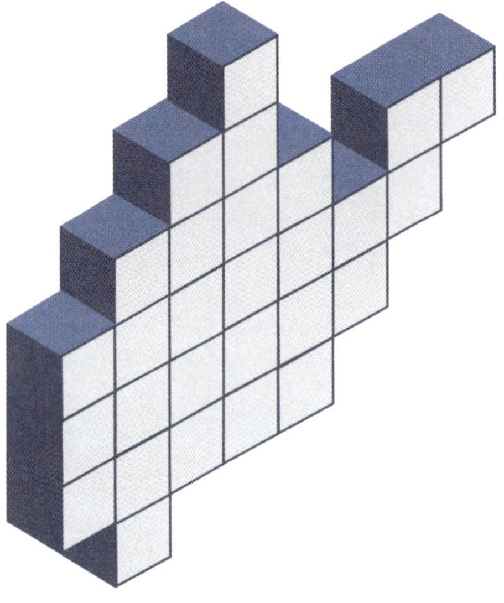

Lösung Seite 126

90 Teilen Sie die Figur in vier Formen auf, die beim Drehen und/oder Wenden deckungsgleich sind.

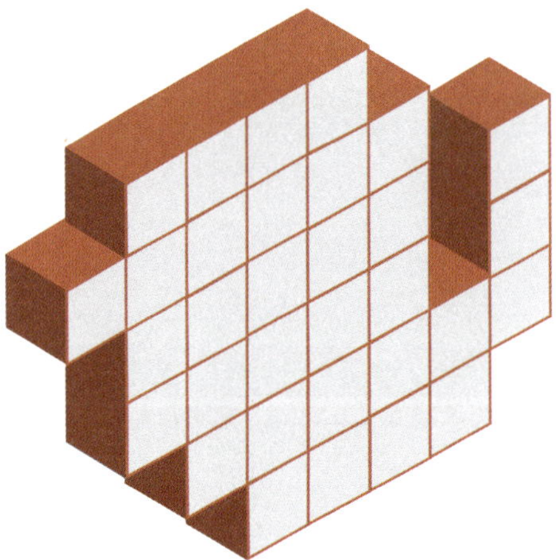

Lösung Seite 129

XOXO

91 Teilen Sie das Gitter in vier deckungsgleiche Formen auf, der Drehpunkt befindet sich in der Mitte des Gitters. Die farbigen Quadrate sind Hinweise – jede Form enthält höchstens ein blaues, ein rotes und ein gelbes Quadrat.

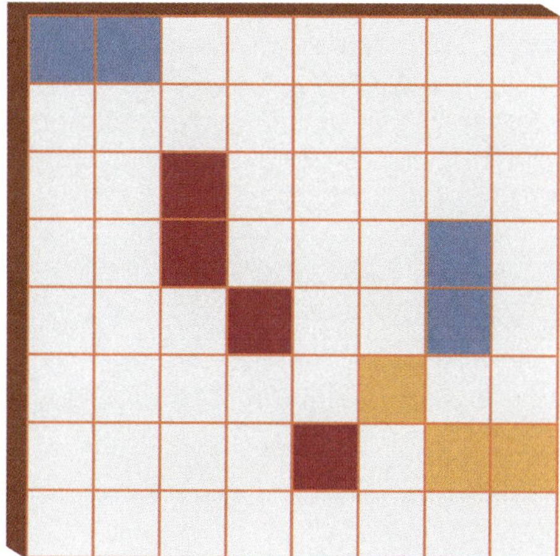

Lösung Seite 120

92 Teilen Sie das Gitter in vier deckungsgleiche Formen auf, der Drehpunkt befindet sich in der Mitte des Gitters. Die blauen und roten Quadrate sind Hinweise – keine der Formen enthält mehr als ein blaues und ein rotes Quadrat.

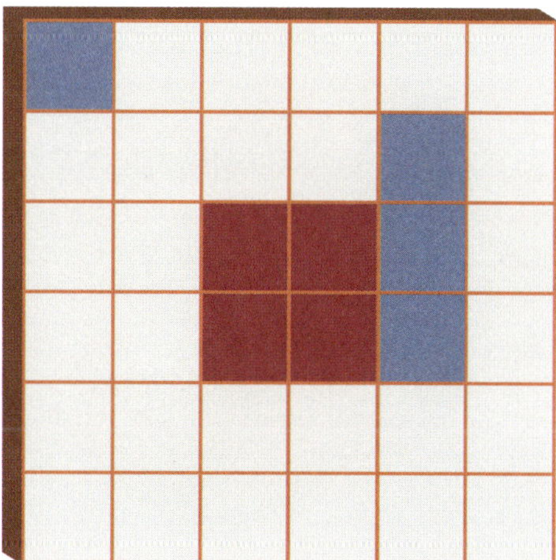

Lösung Seite 126

Übereinander

93 Mit welcher kleinstmöglichen Anzahl übereinandergelegter Papierquadrate kann man diese Figur bilden?
In welcher Reihenfolge wurden sie gelegt?

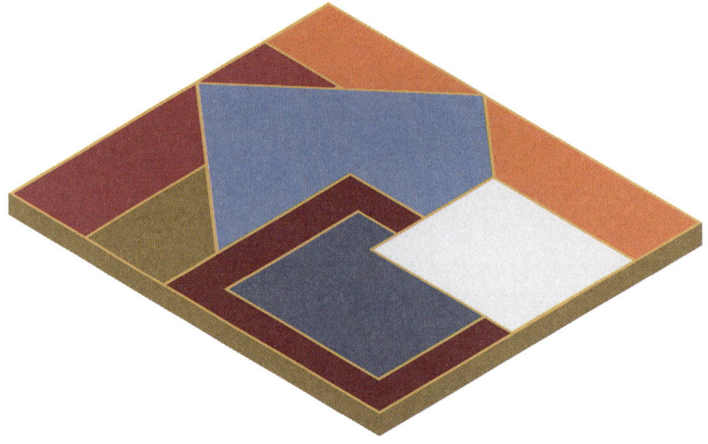

Lösung Seite 126

94 Mit welcher kleinstmöglichen Anzahl übereinandergelegter
Papierquadrate kann man diese Figur bilden?
In welcher Reihenfolge wurden sie gelegt?

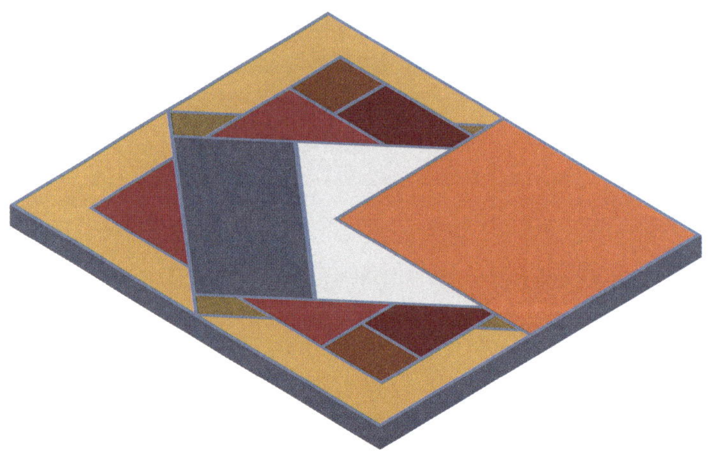

Lösung Seite 121

Übersicht

95 Dieser Würfel (2 x 2 x 2) besteht aus acht verschiedenfarbigen gleich großen Würfeln.
Drei der Würfel wurden entfernt.
Fünf der sechs Seiten des Würfels sind aus der Sicht von oben abgebildet. Die dickere Kontur bedeutet, dass dieser Würfel Teil der unteren Ebene ist.
Wie muss die sechste Seite aussehen?

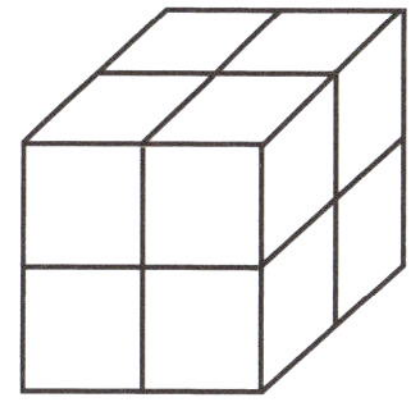

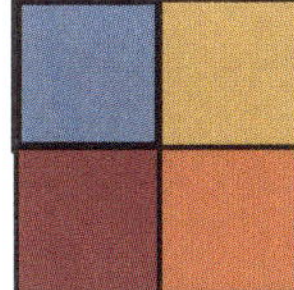 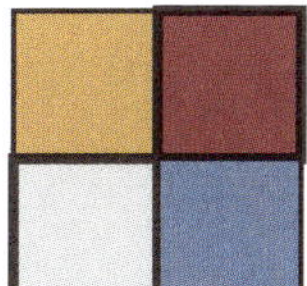 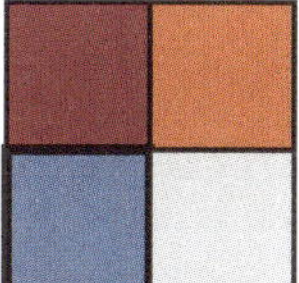 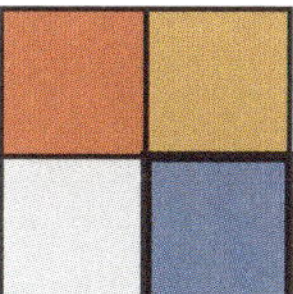 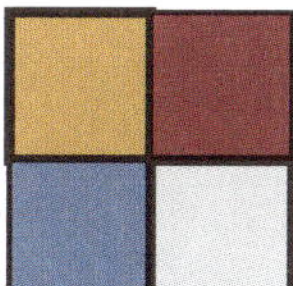 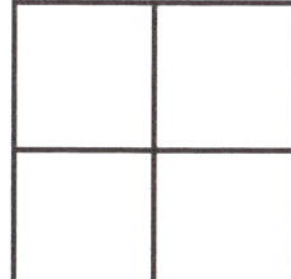

Lösung Seite 126

96 Dieser Würfel (2 x 2 x 2) besteht aus acht verschiedenfarbigen gleich großen Würfeln.
Drei der Würfel wurden entfernt.
Fünf der sechs Seiten des Würfels sind aus der Sicht von oben abgebildet. Die dickere Kontur bedeutet, dass dieser Würfel Teil der unteren Ebene ist.
Wie muss die sechste Seite aussehen?

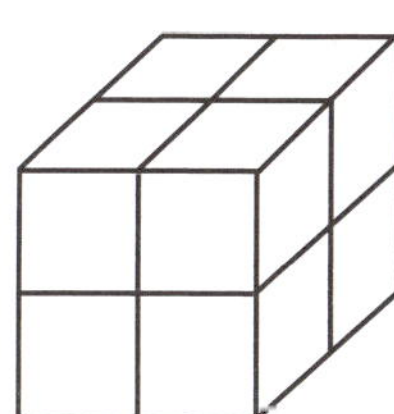

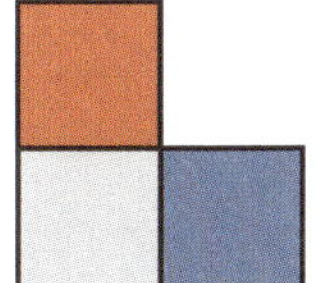 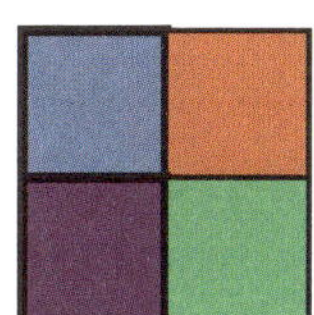 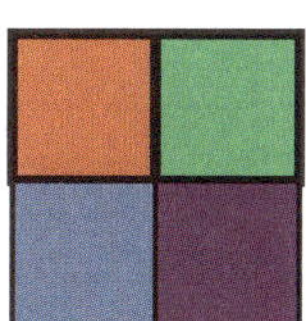 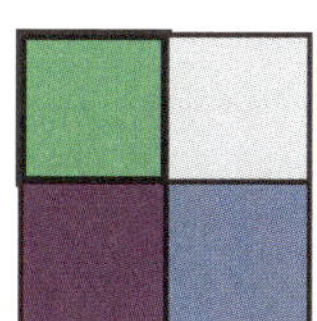 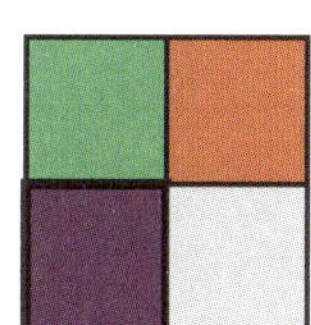 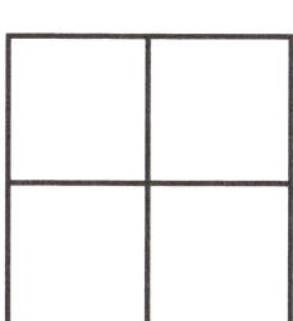

Lösung Seite 127

Wie viele?

97 Wie viele einzelne Dreiecke sind in dieser Abbildung erkennbar?

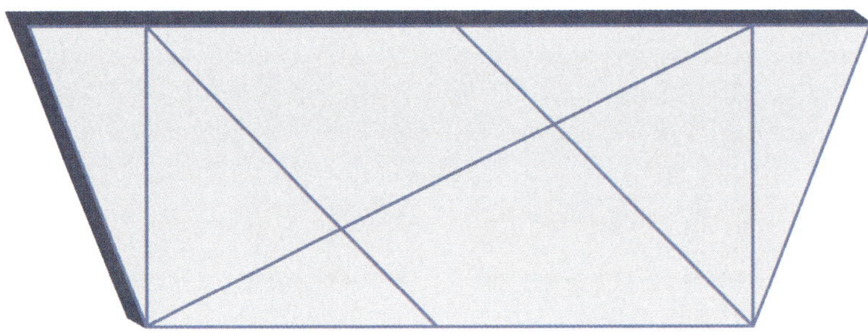

Lösung Seite 132

98 Ein Schachbrett besteht aus 64 quadratischen Feldern. Aus wie vielen anderen (zusammengesetzten) Quadraten besteht es? Und wie kann man das ausrechnen, ohne nachzuzählen?

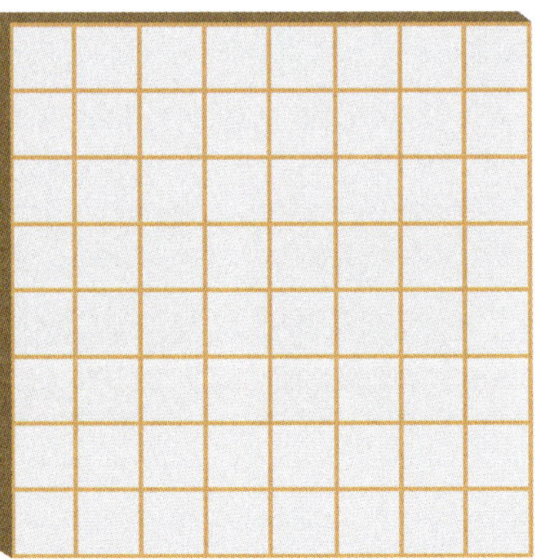

Lösung Seite 127

Würfelgrundriss

99 Wie viele und welche der fünf abgebildeten Würfel können aus der Schablone gefaltet werden?

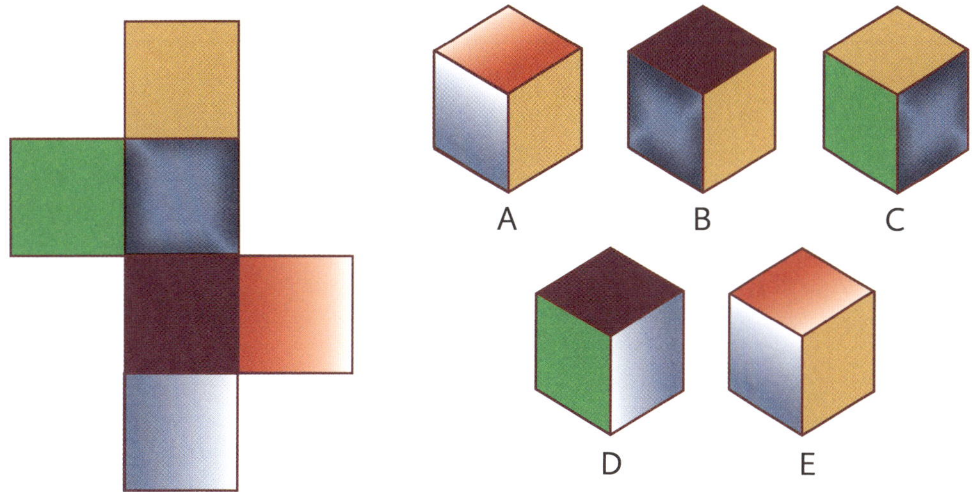

Lösung Seite 127

100 Wie viele und welche der fünf abgebildeten Würfel können aus der Schablone gefaltet werden?

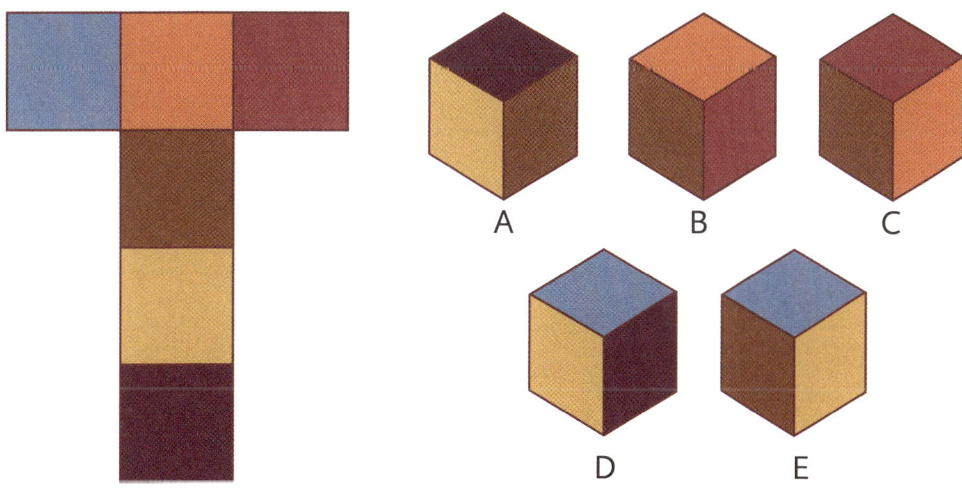

Lösung Seite 140

Umfang

101 Berechnen Sie mit den Angaben den Gesamtumfang der abgebildeten Form Beachten Sie: Jeder innere Winkel ist ein rechter Winkel.

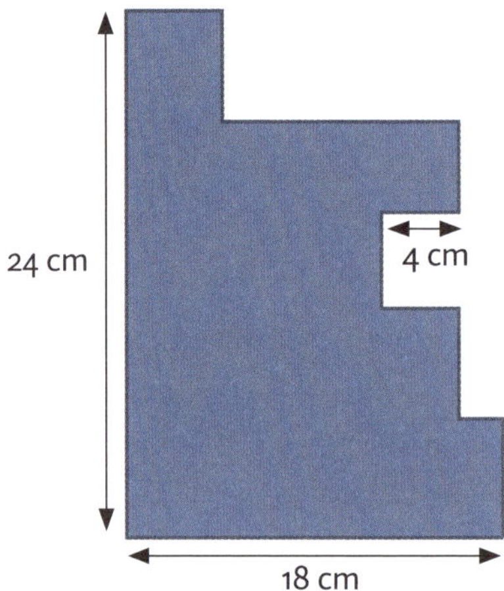

Lösung Seite 132

102 Der Buchstabe E besteht aus fünf identischen Blöcken. Welchen Umfang hat er?

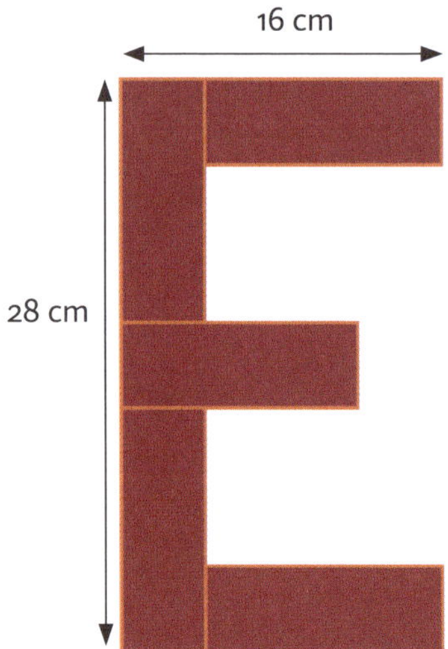

Lösung Seite 126

Falten und schneiden

103 Faltet man das quadratische Blatt Papier an den gestrichelten Linien und schneidet an den durchgezogenen Linien entlang, welches Muster entsteht dann? Beim mittleren Bild wird erst geschnitten, dann gefaltet.

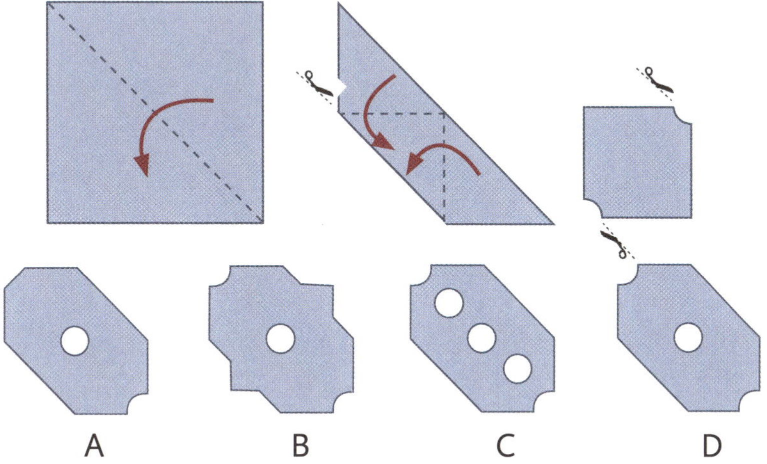

Lösung Seite 131

104 Faltet man das quadratische Blatt Papier an den gestrichelten Linien und schneidet an den durchgezogenen Linien entlang, welches Muster entsteht dann? Beim mittleren Bild wird erst geschnitten, dann gefaltet.

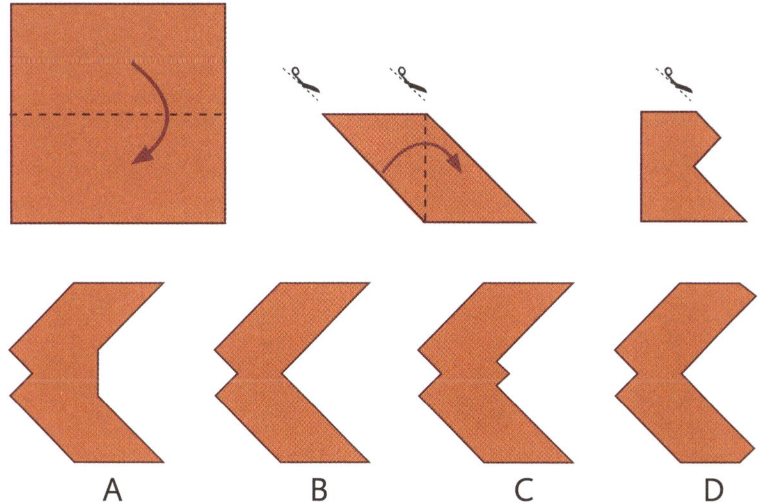

Lösung Seite 126

Winkelzüge

105 Berechnen Sie aus den Angaben den mit ? gekennzeichneten Winkel.

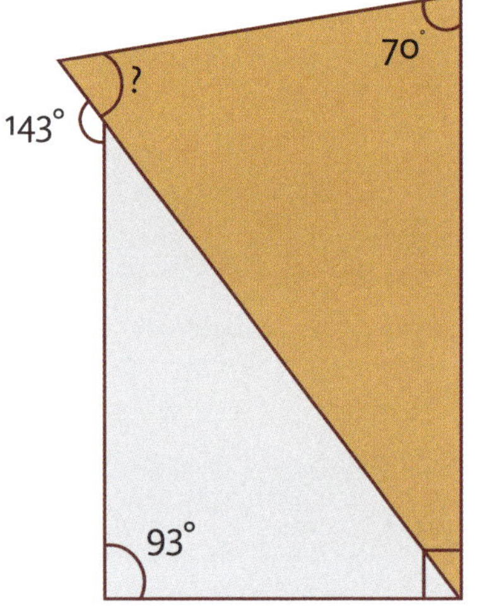

Lösung Seite 127

106 Das äußere Quadrat umfasst vier gleichschenklige Dreiecke, vier gleichseitige Dreiecke und ein kleineres Quadrat, das um 45° gedreht ist. Wie groß sind die kleineren Winkel der gleichschenkligen Dreiecke?

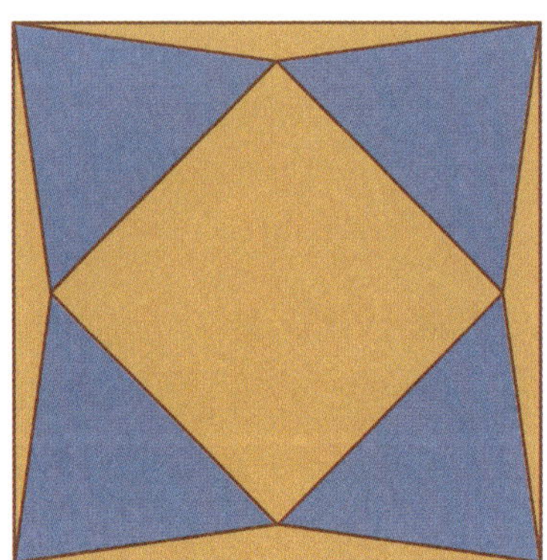

Lösung Seite 128

Flächenlabyrinth (3D)

107 Für welche Fläche steht das Fragezeichen?

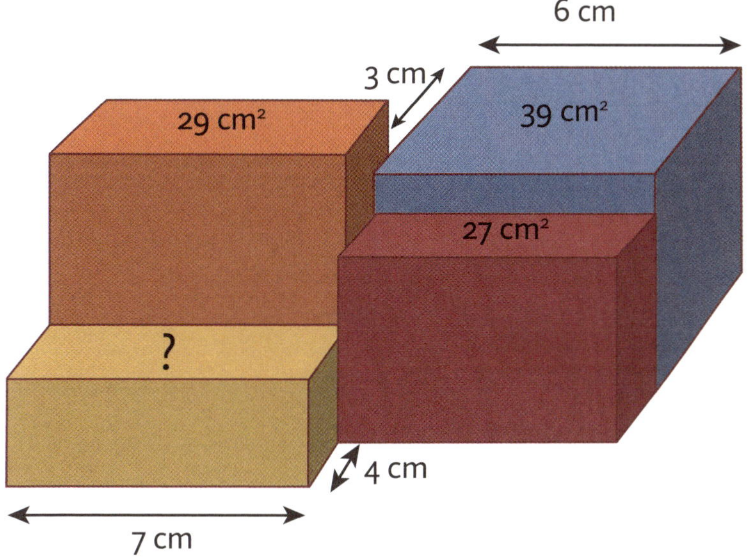

Lösung Seite 128

108 Für welche Fläche steht das Fragezeichen?

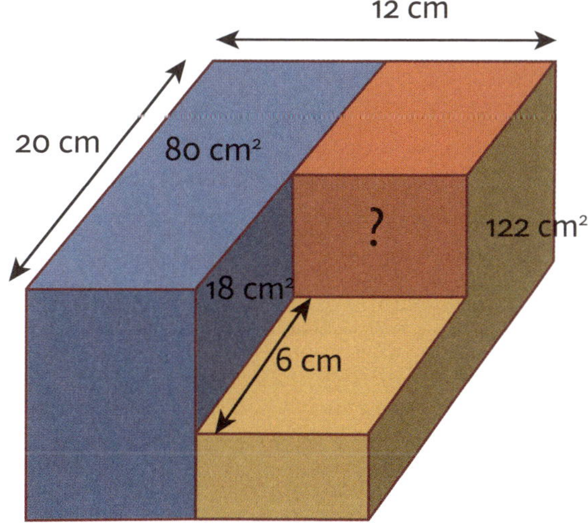

Lösung Seite 128

Pentominos

109 Ordnen Sie neun der zwölf Pentominos so an (wie sie sind und/oder gedreht und/oder gespiegelt), dass die Eins entsteht.

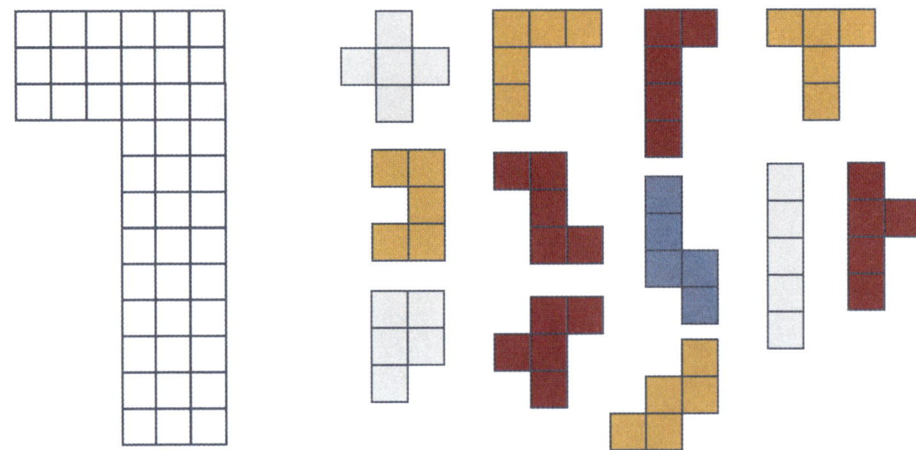

Lösung Seite 128

110 Ordnen Sie neun der zwölf Pentominos so an (wie sie sind und/oder gedreht und/oder gespiegelt), dass die Glocke entsteht.

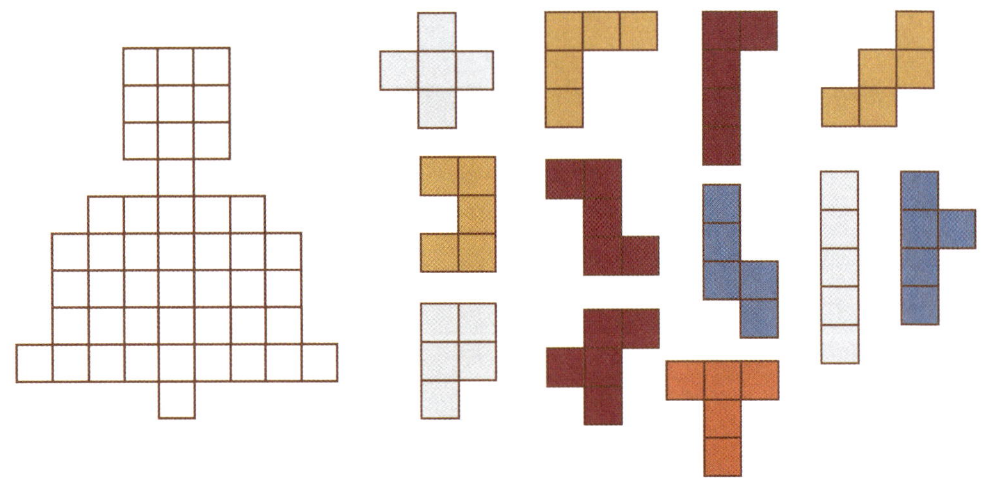

Lösung Seite 128

Anordnen

111 Kartentrick

Captain Croupier stellt den Halbfinalisten des Casino-Pokerturniers eine Aufgabe. Der Erste, der sie richtig löst, ist automatisch im Finale. Die Aufgabe lautet: Ordnen Sie die 13 Karten einer Farbe in zwölf Reihen zu je drei Karten an. Wie geht das?

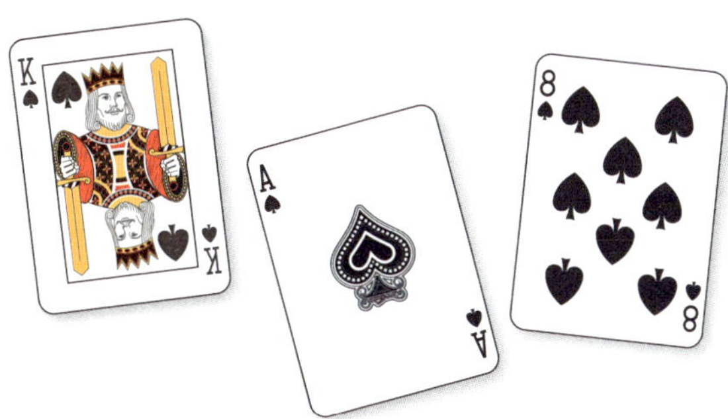

Lösung Seite 129

112 Häschen in der Grube

Jedes Jahr dürfen sich die Kinder der örtlichen Grundschule um junge Häschen kümmern. Aus offensichtlichen Gründen werden sie in getrennten Ställen gehalten, in insgesamt sechs gleich großen Gehegen aus jeweils 24 kleinen Holzpflöcken. Allerdings wurde die Hälfte der Pflöcke in einem Gewitter beschädigt. Wie kann man die sechs Häschen trotzdem in gleich großen Ställen unterbringen?

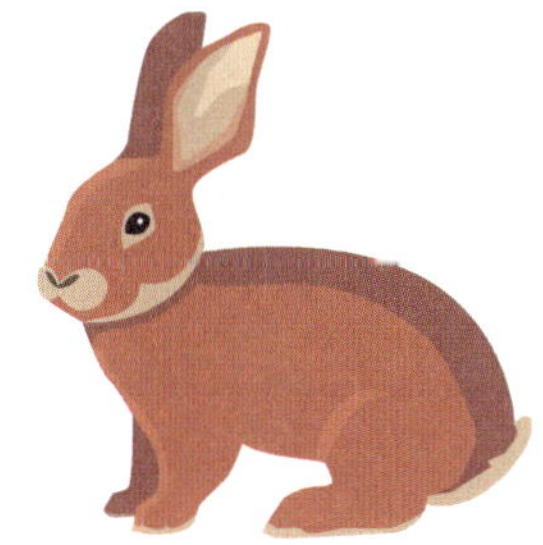

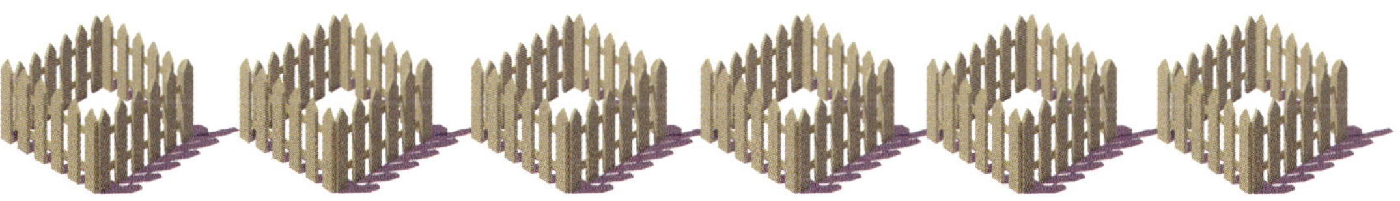

Lösung Seite 129

Linien einzeichnen

113 Zeichnen Sie in das Rechteck sechs Linien von einer Seite zu einer anderen so ein, dass es in 14 Flächen geteilt wird. In jeder Fläche muss sich einer der Punkte befinden.

Lösung Seite 129

114 Zeichnen Sie in das Rechteck drei Linien von einer Seite zu einer anderen so ein, dass es in fünf Flächen geteilt wird. In jeder Fläche müssen sich ein Quadrat und zwei Kreise befinden.

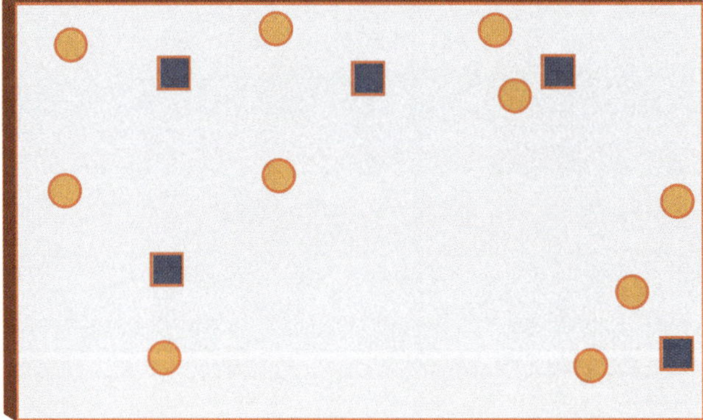

Lösung Seite 125

Flächenlabyrinth

115 Für welche Fläche steht das Fragezeichen?

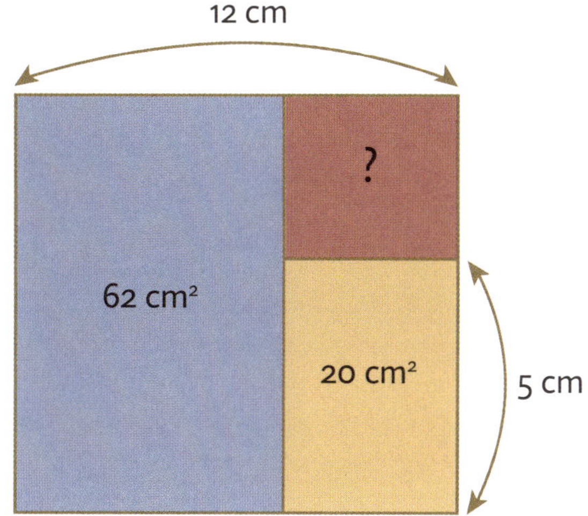

Lösung Seite 135

116 Für welche Länge steht das Fragezeichen?

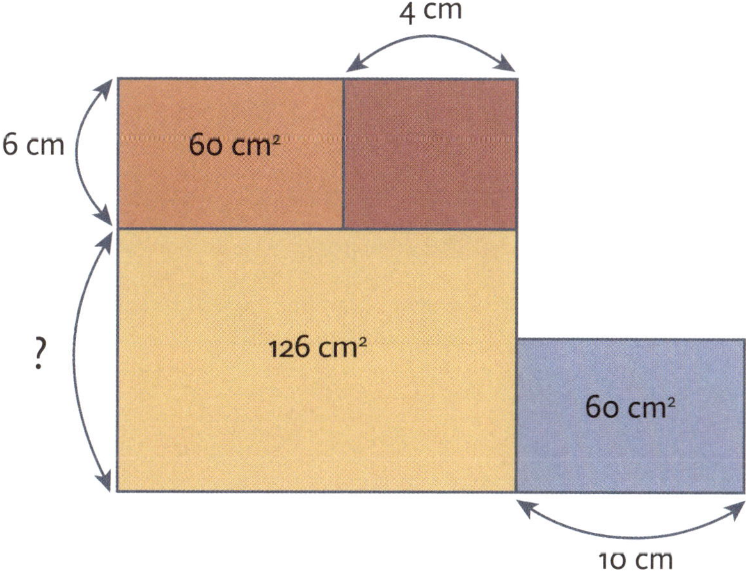

Lösung Seite 129

Flächenlabyrinth (Prozent)

117 Welchen Anteil in Prozent (Näherungswert) hat die gelbe Fläche an der gesamten abgebildeten Fläche?

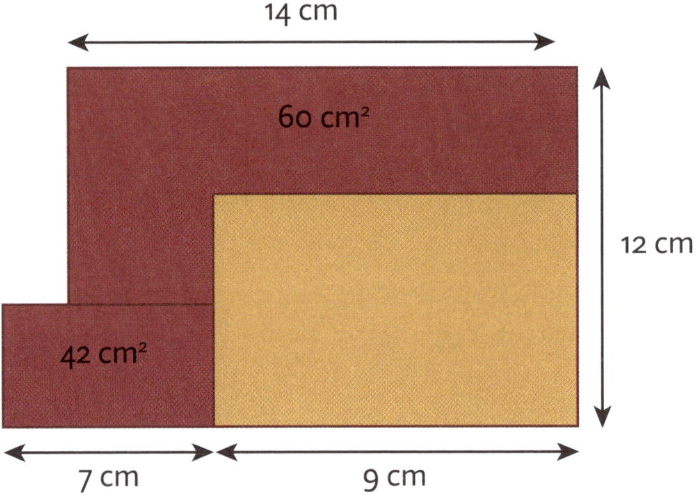

Lösung Seite 123

118 Welchen Anteil in Prozent (Näherungswert) hat die gelbe Fläche an der gesamten abgebildeten Fläche?

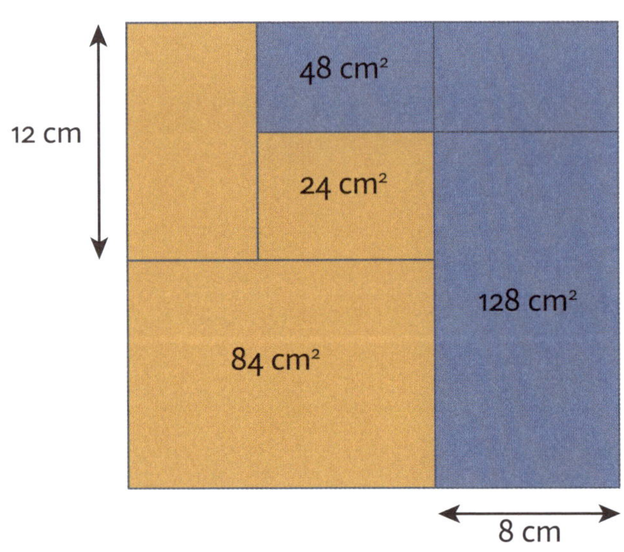

Lösung Seite 130

Teilen

119 Teilen Sie die Figur entlang den Linien in drei identische Formen auf. Diese können gedreht, dürfen aber nicht gewendet werden.

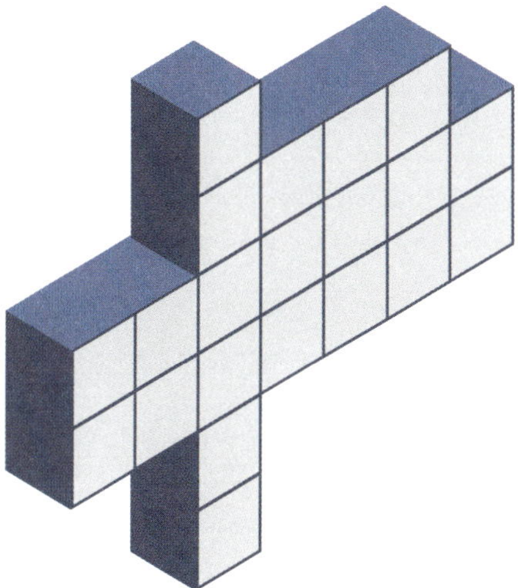

Lösung Seite 118

120 Teilen Sie die Figur entlang den Linien in drei identische Formen auf. Diese können gedreht, dürfen aber nicht gewendet werden.

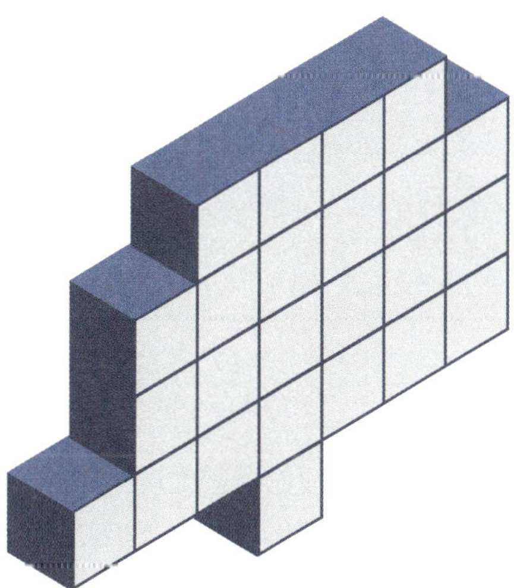

Lösung Seite 130

Tangram

121 Wie können die sieben vorgegebenen Formen zum Umriss des Weihnachtsbaums zusammengelegt werden?

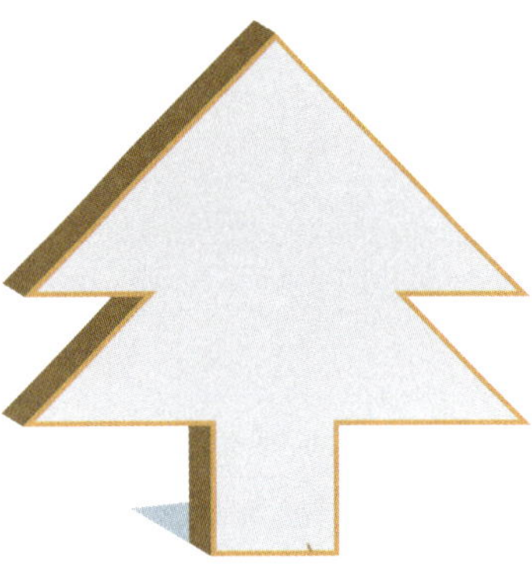

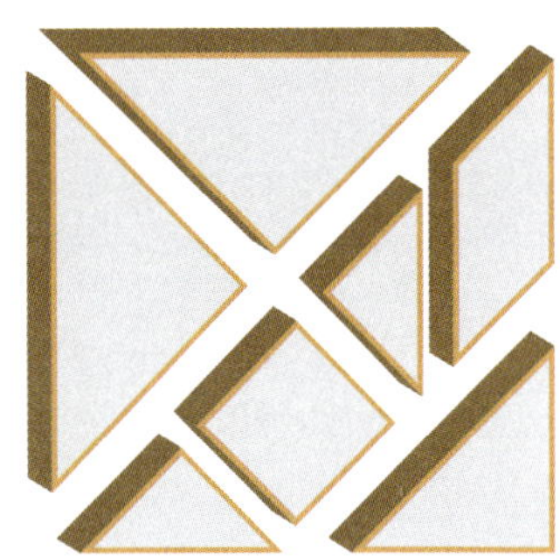

Lösung Seite 130

122 Wie können die sieben vorgegebenen Formen zum Umriss der Fabrik mit Schornstein zusammengelegt werden?

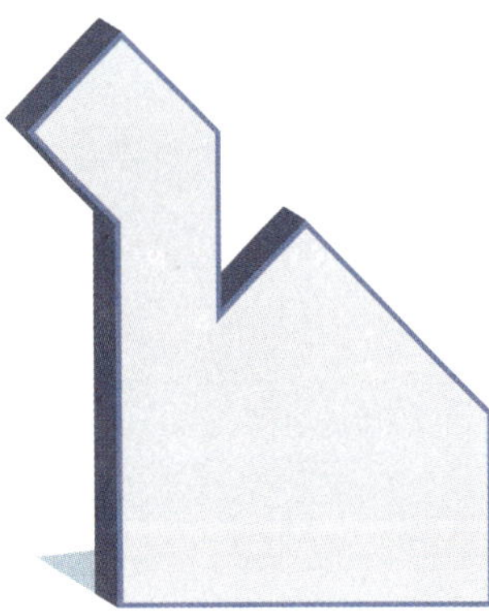

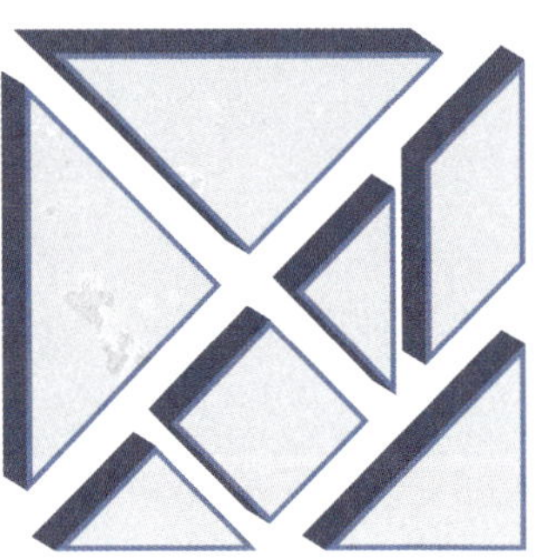

Lösung Seite 124

Gut geteilt

123 Teilen Sie die Figur in zwei deckungsgleiche Hälften und markieren Sie den Drehpunkt.

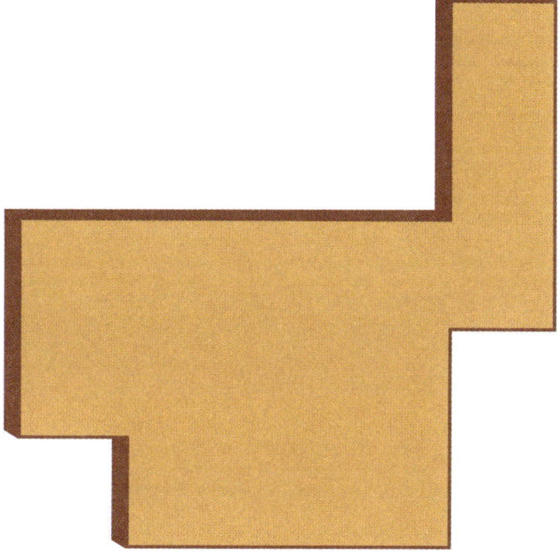

Lösung Seite 127

124 Wie kann man die Figur so in zwei Teile aufteilen, dass ein Quadrat aus 8 x 8 Kästchen entsteht?

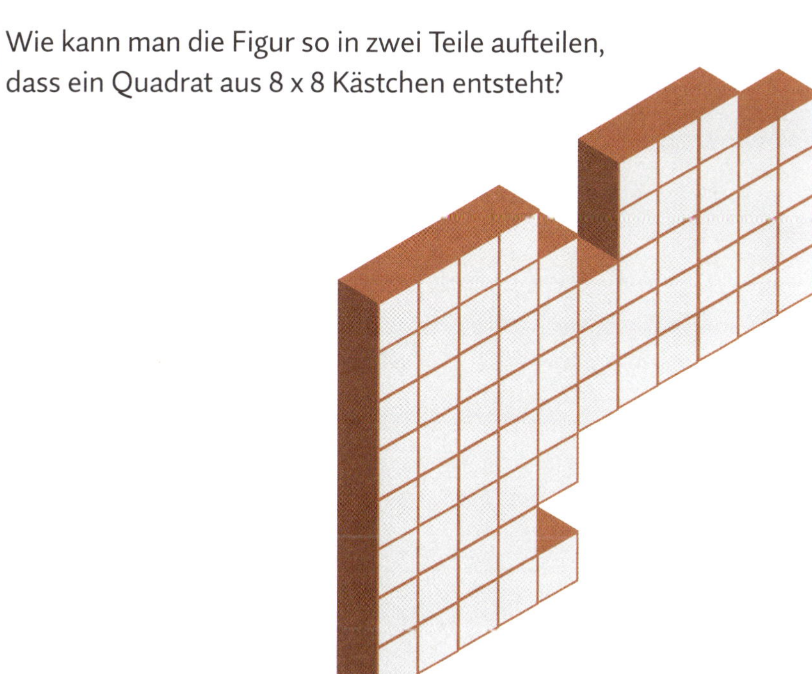

Lösung Seite 131

Streichhölzer

125 Fügen Sie vier Streichhölzer so hinzu, dass das Quadrat in zwei gleich große Teile geteilt wird.

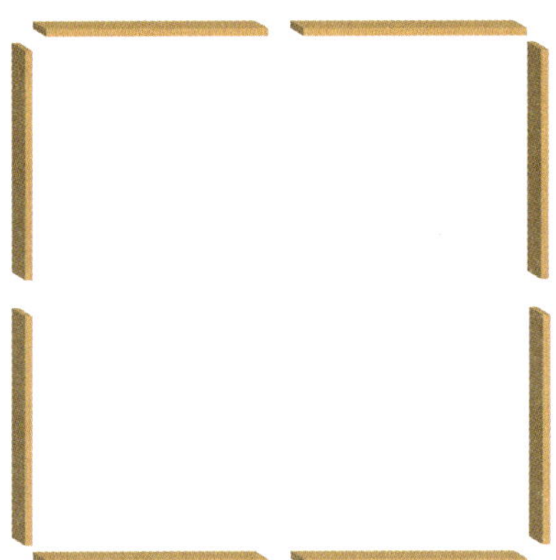

Lösung Seite 125

126 A) Entfernen Sie drei Streichhölzer, sodass drei Quadrate übrig bleiben.
B) Entfernen Sie drei Hölzer, sodass fünf Quadrate übrig bleiben.
C) Entfernen Sie fünf Hölzer, sodass zwei Quadrate übrig bleiben.

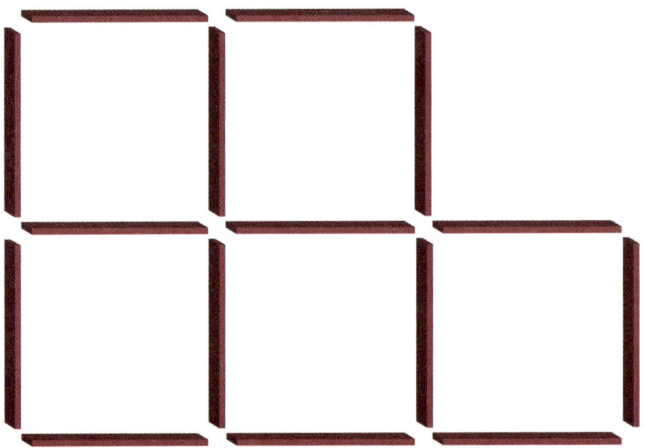

Lösung Seite 131

Linien hinzufügen

127 Fügen Sie der Figur zwei Quadrate so hinzu, dass das symmetrische Muster aus zehn weiteren Quadraten besteht.

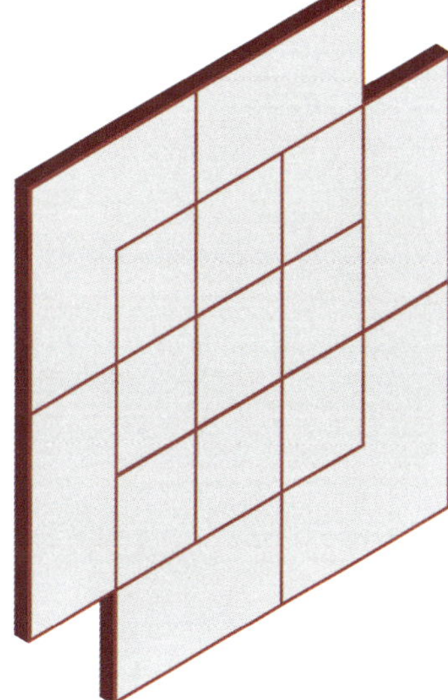

Lösung Seite 131

128 Fügen Sie der Figur nur ein Rechteck so hinzu, dass sie danach aus 17 Rechtecken mehr, darunter ein Quadrat, besteht.

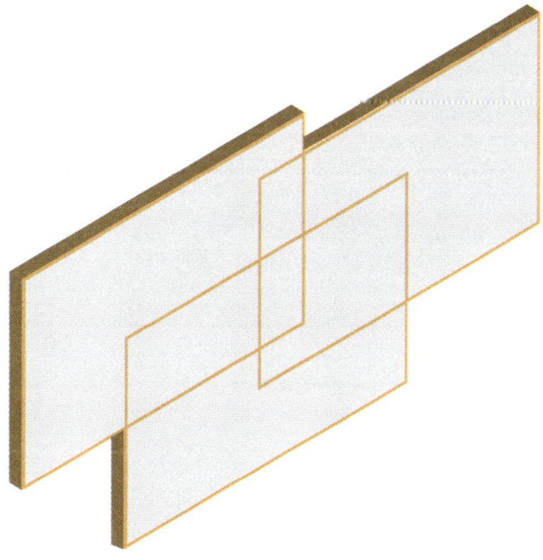

Lösung Seite 138

Linien einzeichnen

129 Zeichnen Sie in den Kreis vier Linien von einer Seite zur anderen so ein, dass er in elf Flächen geteilt wird.

Lösung Seite 131

130 Zeichnen Sie in das Rechteck drei Linien von einer Seite zur gegenüberliegenden so ein, dass es in sieben Flächen geteilt wird. In jeder Fläche muss sich eines der Dreiecke befinden.

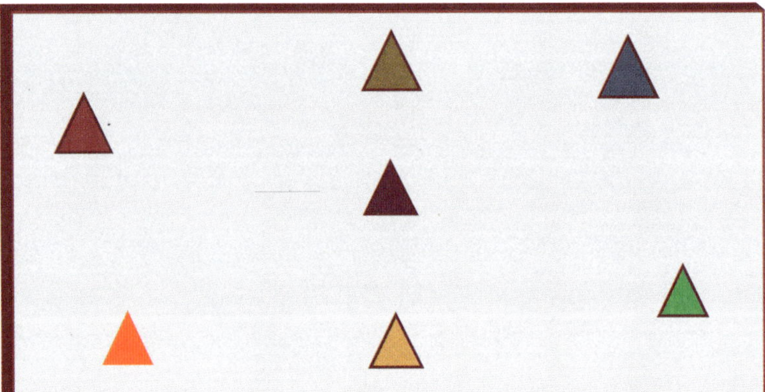

Lösung Seite 141

Kongruente Formen

131 Teilen Sie die Figur in zwei Formen auf, die beim Drehen und/oder Wenden deckungsgleich sind. Sie haben hier kein Raster, an dem Sie sich orientieren können, doch enthält die Abbildung genügend Informationen.

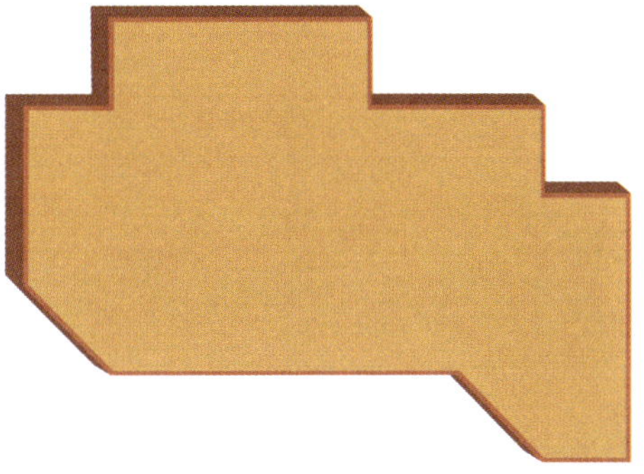

Lösung Seite 128

132 Teilen Sie die Figur in drei Formen auf, die beim Drehen und/oder Wenden deckungsgleich sind.

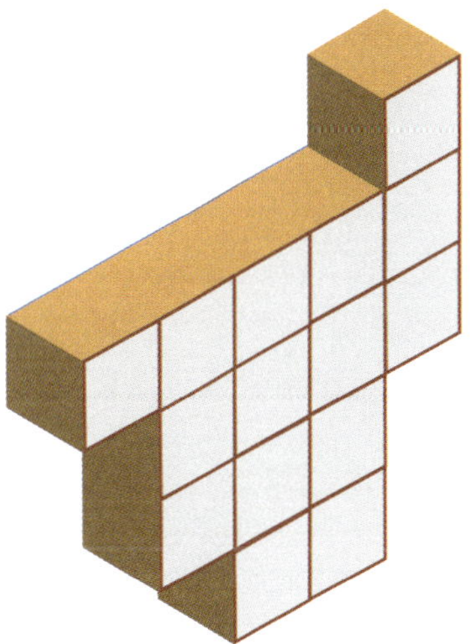

Lösung Seite 132

XOXO

133 Teilen Sie das Gitter in vier deckungsgleiche Formen auf, der Drehpunkt befindet sich in der Mitte des Gitters. Die farbigen Quadrate sind Hinweise – jede Form enthält höchstens ein blaues, ein rotes und ein gelbes Quadrat.

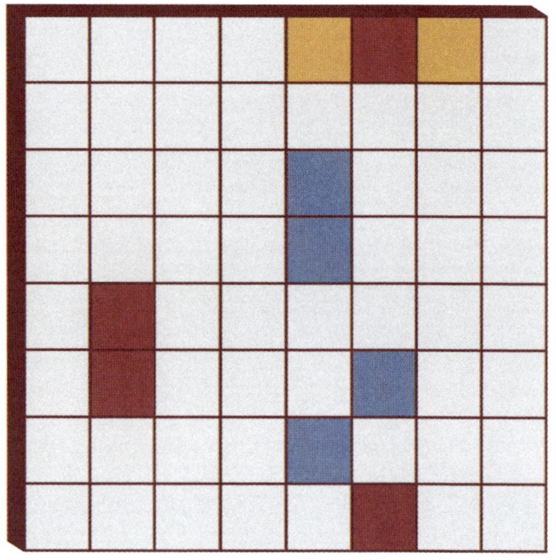

Lösung Seite 126

134 Teilen Sie das Gitter in vier deckungsgleiche Formen auf, der Drehpunkt befindet sich in der Mitte des Gitters. Die blauen und roten Quadrate sind Hinweise – keine der Formen enthält mehr als ein blaues und ein rotes Quadrat.

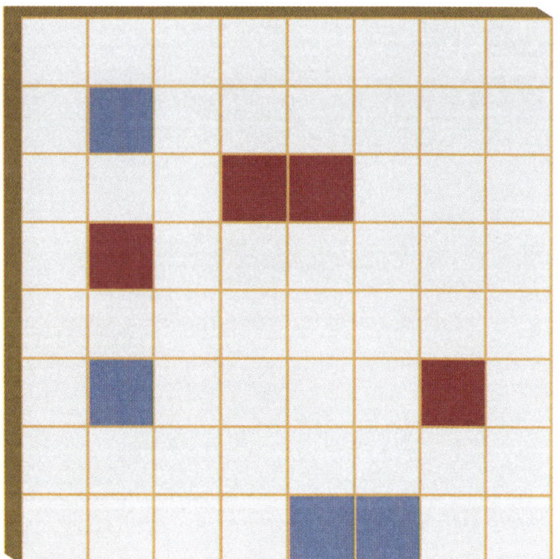

Lösung Seite 132

Übereinander

135 Mit welcher kleinstmöglichen Anzahl übereinandergelegter Papierquadrate kann man diese Figur bilden? In welcher Reihenfolge wurden sie gelegt?

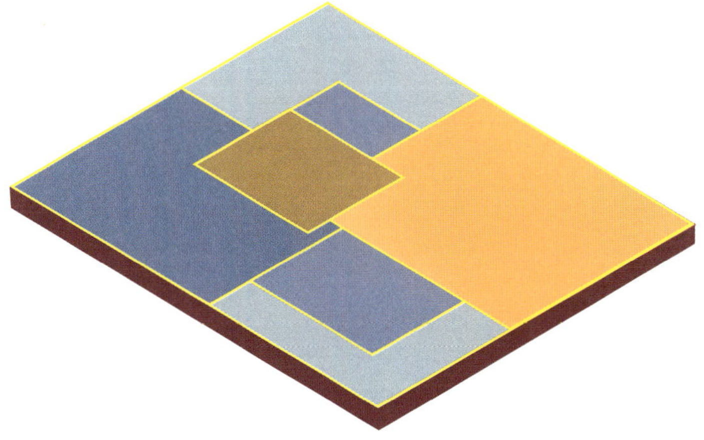

Lösung Seite 139

136 Mit welcher kleinstmöglichen Anzahl übereinandergelegter Papierquadrate kann man diese Figur bilden? In welcher Reihenfolge wurden sie gelegt?

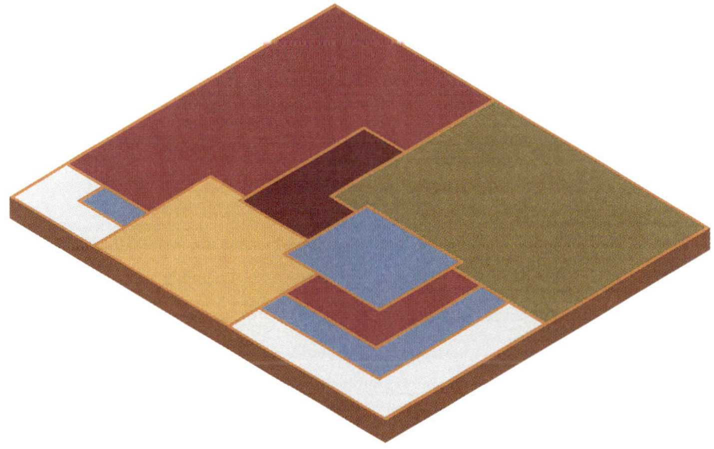

Lösung Seite 132

Übersicht

137 Dieser Würfel (2 x 2 x 2) besteht aus acht verschiedenfarbigen gleich großen Würfeln. Zwei der Würfel wurden entfernt. Fünf der sechs Seiten des Würfels sind aus der Sicht von oben abgebildet. Die dickere Kontur bedeutet, dass dieser Würfel Teil der unteren Ebene ist. Wie muss die sechste Seite aussehen?

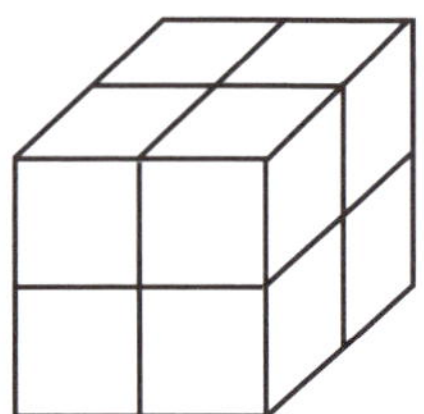

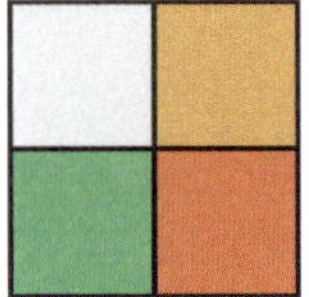 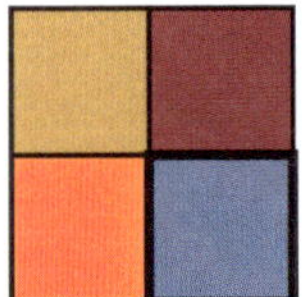 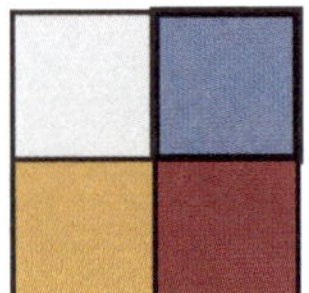 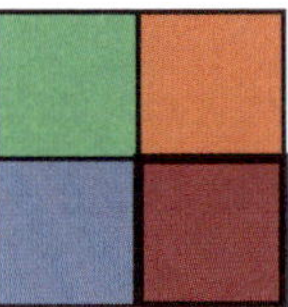 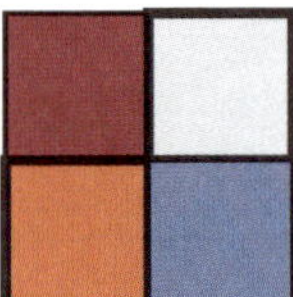 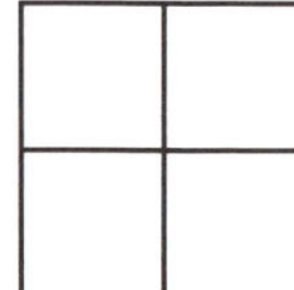

Lösung Seite 139

138 Dieser Würfel (2 x 2 x 2) besteht aus acht verschiedenfarbigen gleich großen Würfeln. Vier der Würfel wurden entfernt. Fünf der sechs Seiten des Würfels sind aus der Sicht von oben abgebildet. Die dickere Kontur bedeutet, dass dieser Würfel Teil der unteren Ebene ist. Wie muss die sechste Seite aussehen?

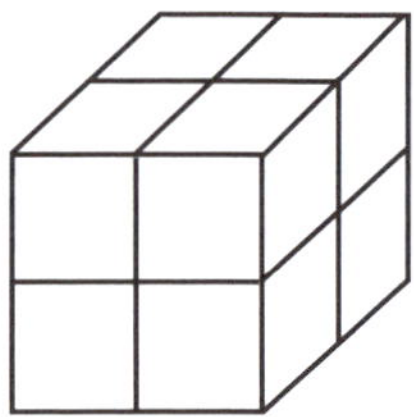

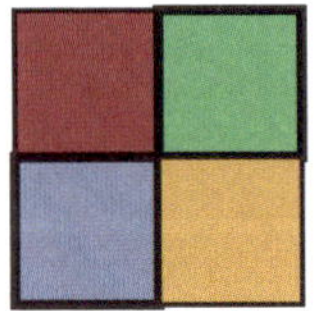 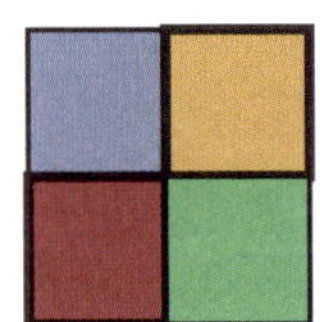 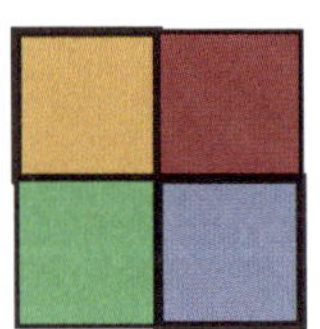 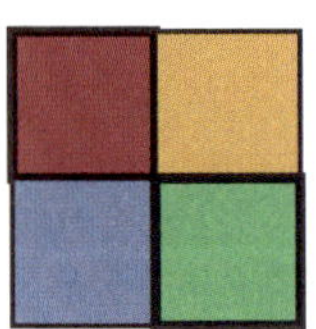 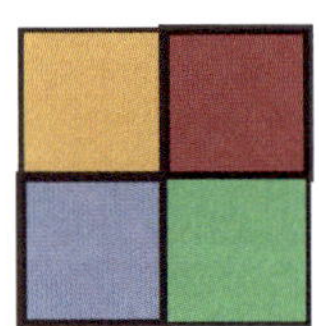 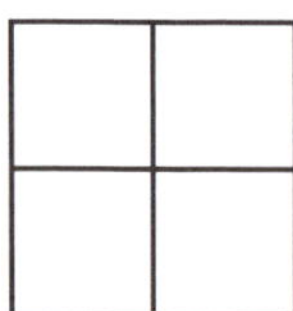

Lösung Seite 132

Wie viele?

139 Wie viele einzelne Dreiecke sind in dieser Abbildung erkennbar?

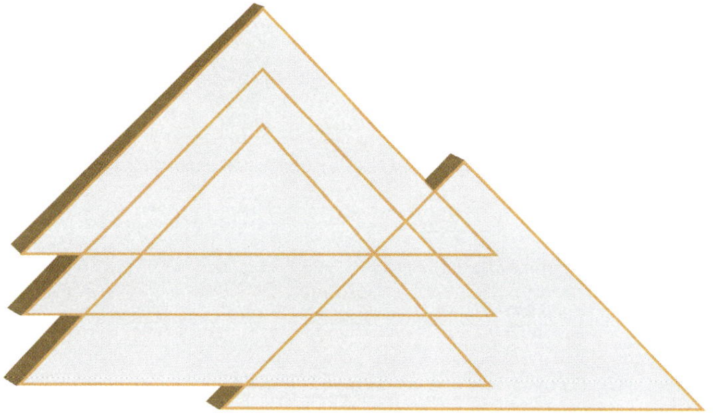

Lösung Seite 136

140 Wie viele einzelne Quadrate sind in dieser Abbildung erkennbar?

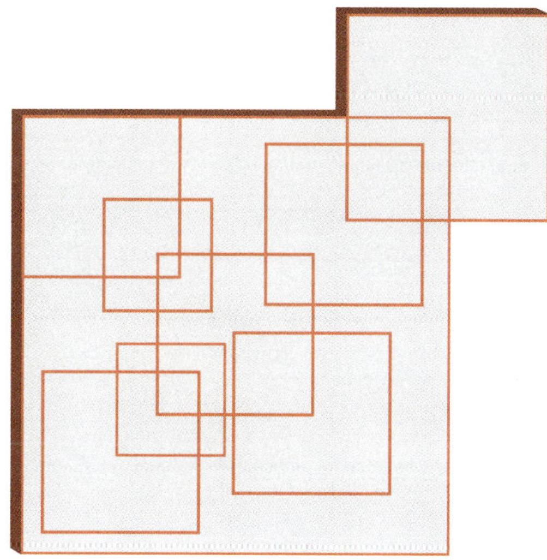

Lösung Seite 133

Würfelgrundriss

141 Wie viele und welche der fünf abgebildeten Würfel können aus der Schablone unten gefaltet werden?

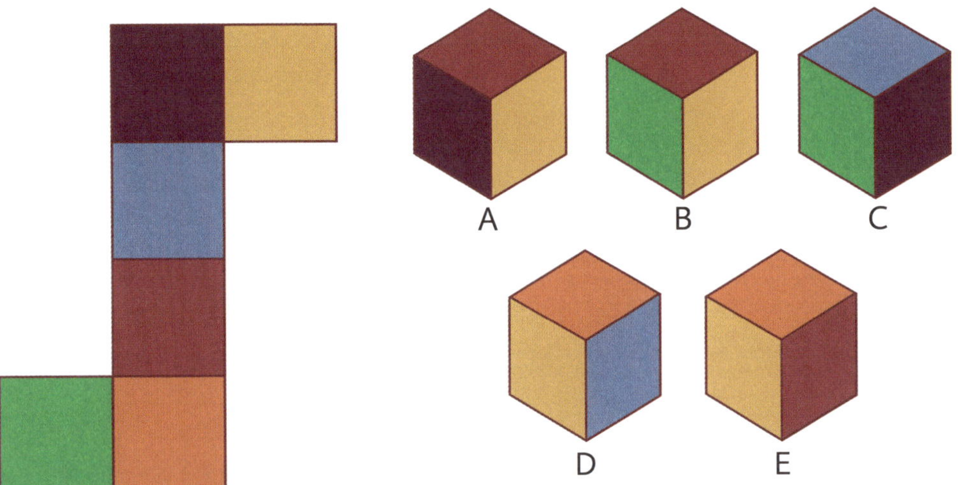

Lösung Seite 127

142 Wie viele und welche der fünf abgebildeten Würfel können aus der Schablone unten gefaltet werden?

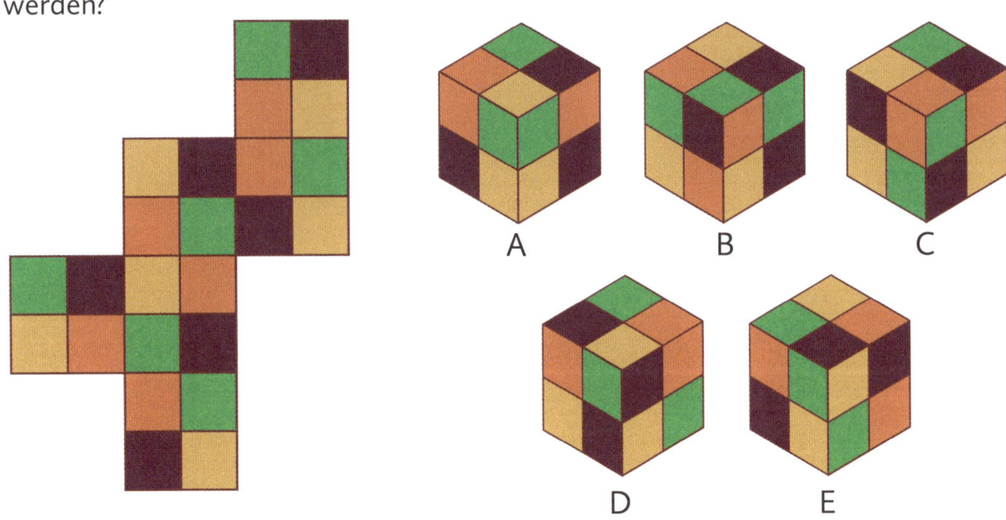

Lösung Seite 133

Umfang

143 Jede Diele dieses Parkettbodens ist doppelt so lang wie breit. Wie breit sind die einzelnen Dielen, wenn der Gesamtumfang der Fläche 486 cm beträgt?

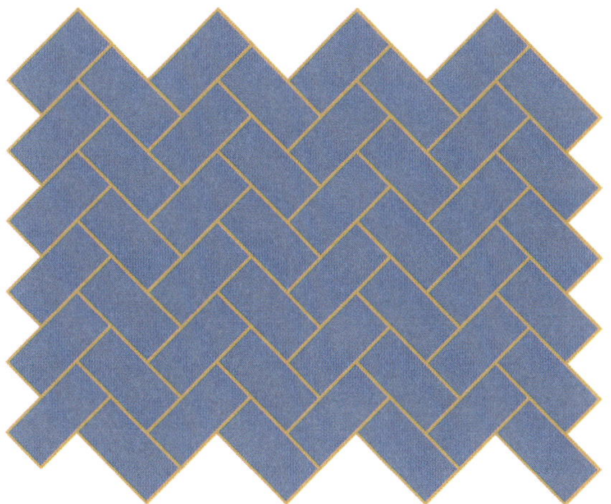

Lösung Seite 135

144 Berechnen Sie den Gesamtumfang der Figur anhand der vorgegebenen Informationen.

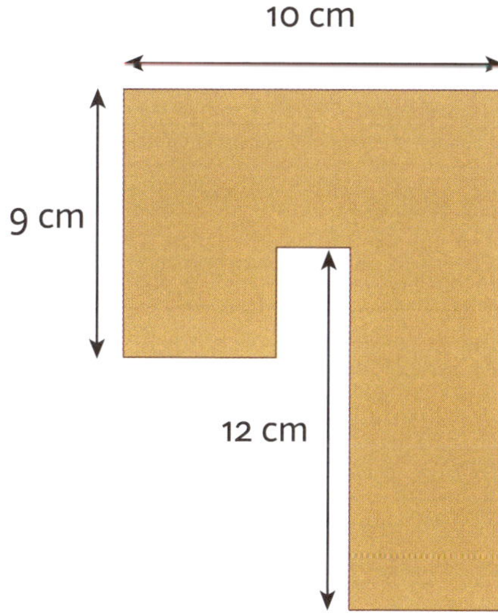

Lösung Seite 141

Falten und schneiden

145 Faltet man das quadratische Blatt Papier an den gestrichelten Linien und schneidet an den durchgezogenen Linien entlang, welches Muster entsteht dann? Beim mittleren Bild wird erst geschnitten, dann gefaltet.

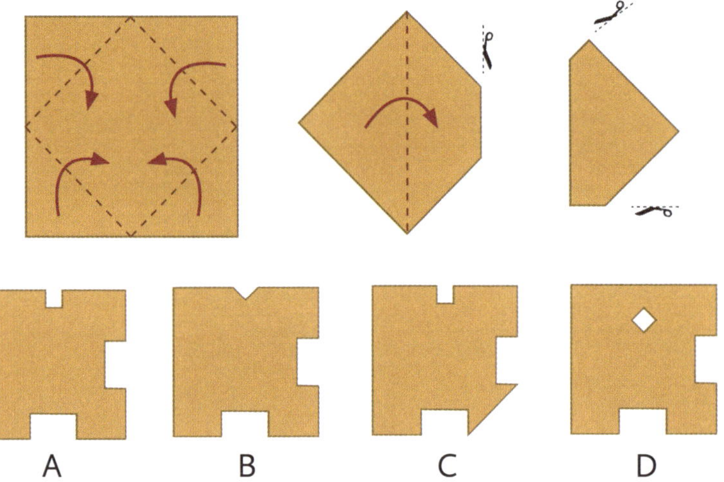

A B C D

Lösung Seite 134

146 Faltet man das dreieckige Blatt Papier an den gestrichelten Linien und schneidet an den durchgezogenen Linien entlang, welches Muster entsteht dann?

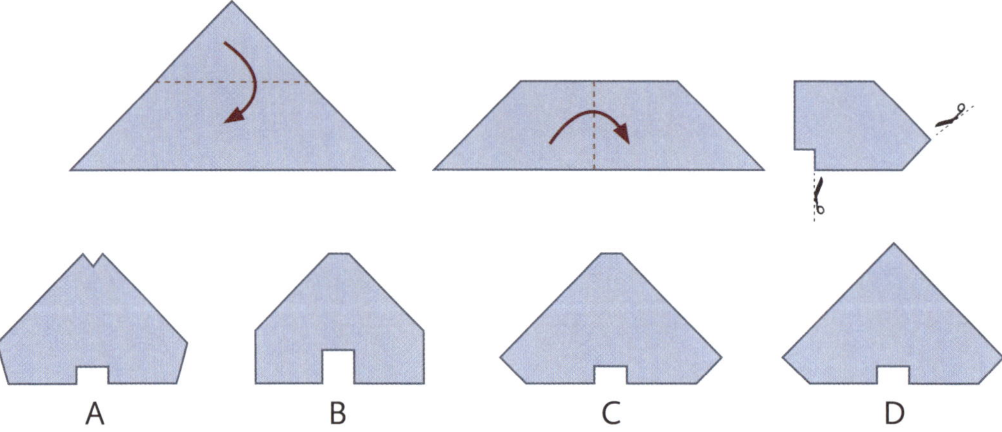

A B C D

Lösung Seite 140

Winkelzüge

147 Wie groß ist der Winkel AXB?
AB hat die gleiche Länge wie CX.
Das mathematische Problem
ist auch unter dem englischen Namen
Langley's Adventitious Angles bekannt.

Lösung Seite 134

148 Wie groß ist der Winkel GHJ?

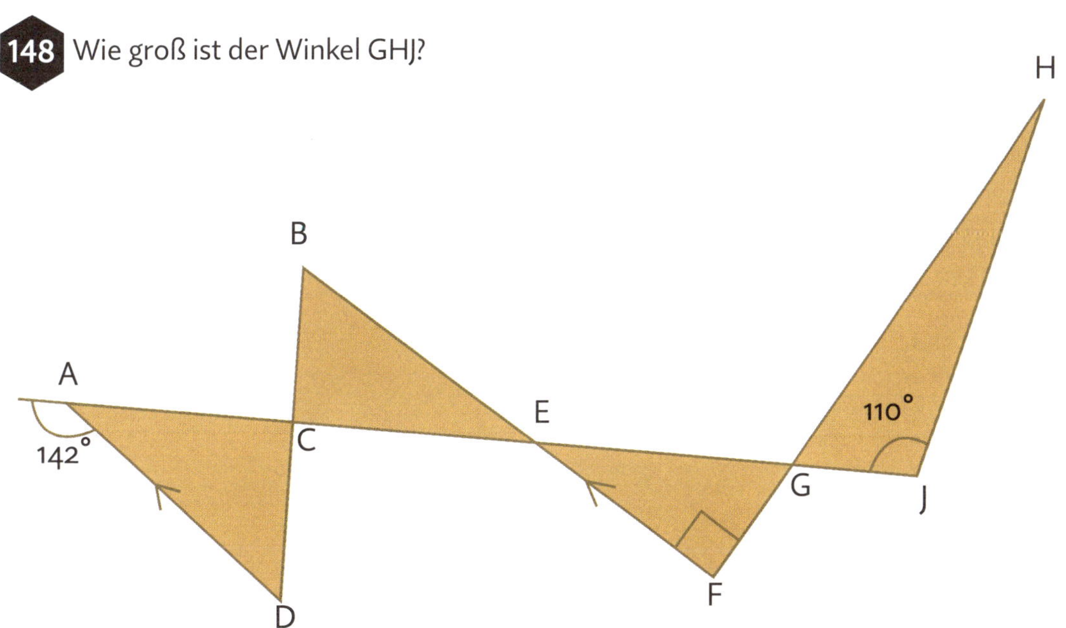

Lösung Seite 133

Flächenlabyrinth (3D)

149 Für welche Fläche steht das Fragezeichen?

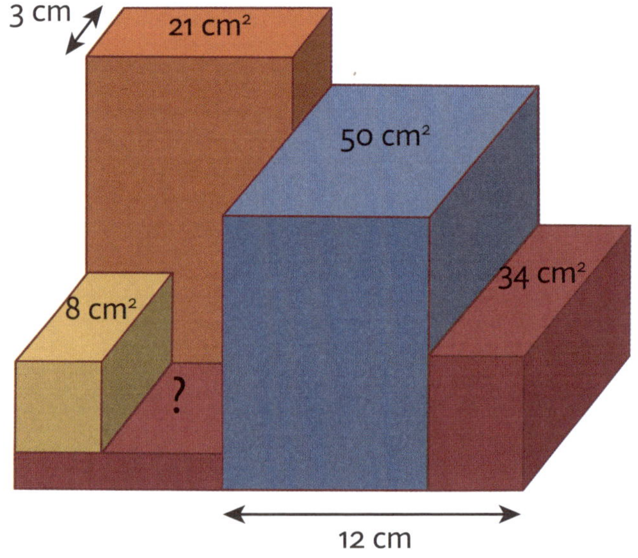

Lösung Seite 134

150 Für welche Länge steht das Fragezeichen?

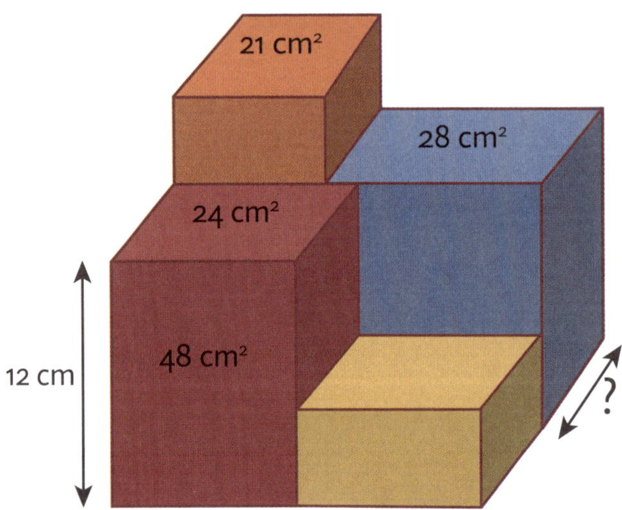

Lösung Seite 141

Pentominos

151 Ordnen Sie neun der zwölf Pentominos so an (wie sie sind oder gedreht und/oder gespiegelt), dass der Käfer entsteht.

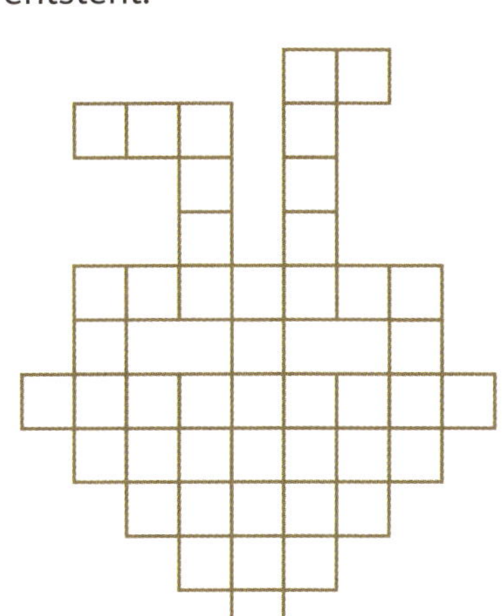

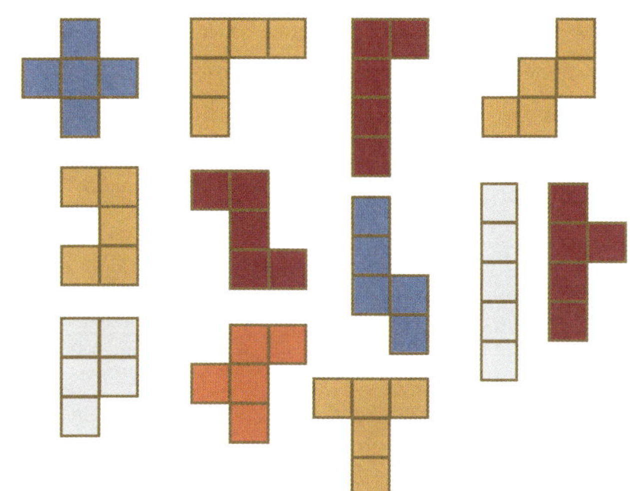

Lösung Seite 138

152 Ordnen Sie alle zwölf Pentominos so an (wie sie sind oder gedreht und/oder gespiegelt), dass die Katze entsteht.

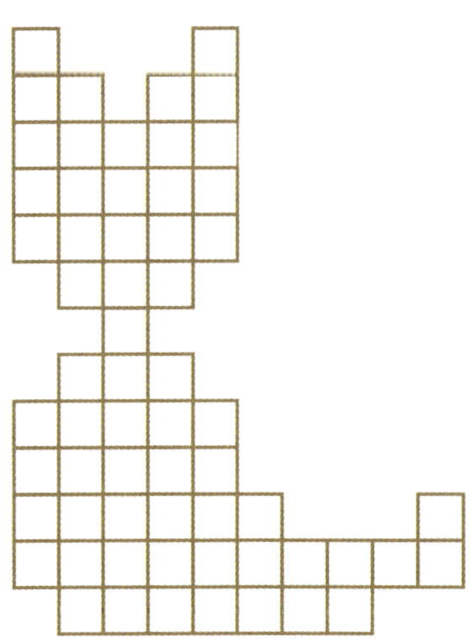

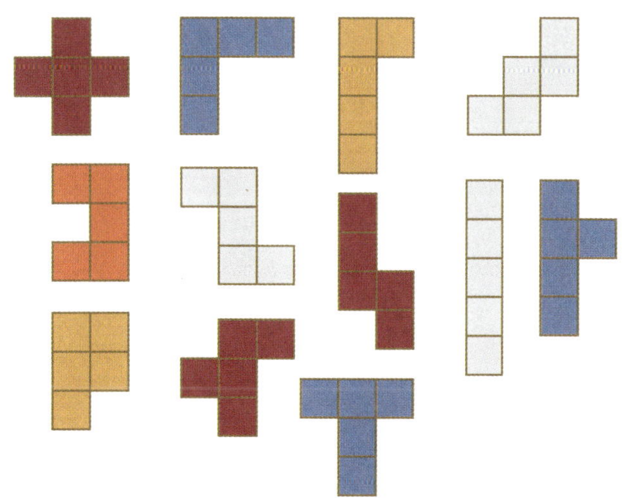

Lösung Seite 135

Anordnen

153 **Münzspiel**

Legen Sie eine der Münzen so um,
dass zwei Reihen à sechs Münzen entstehen.

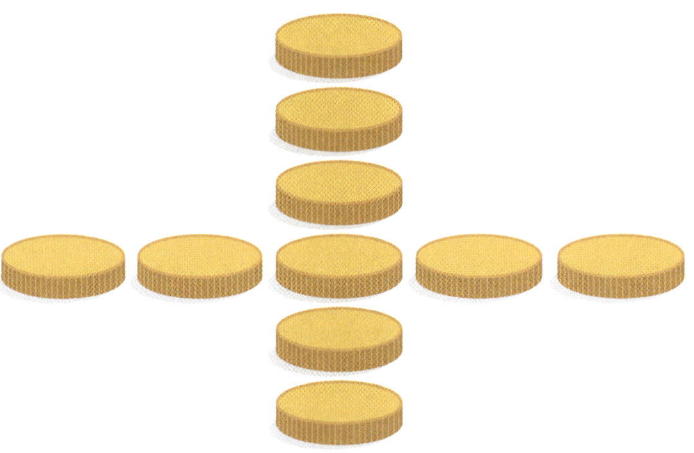

Lösung Seite 142

154 **Münzspiel**

Legen Sie nur drei der Münzen so um, dass ein gleichseitiges Dreieck, dessen Scheitel nach oben zeigt, entsteht.

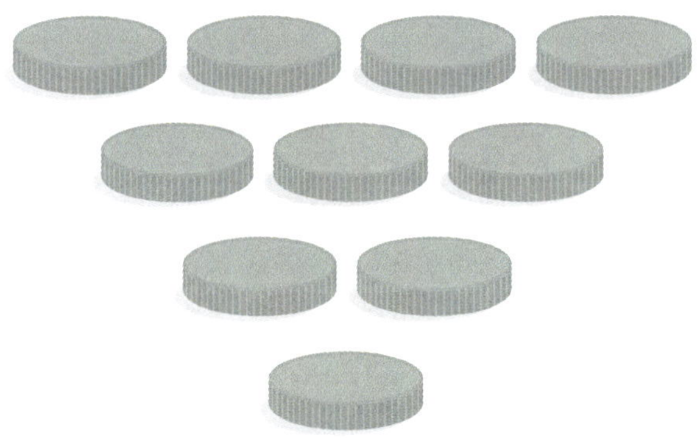

Lösung Seite 133

Flächenlabyrinth

155 Für welche Länge steht das Fragezeichen?

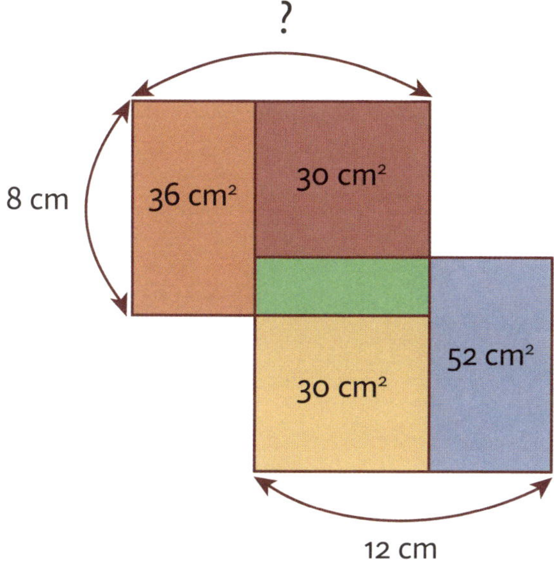

Lösung Seite 142

156 Für welche Fläche steht das Fragezeichen?

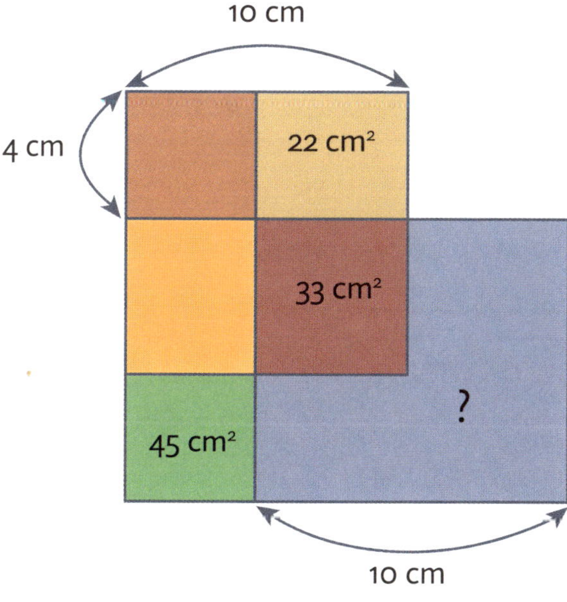

Lösung Seite 135

Flächenlabyrinth (Prozent)

157 Welchen Anteil als Bruch hat die blaue Fläche an der Gesamtfläche?

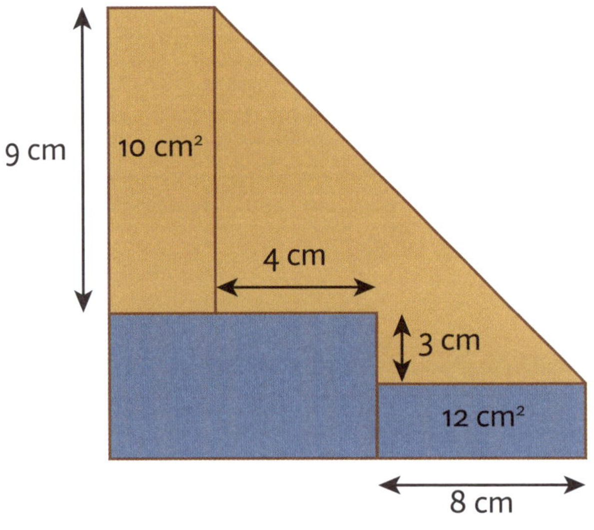

Lösung Seite 136

158 Welchen Anteil in Prozent (Näherungswert) hat die gelbe Fläche an der gesamten Fläche?

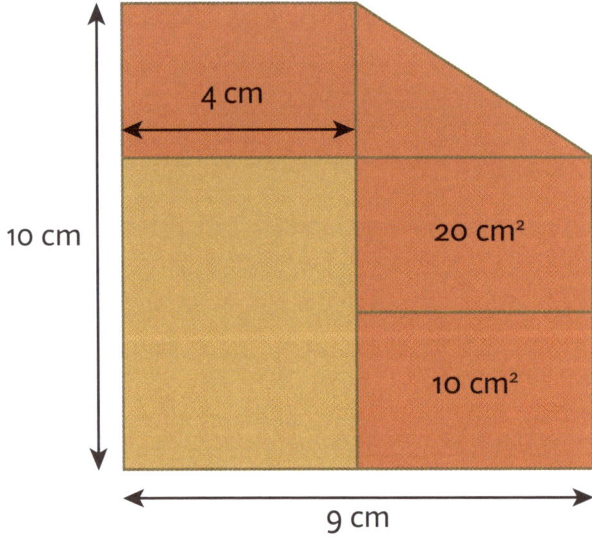

Lösung Seite 143

Teilen

159 Teilen Sie die Figur entlang den Linien in fünf identische Formen auf. Diese können gedreht, dürfen aber nicht gewendet werden.

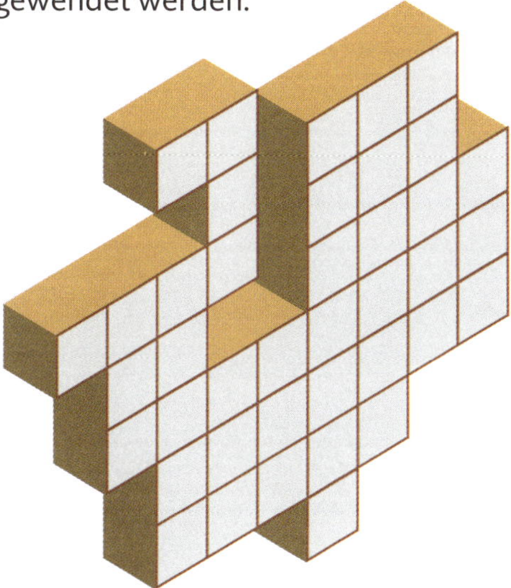

Lösung Seite 136

160 Teilen Sie die Figur entlang den Linien in drei identische Formen auf. Diese können gedreht, dürfen aber nicht gewendet werden.

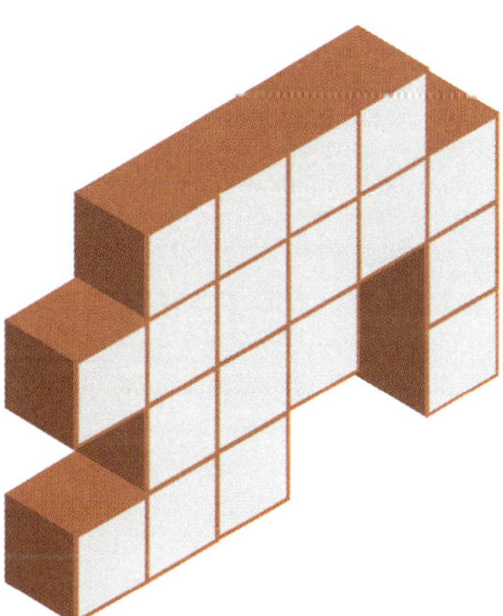

Lösung Seite 136

Tangram

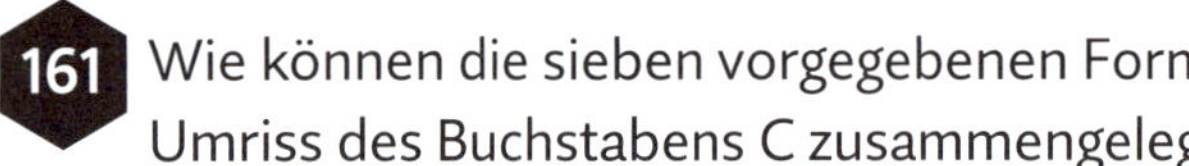

161 Wie können die sieben vorgegebenen Formen zum Umriss des Buchstabens C zusammengelegt werden?

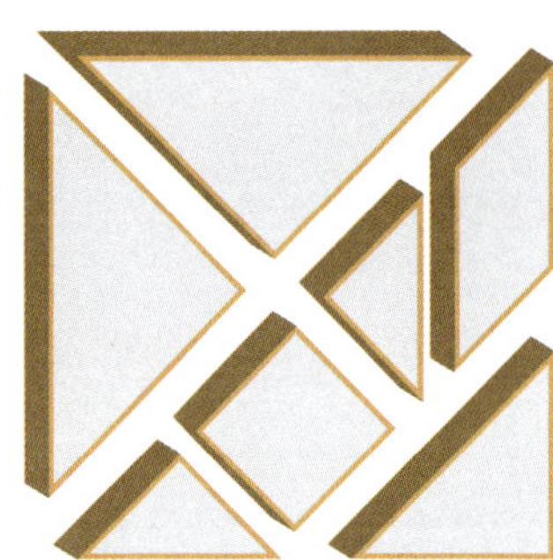

Lösung Seite 136

162 Wie können die sieben vorgegebenen Formen zum Umriss des Pfeils zusammengelegt werden?

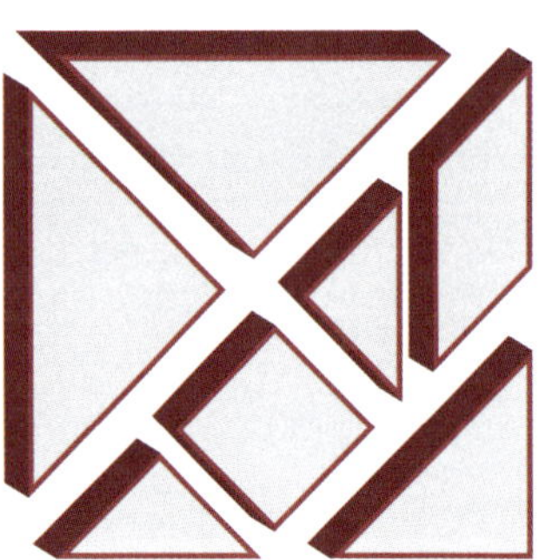

Lösung Seite 133

Gut geteilt

163 Wie kann man die Figur so in zwei Teile aufteilen, dass ein Quadrat aus 8 x 8 Kästchen entsteht?

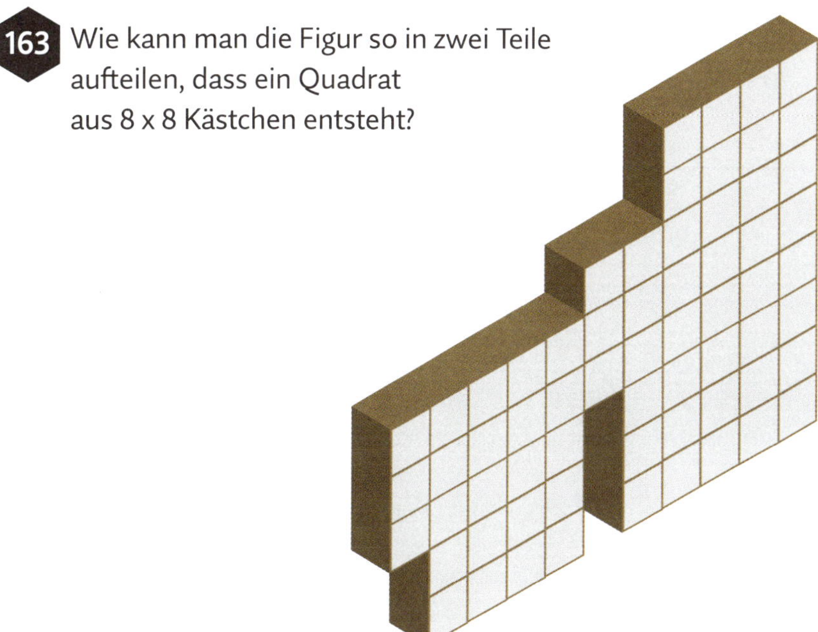

Lösung Seite 137

164 Teilen Sie das Viereck mit nur einer Linie in zwei gleich große Hälften.

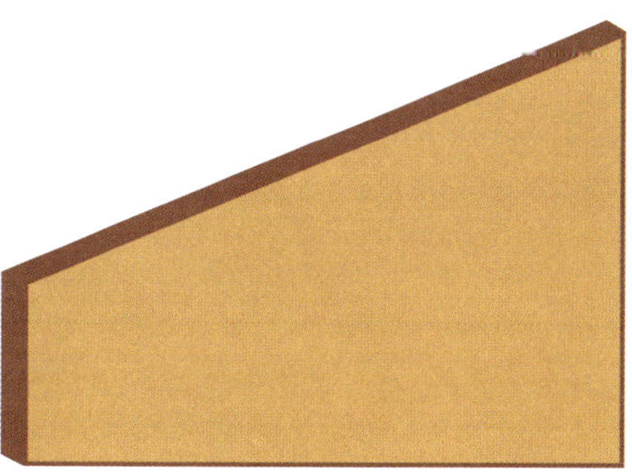

Lösung Seite 135

Streichhölzer

165 Legen Sie drei Streichhölzer so um, dass vier gleichseitige Dreiecke entstehen, die einander nicht überschneiden.

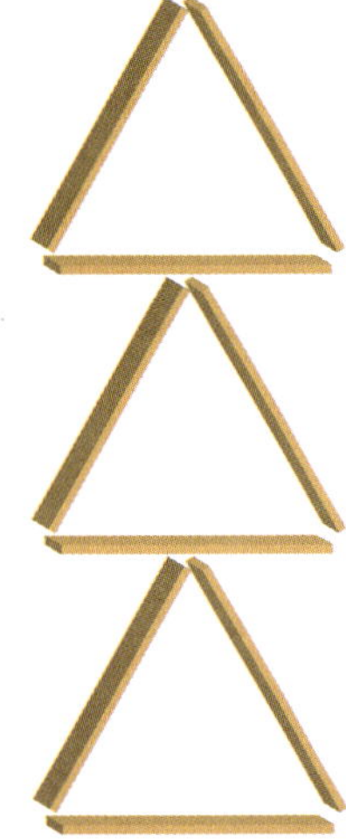

Lösung Seite 131

166 Wie können Sie mit nur sechs weiteren Streichhölzern dem Dreieck sechs weitere Dreiecke derselben Größe hinzufügen?

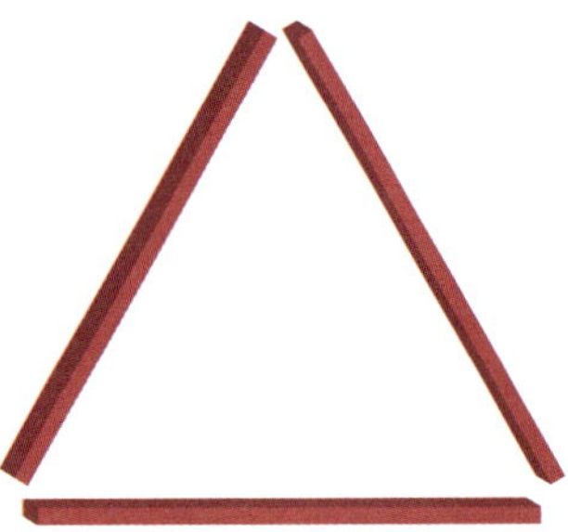

Lösung Seite 137

Linien hinzufügen

167 Wenn Sie der Figur nur ein ähnliches Dreieck hinzufügen, bekommt das Muster 21 weitere Dreiecke. Wie?

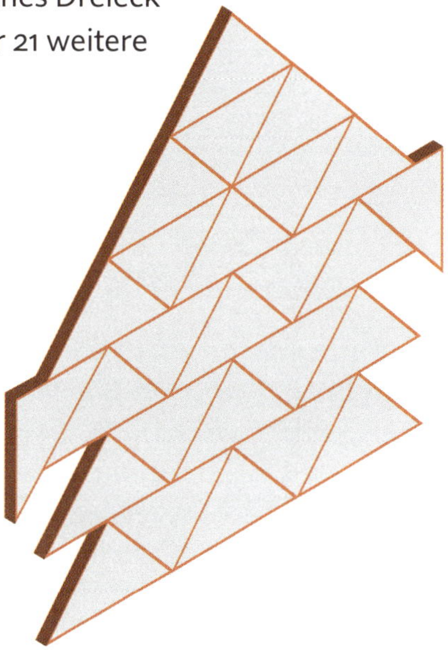

Lösung Seite 137

168 Wenn Sie der Figur nur eine gerade Linie hinzufügen, bekommt das Muster acht Dreiecke. Wie?

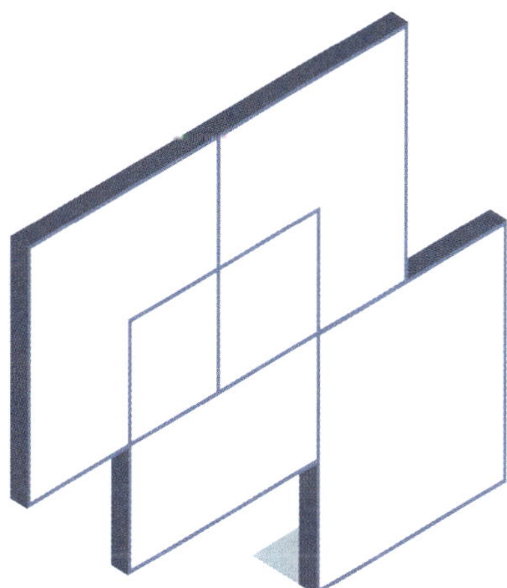

Lösung Seite 131

Linien einzeichnen

169 Zeichnen Sie in das Quadrat fünf Linien von einer Seite zu einer anderen so ein, dass es in 13 Flächen geteilt wird. In jeder Fläche muss sich eine der Rauten befinden.

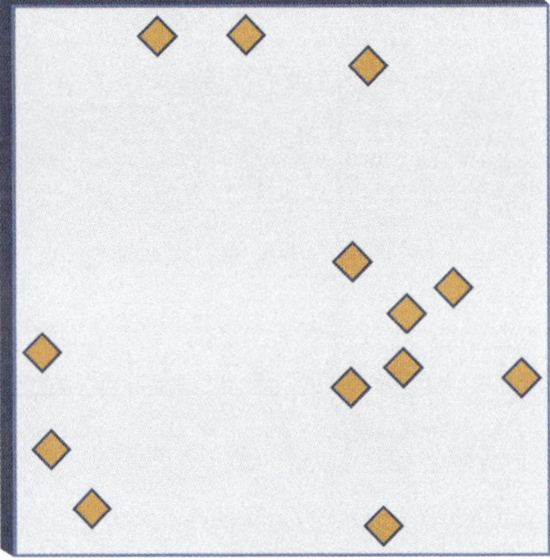

Lösung Seite 138

170 Zeichnen Sie in das Rechteck vier Linien von einer Seite zu einer anderen so ein, dass es in neun Flächen geteilt wird. In jeder Fläche muss sich jeweils ein Punkt jeder Farbe befinden.

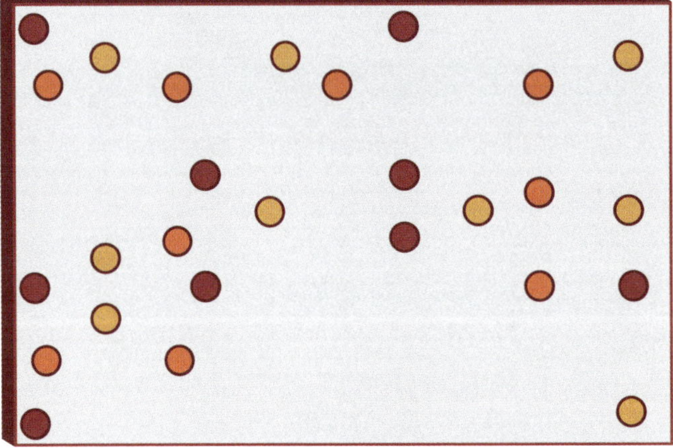

Lösung Seite 131

Kongruente Formen

171 Teilen Sie die Figur in zwei Formen auf, die beim Drehen und/oder Wenden deckungsgleich sind.

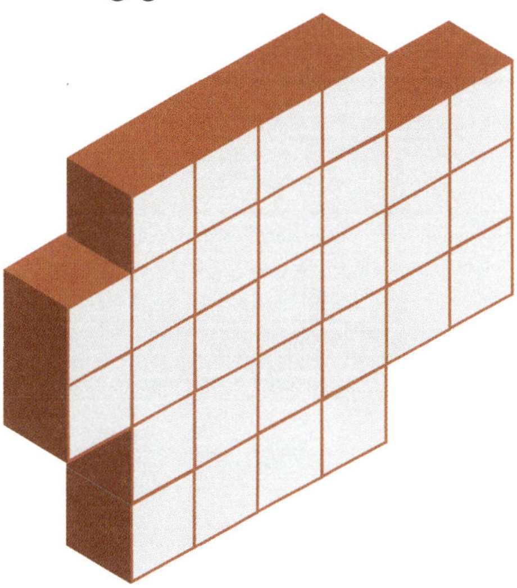

Lösung Seite 138

172 Teilen Sie die Figur in zwei Formen auf, die beim Drehen und/oder Wenden deckungsgleich sind.

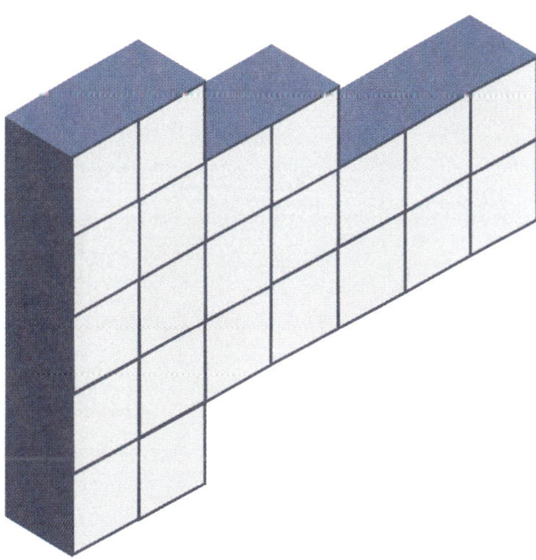

Lösung Seite 138

XOXO

173 Teilen Sie das Gitter entlang den Linien in vier deckungsgleiche Formen auf, der Drehpunkt befindet sich in der Mitte des Gitters. Jede Form muss ein rotes Quadrat enthalten. Die Formen können gedreht, dürfen aber nicht gewendet werden.

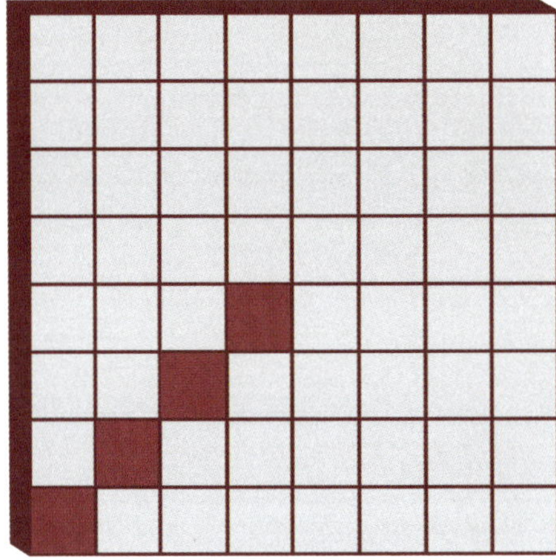

Lösung Seite 138

174 Teilen Sie das Gitter in vier deckungsgleiche Formen auf, der Drehpunkt befindet sich in der Mitte des Gitters. Die farbigen Quadrate sind Hinweise – jede Form enthält höchstens ein blaues, ein rotes und ein gelbes Quadrat.

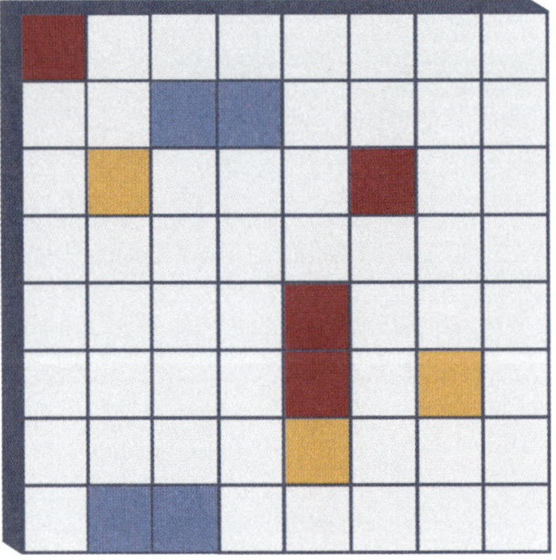

Lösung Seite 139

Übereinander

175 Mit welcher kleinstmöglichen Anzahl übereinandergelegter Papierquadrate kann man diese Figur bilden? In welcher Reihenfolge wurden sie gelegt?

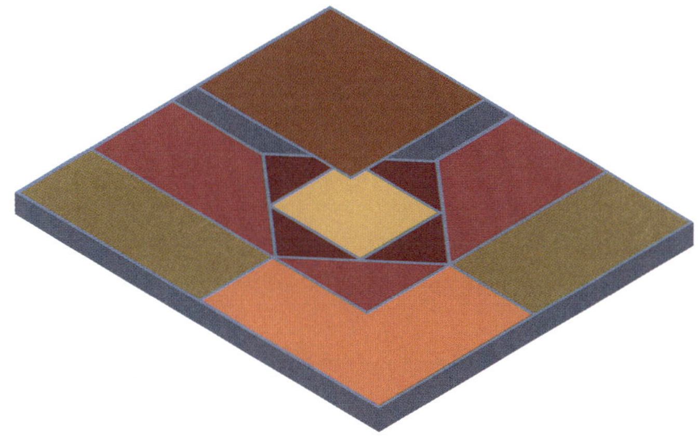

Lösung Seite 139

176 Mit welcher kleinstmöglichen Anzahl übereinandergelegter Papierquadrate kann man diese Figur bilden? In welcher Reihenfolge wurden sie gelegt?

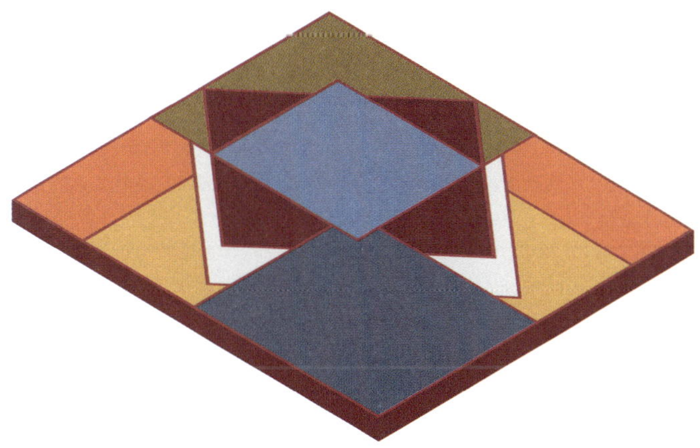

Lösung Seite 132

Übersicht

177 Dieser Würfel (2 x 2 x 2) besteht aus acht verschiedenfarbigen gleich großen Würfeln. Vier der Würfel wurden entfernt. Fünf der sechs Seiten des Würfels sind aus der Sicht von oben abgebildet. Die dickere Kontur bedeutet, dass dieser Würfel Teil der unteren Ebene ist. Wie muss die sechste Seite aussehen?

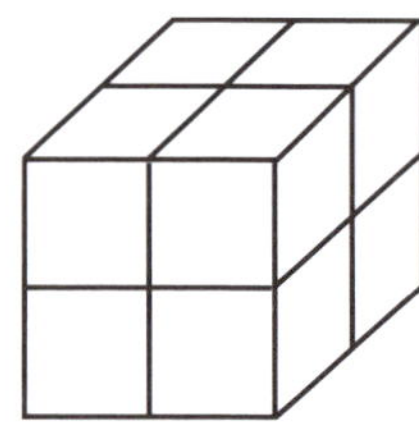

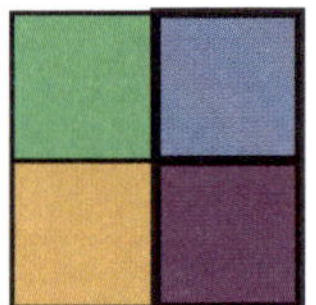 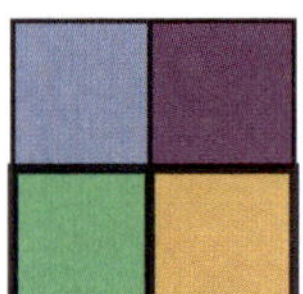 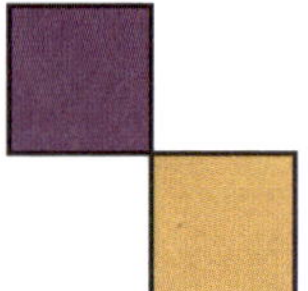 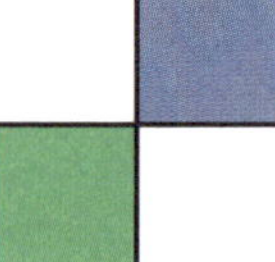 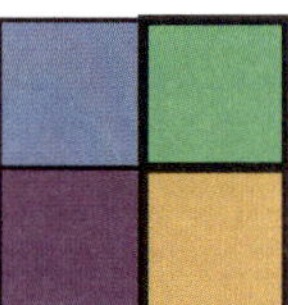 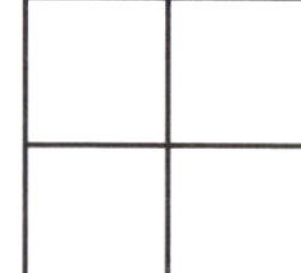

Lösung Seite 139

178 Dieser Würfel (2 x 2 x 2) besteht aus acht verschiedenfarbigen gleich großen Würfeln. Drei der Würfel wurden entfernt. Fünf der sechs Seiten des Würfels sind aus der Sicht von oben abgebildet. Die dickere Kontur bedeutet, dass dieser Würfel Teil der unteren Ebene ist. Wie muss die sechste Seite aussehen?

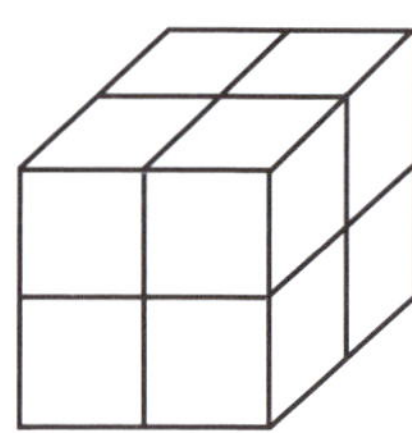

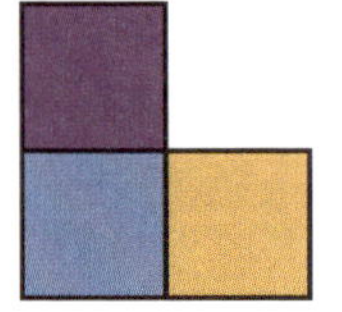 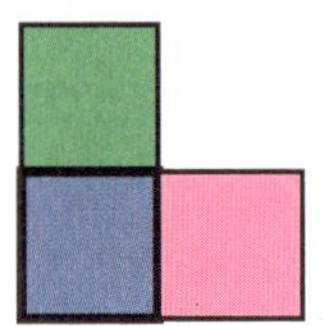 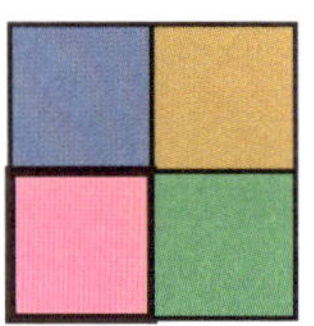 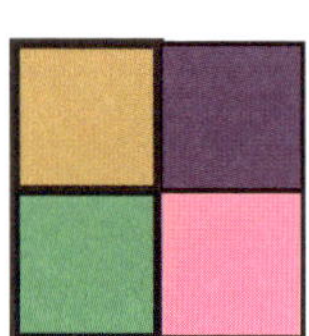 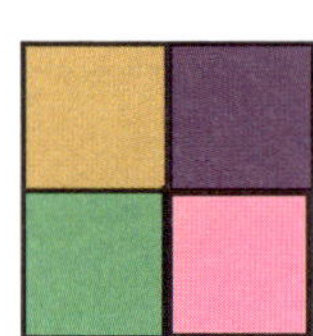 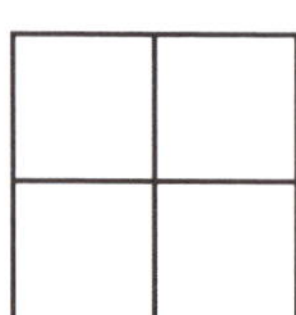

Lösung Seite 132

Wie viele?

179 Wie viele einzelne Dreiecke sind in dieser Abbildung erkennbar?

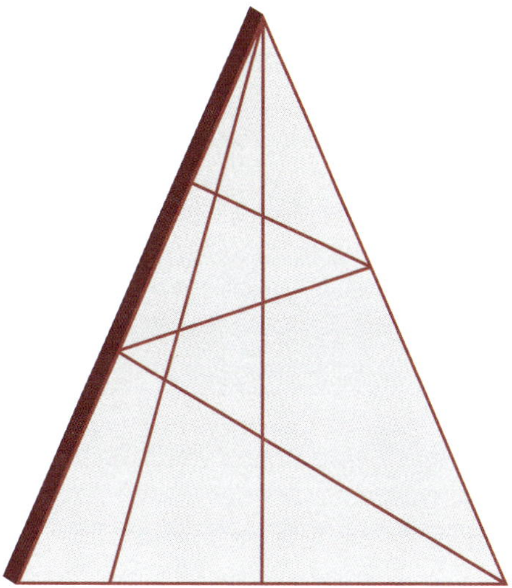

Lösung Seite 139

180 Wie viele einzelne Rechtecke sind in dieser Abbildung erkennbar? Sie müssen das schon berechnen, sonst zählen Sie eine Weile ...

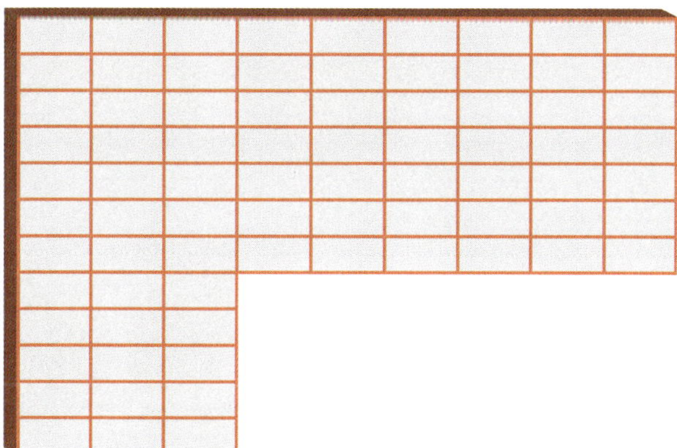

Lösung Seite 139

Würfelgrundriss

181 Wie viele und welche der fünf abgebildeten Würfel können aus der Schablone gefaltet werden?

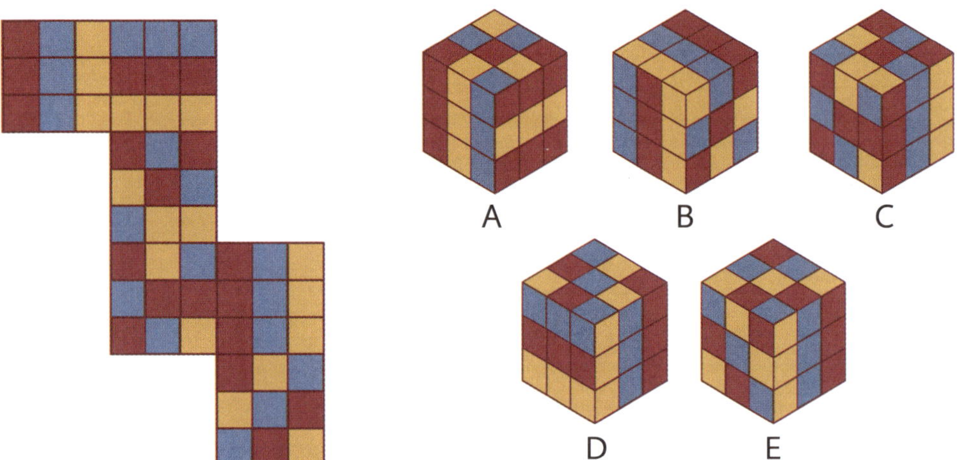

Lösung Seite 133

182 Wie viele und welche der fünf abgebildeten Würfel können aus der Schablone gefaltet werden?

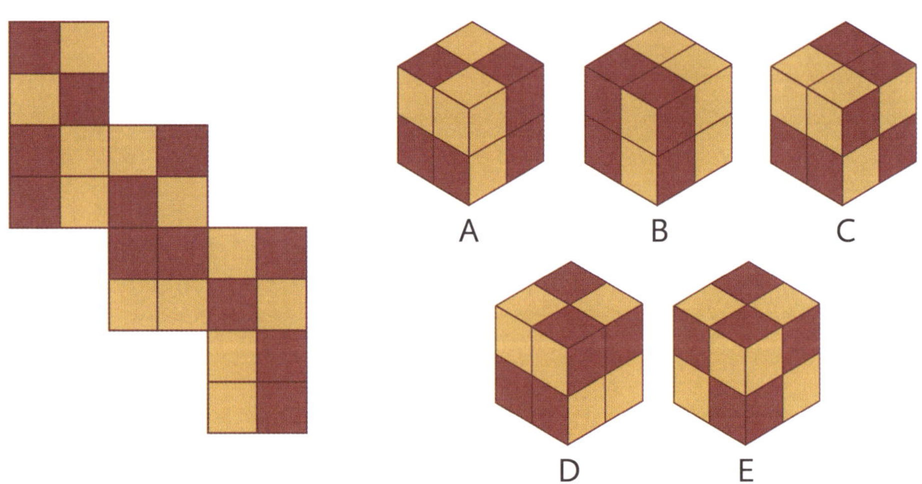

Lösung Seite 140

Umfang

183 Dieses Fliesenmuster enthält rechteckige und quadratische Fliesen. Der Umfang der quadratischen Fliesen beträgt 48 cm. Welchen Umfang haben die rechteckigen Fliesen, und welchen Umfang hat die gesamte Fläche?

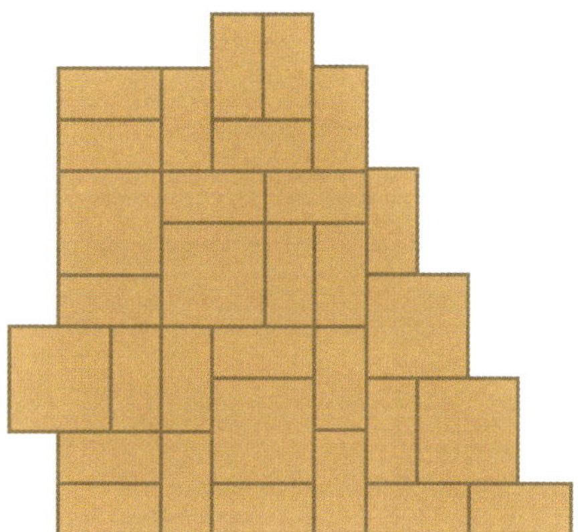

Lösung Seite 140

184 Jeder Stein in der Mauer hat einen Umfang von 50 cm. Welchen Umfang hat die gesamte Mauer – inklusive Löchern?

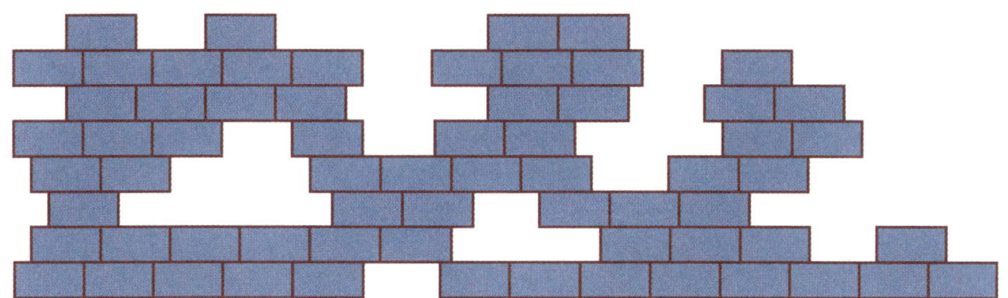

Lösung Seite 140

Falten und schneiden

185 Faltet man das quadratische Blatt Papier an den gestrichelten Linien und schneidet an den durchgezogenen Linien entlang, welches Muster entsteht dann? Beim mittleren Bild wird erst geschnitten, dann gefaltet.

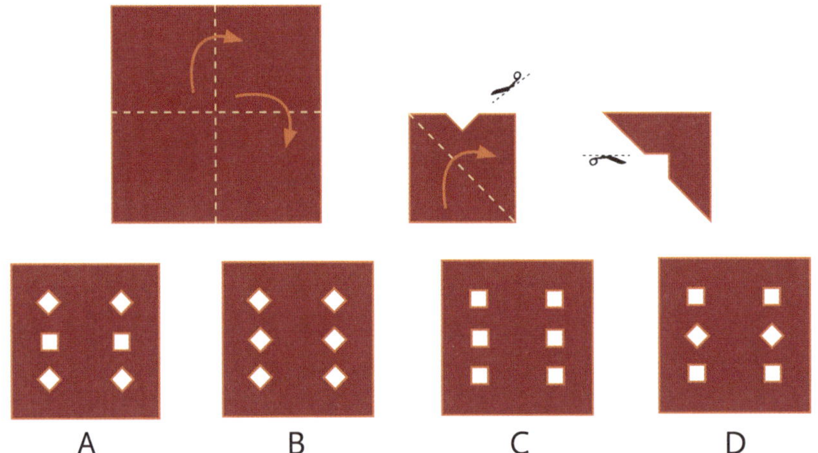

Lösung Seite 133

186 Faltet man das quadratische Blatt Papier an den gestrichelten Linien und schneidet an den durchgezogenen Linien entlang, welches Muster entsteht dann? Beim mittleren Bild wird erst geschnitten, dann gefaltet.

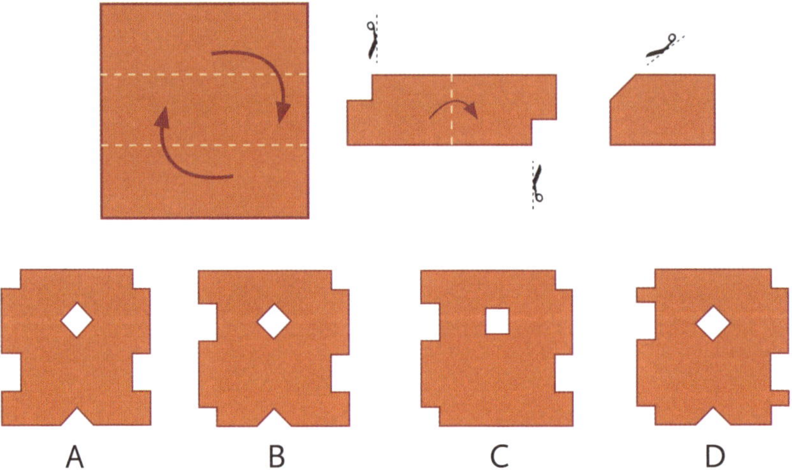

Lösung Seite 140

Winkelzüge

187 Wie groß ist der mit ? gekennzeichnete Winkel?

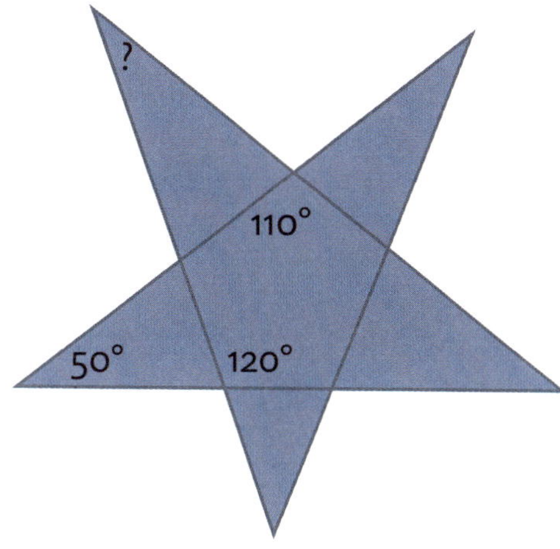

Lösung Seite 140

188 Wenn die inneren Winkel eines Dreiecks zusammen 180° ergeben, so wie die Winkel auf einer geraden Linie, wie groß ist dann Winkel H?

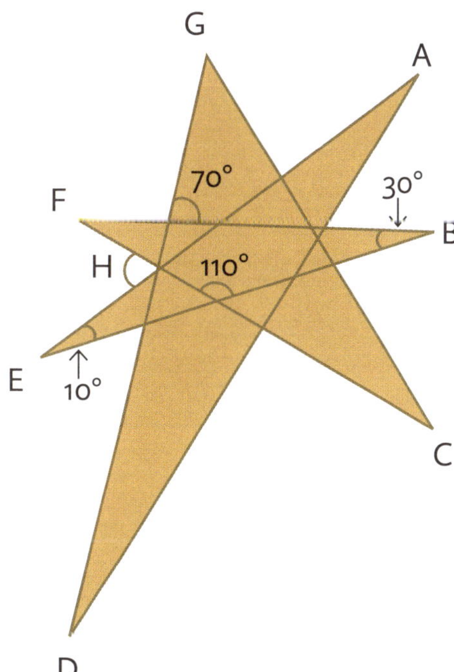

Lösung Seite 133

Flächenlabyrinth (3D)

189 Für welche Fläche steht das Fragezeichen?

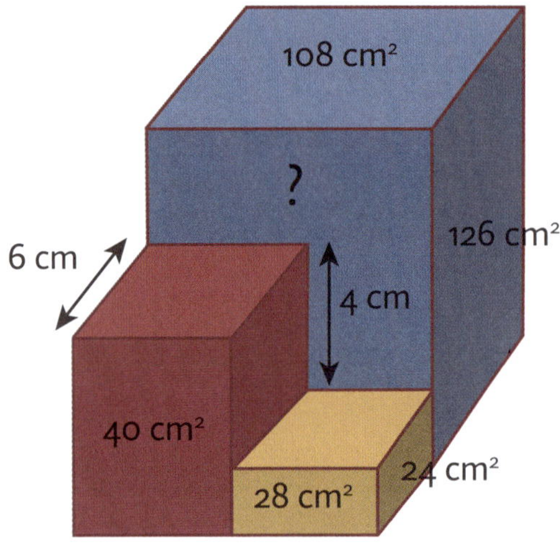

Lösung Seite 134

190 Für welche Länge steht das Fragezeichen?

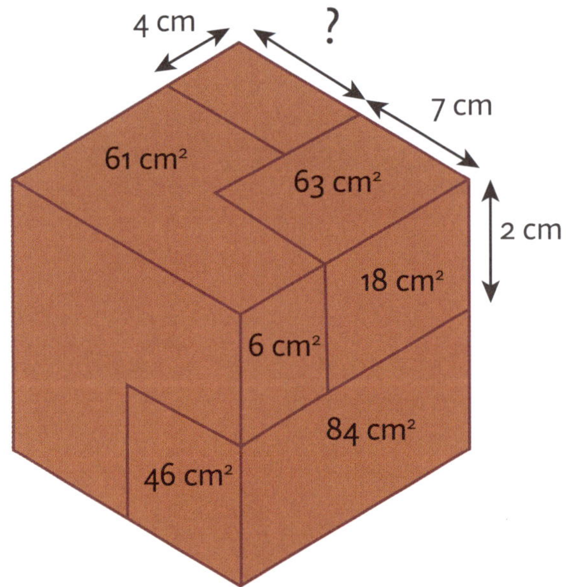

Lösung Seite 141

Pentominos

191 Ordnen Sie alle zwölf Pentominos so an (wie sie sind und/oder gedreht und/oder gespiegelt), dass der Regenschirm entsteht.

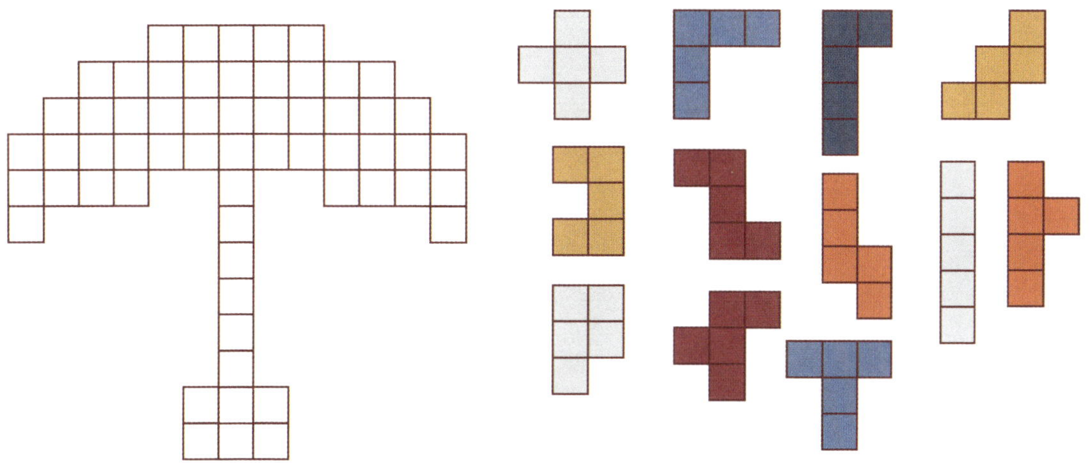

Lösung Seite 135

192 Ordnen Sie alle zwölf Pentominos so an (wie sie sind und/oder gedreht und/oder gespiegelt), dass das Känguru entsteht.

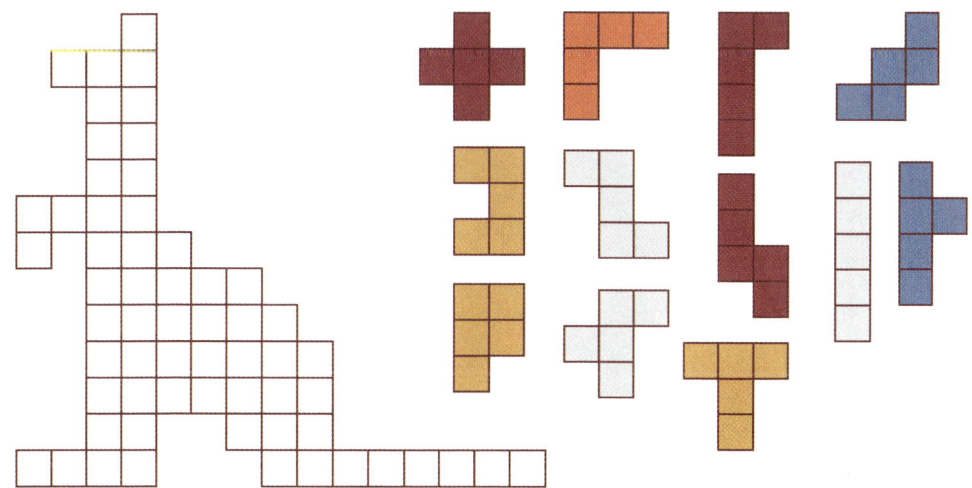

Lösung Seite 142

Anordnen

193 Münzspiel

Ordnen Sie die Münzen so an, dass sie ein Quadrat bilden, dessen Seiten aus jeweils fünf Münzen bestehen.

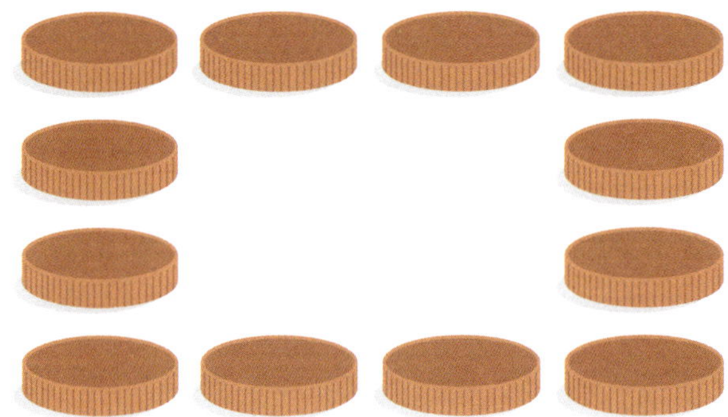

Lösung Seite 137

194 Münzspiel

Ordnen Sie die Münzen so an, dass sie drei horizontale und drei vertikale Reihen bilden und jede Reihe aus vier Münzen besteht.

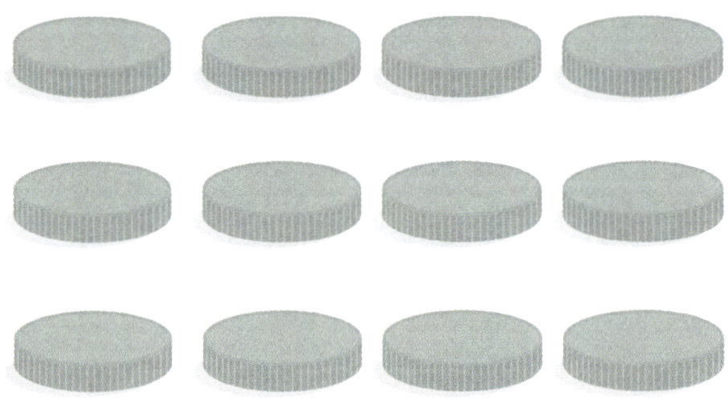

Lösung Seite 142

Flächenlabyrinth

195 Für welche Fläche steht das Fragezeichen?

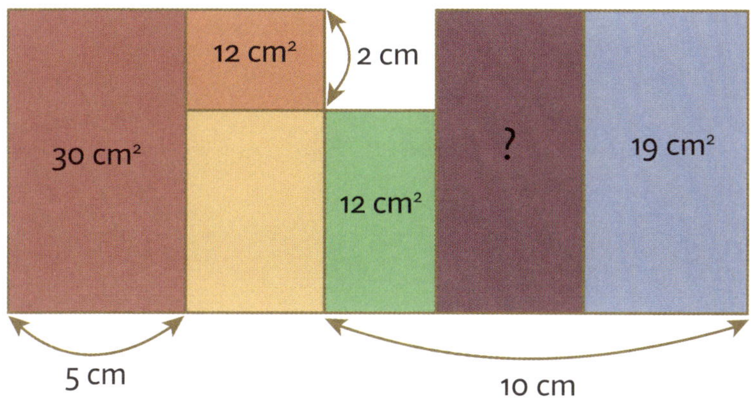

Lösung Seite 129

196 Für welche Fläche steht das Fragezeichen?

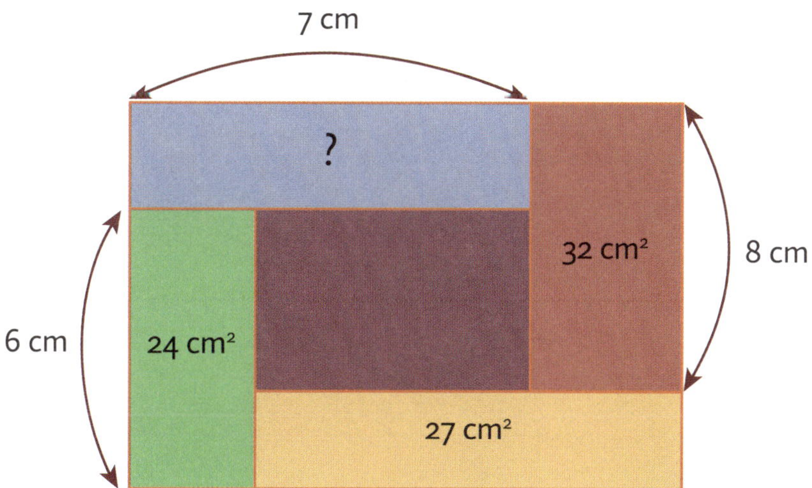

Lösung Seite 142

Teilen

197 Teilen Sie die Figur entlang den Linien in vier identische Formen auf. Diese können gedreht, dürfen aber nicht gewendet werden.

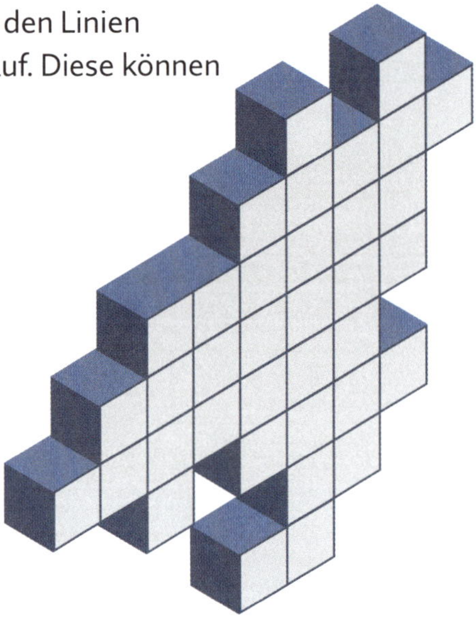

Lösung Seite 143

198 Teilen Sie die Figur entlang den Linien in drei identische Formen auf. Diese können gedreht, dürfen aber nicht gewendet werden.

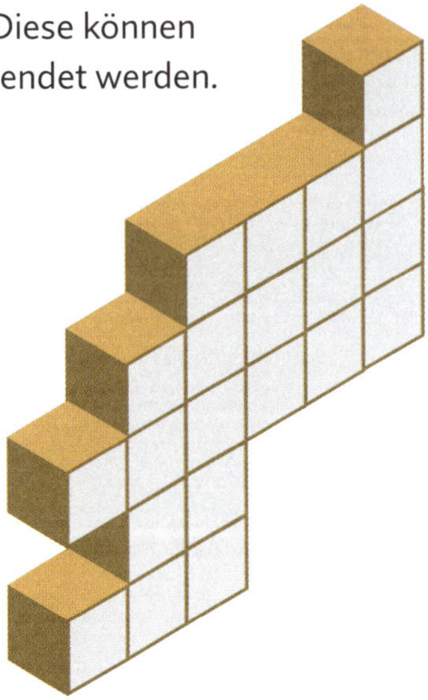

Lösung Seite 143

Flächenlabyrinth (Prozent)

199 Welche Fläche ist größer – die rote oder die blaue?

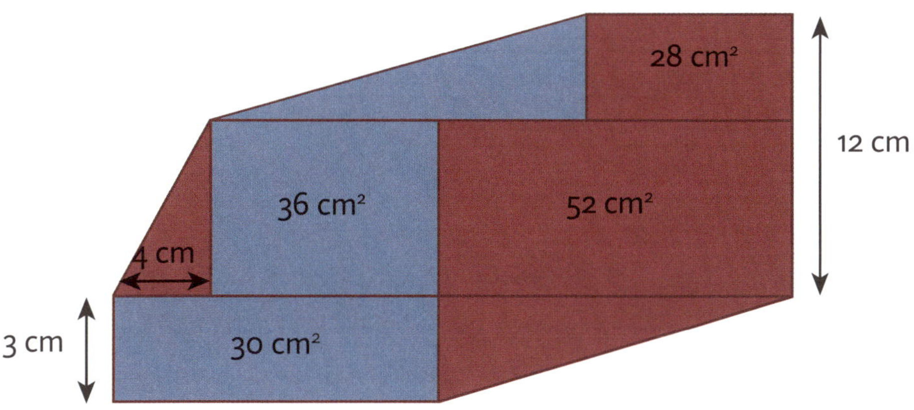

Lösung Seite 143

200 Welchen Anteil in Prozent hat die orangefarbene Fläche an der Gesamtfläche?

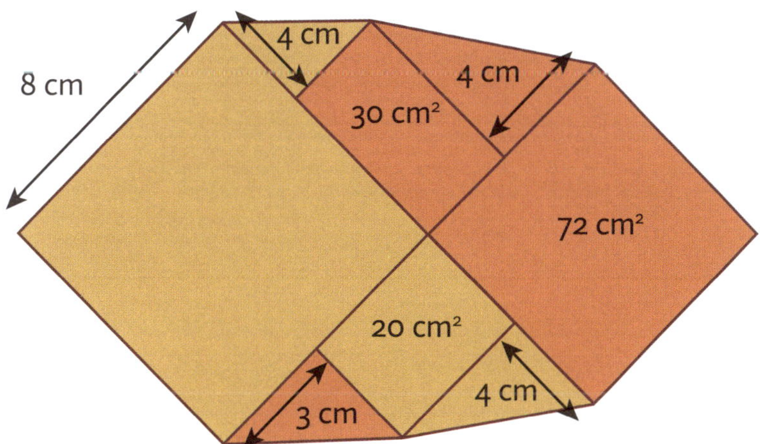

Lösung Seite 136

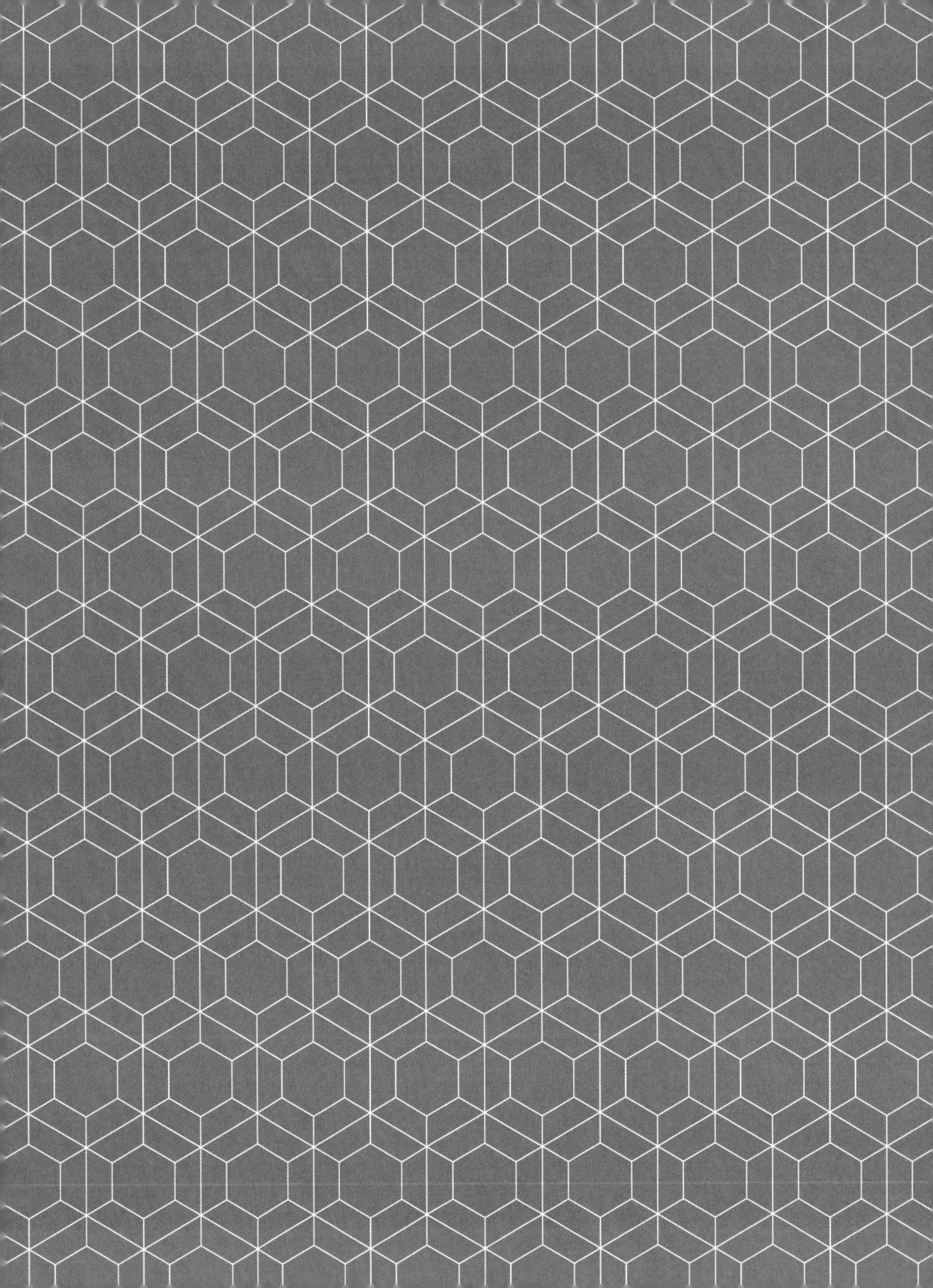

LÖSUNGEN

Lösungen

1

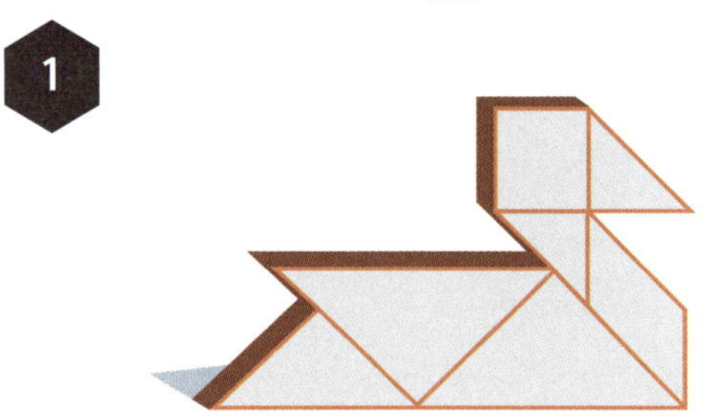

45

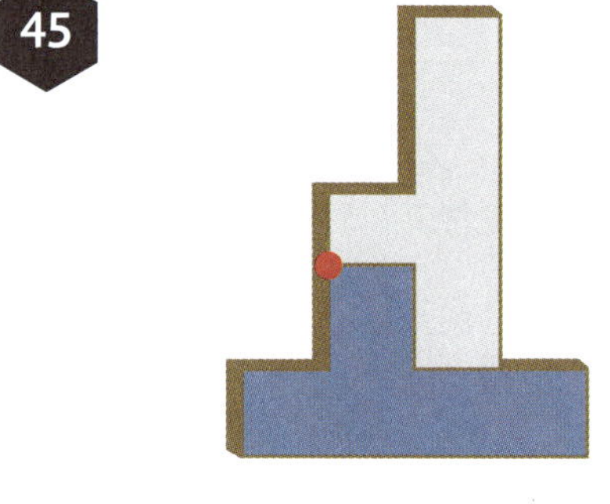

41

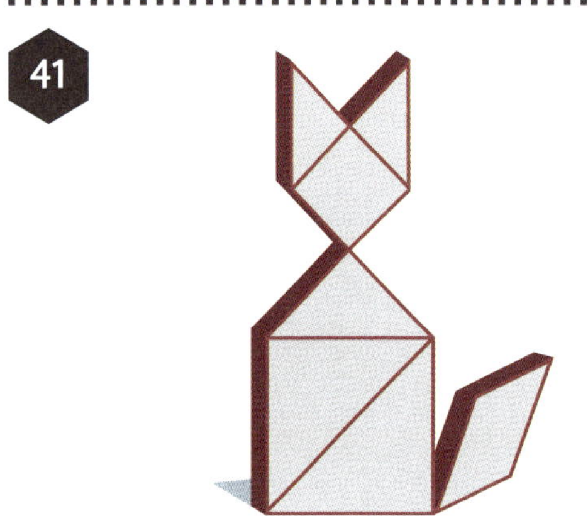

48

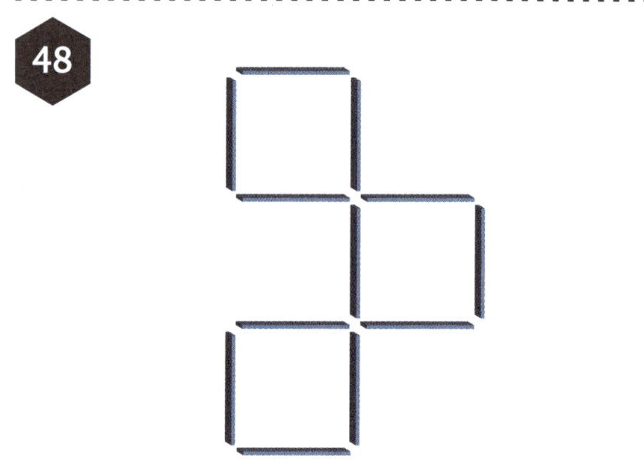

3

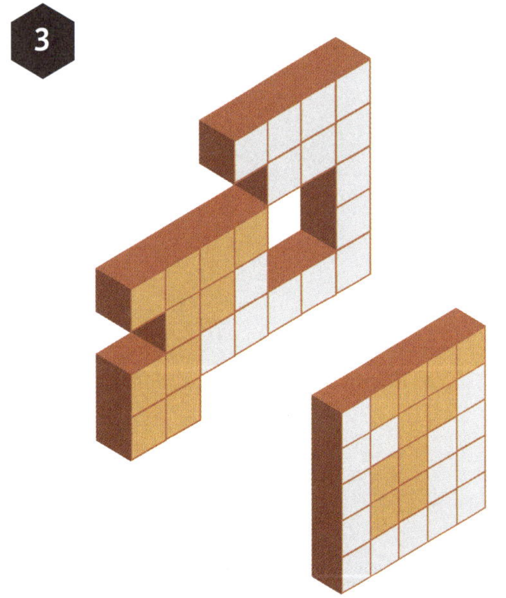

6

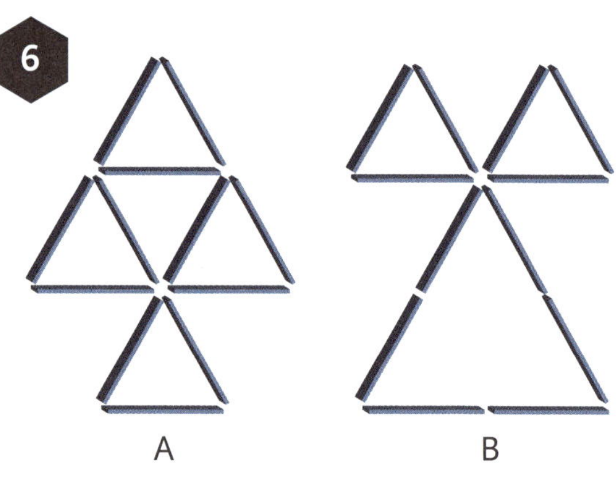

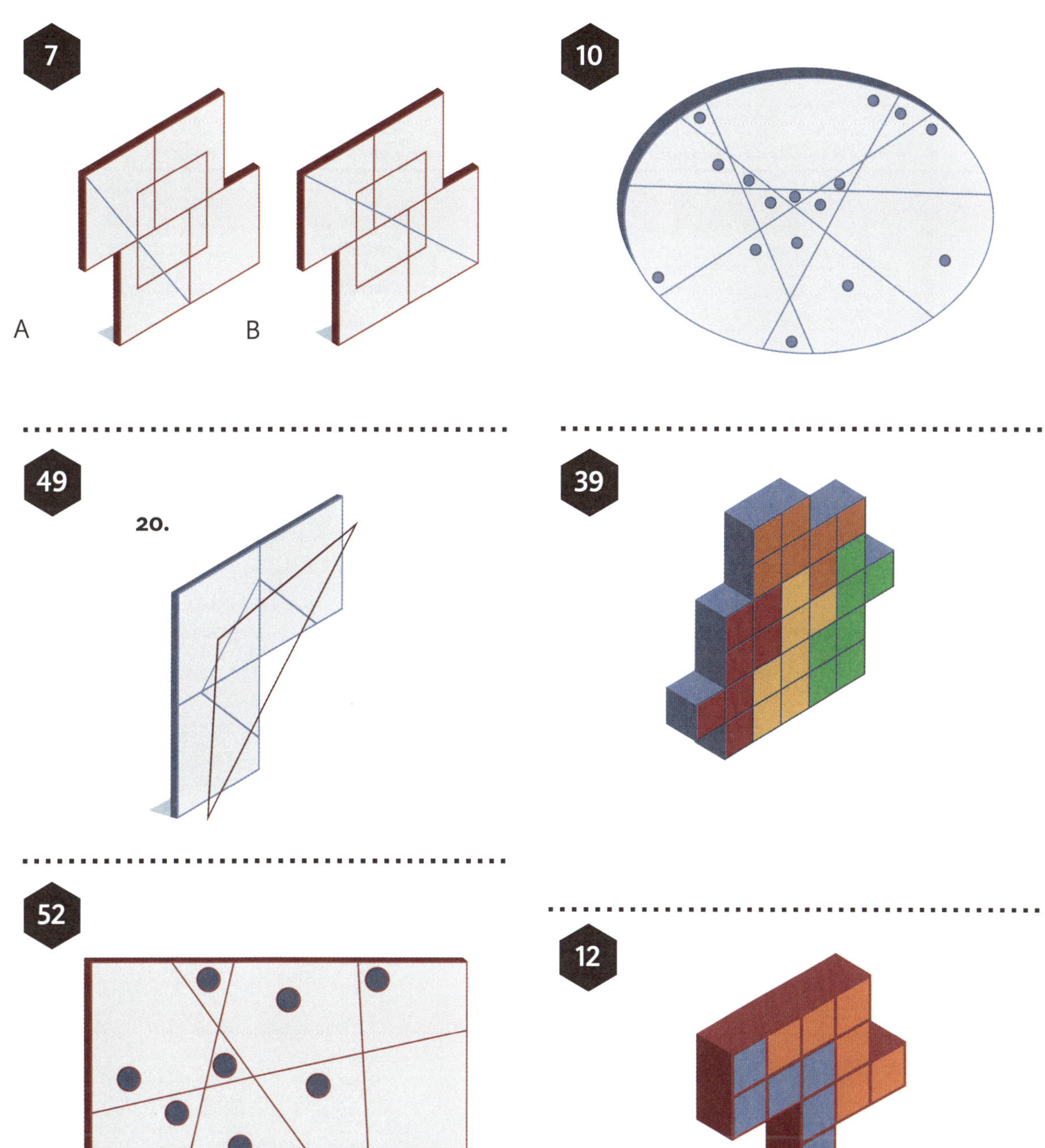
7
A
B
10
49
20.
39
52
12

Lösungen

55

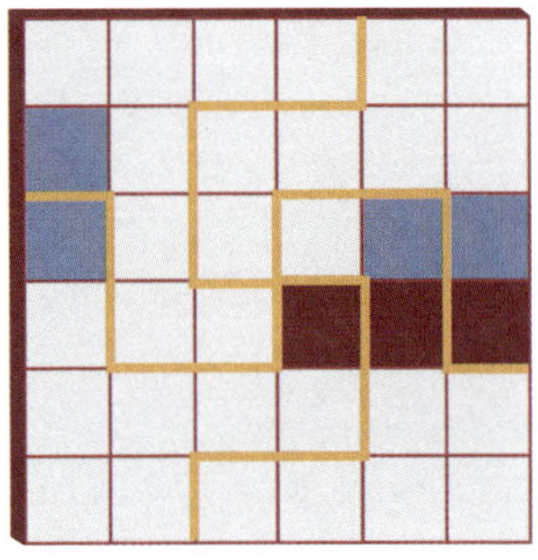

14

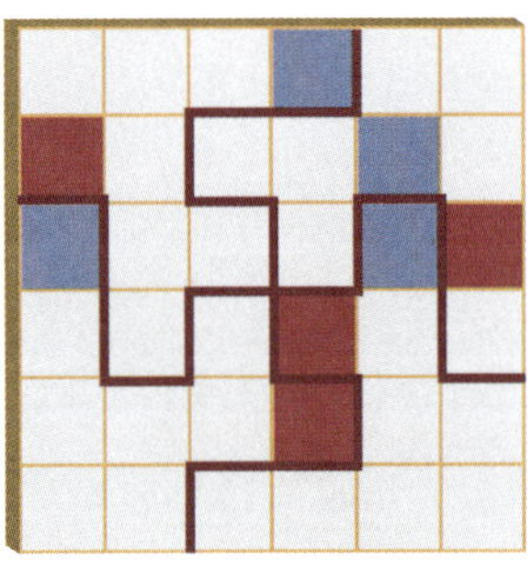

15

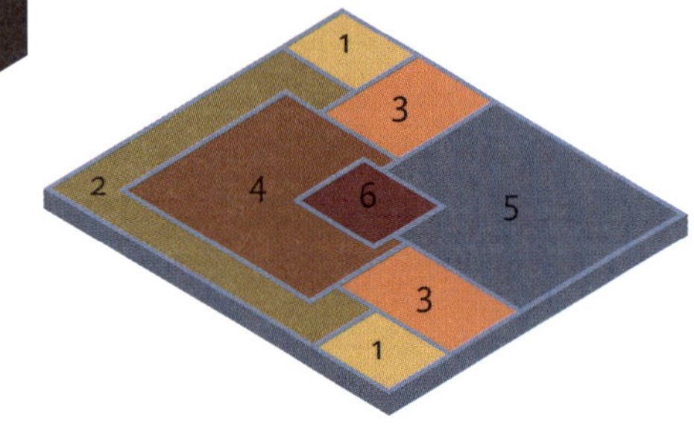

23 **180 cm**
Der Rand der Mauer umfasst nur zehn Steinlängen und zehn Steinhöhen, was fünf Steinen entspricht.

60

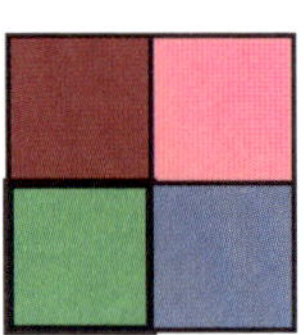

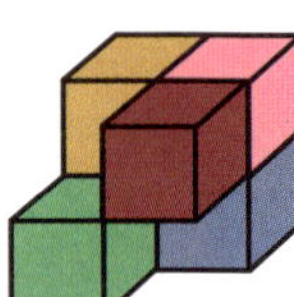

18

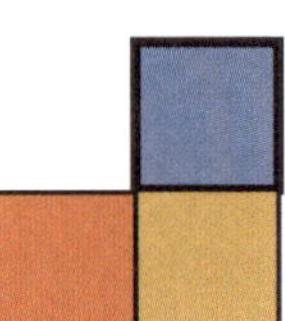

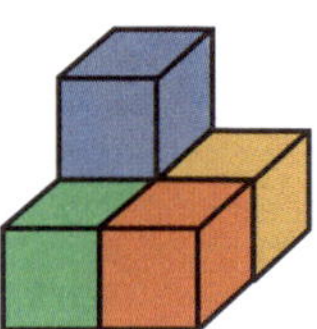

61 **16**
10 1x1, 4 2x2, 1 3x3, 1 4x4

20 **45**

64

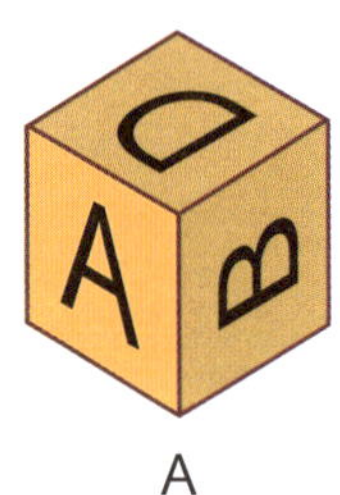

A

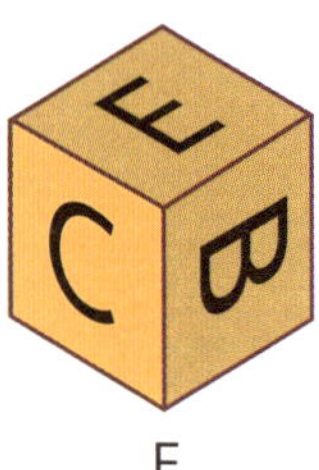

E

24 **496 cm**
(13 x 18 cm, 19 x 8 cm, 22 x 5 cm)

22

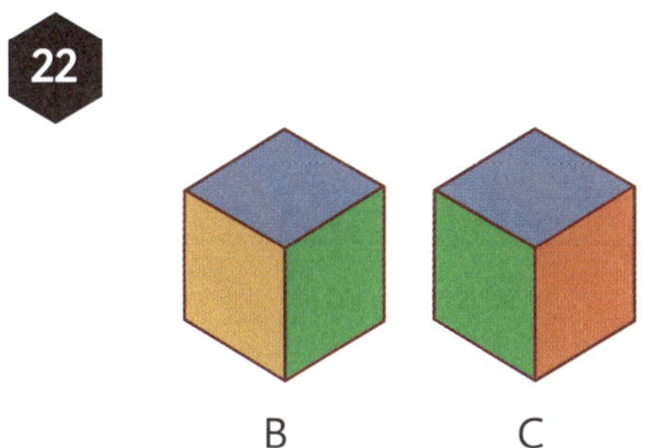

57

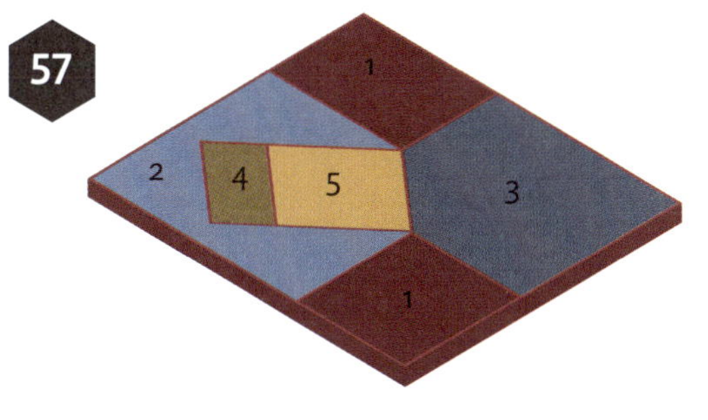

67 **A**

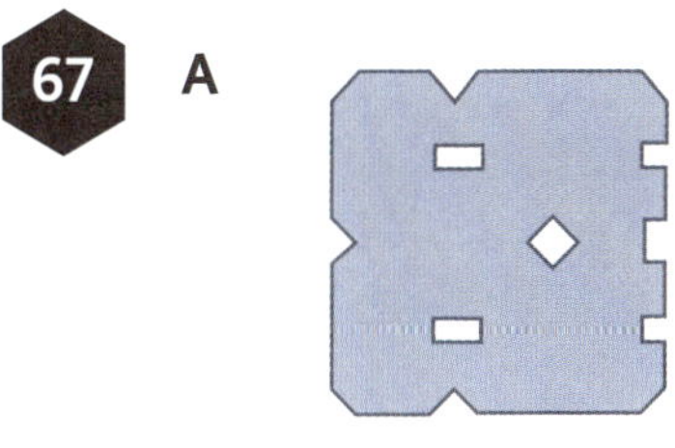

26 **A**

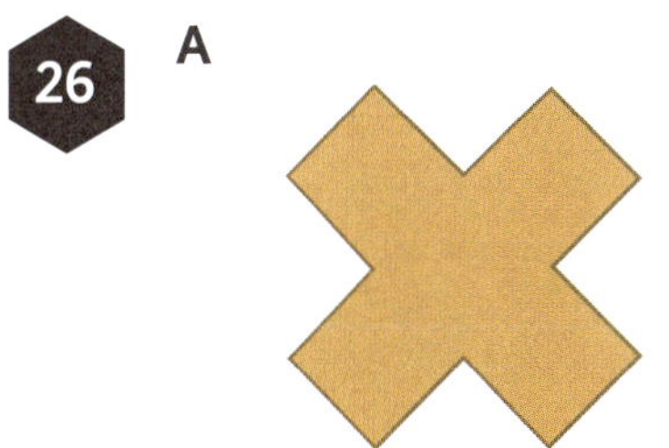

27

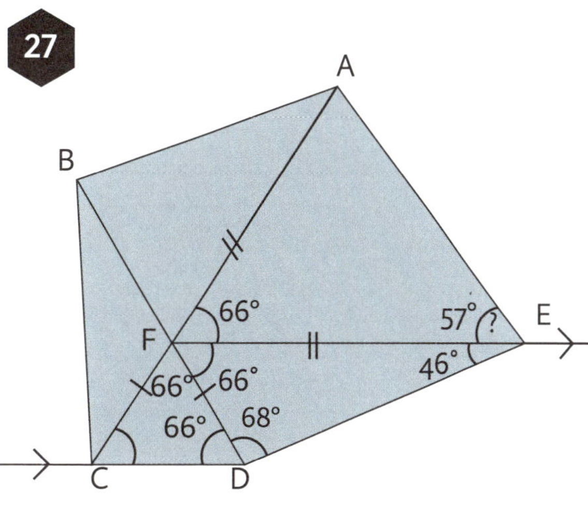

57°

Winkel DFE = 180° – 46° – 68° = 66°
Winkel CDF = Winkel DFE = 66°
(alternierende innere Winkel)
Winkel FCD = Winkel CDF = 66°
(gleichschenkliges Dreieck)
Winkel AFE = Winkel FCD = 66°
(korrespondierende Winkel)
Winkel FEA = (180° – 66°) : 2 = 57° (gleichschenkliges Dreieck)

Lösungen

28

18°

Jeder innere Winkel eines Vielecks ist {(N-2) x 180°} : N. Also ist Winkel X 108°. Winkel Y muss 108° : 2 sein, da Linie A den Winkel halbiert. Folglich muss Winkel Y 54° und Winkel C 18° sein.

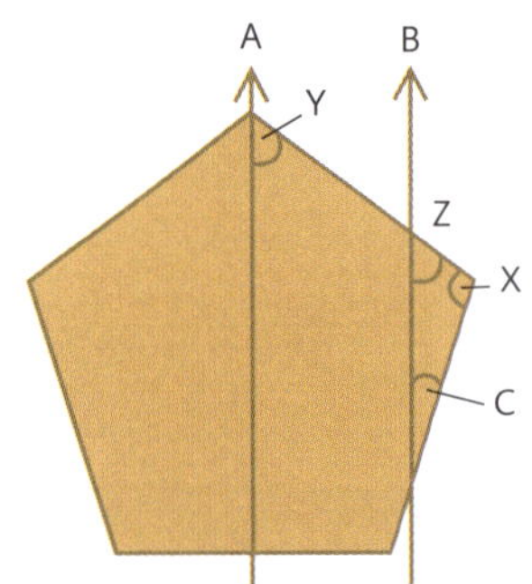

29

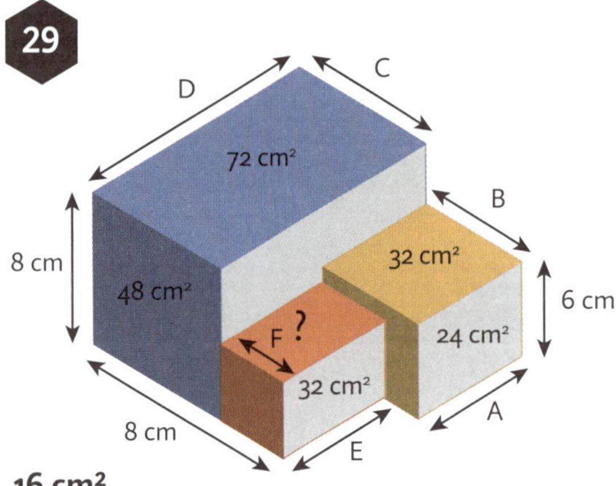

16 cm²

A = 24 cm² : 6 cm = 4 cm

B = 32 cm² : 4 cm = 8 cm

C = 48 cm² : 8 cm = 6 cm

D = 72 cm² : 6 cm = 12 cm

E = 12 cm – A = 8 cm

F = 8 cm – C = 2 cm

Deshalb ist die Fläche ? 16 cm² groß.

72

E
90 cm²
? cm
72 cm²
4 cm
A
54 cm²
B
45 cm²
C
6 cm
D

12 cm

Blaue Fläche in A und B einteilen.

A = 6 cm x 4 cm = 24 cm²

B = 54 cm² – 24 cm² = 30 cm²

C = 30 cm² : 6 cm = 5 cm

D = 45 cm² : 5 cm = 9 cm

E = 90 cm² : 15 cm = 6 cm

? = 72 cm² : 6 cm = 12 cm

73

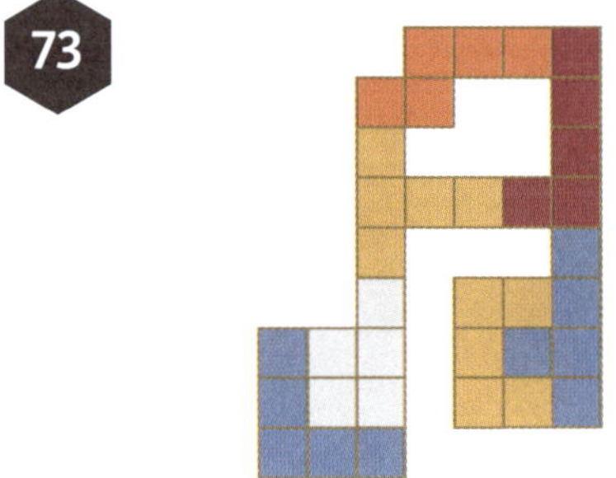

32

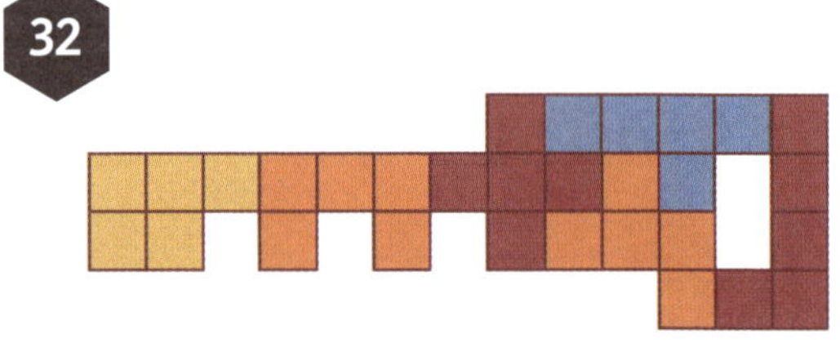

79

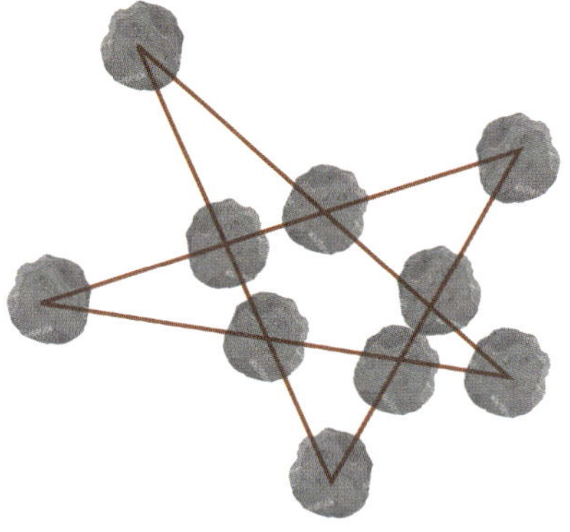

Weil die Exponate dann sternförmig angeordnet sind.

34

Statt das Holz vertikal in zwei deckungsgleiche Stücke zu schneiden, ist die einzige Option, es horizontal in zwei Hälften zu schneiden. Dadurch sind die Tische zwar nur halb so tief, aber identisch.

35

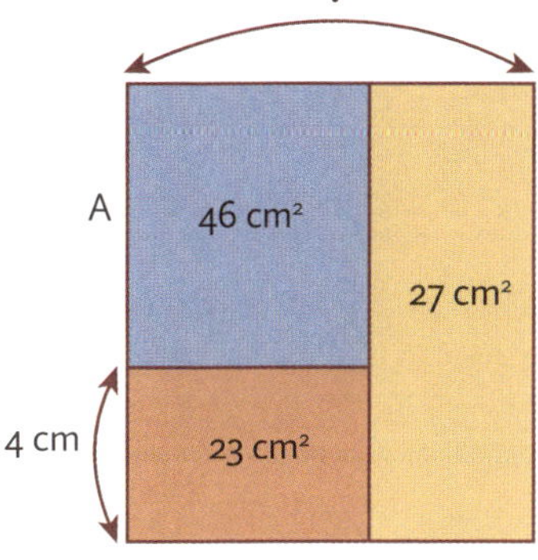

8 cm

Da $46\text{ cm}^2 = 23\text{ cm}^2 \times 2$, gilt: A = 8 cm.

Die Größe der Gesamtfläche beträgt:

$46\text{ cm}^2 + 23\text{ cm}^2 + 27\text{ cm}^2 = 96\text{ cm}^2$.

$? = 96\text{ cm}^2 : (4\text{ cm} + 8\text{ cm}) = 8\text{ cm}$.

78

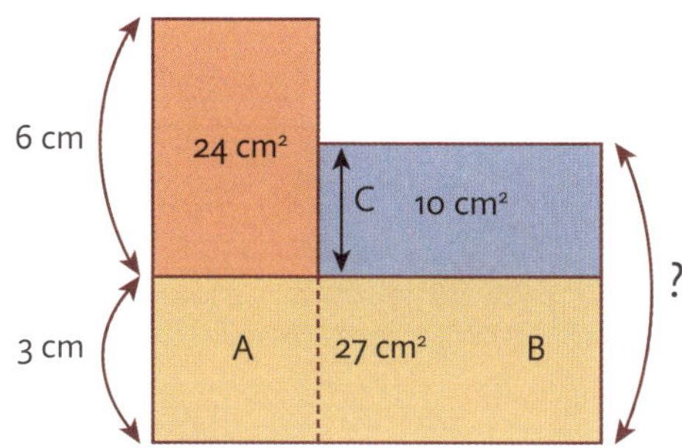

5 cm

Gelbe Fläche in A und B einteilen.

$A = 24\text{ cm}^2 : 2 = 12\text{ cm}^2$

$B = 27\text{ cm}^2 - 12\text{ cm}^2 = 15\text{ cm}^2$

$10\text{ cm}^2 = 15\text{ cm}^2 : 3 \times 2$

$C = 3\text{ cm} : 3 \times 2 = 2\text{ cm}$

$? = 3\text{ cm} + 2\text{ cm} = 5\text{ cm}$

37

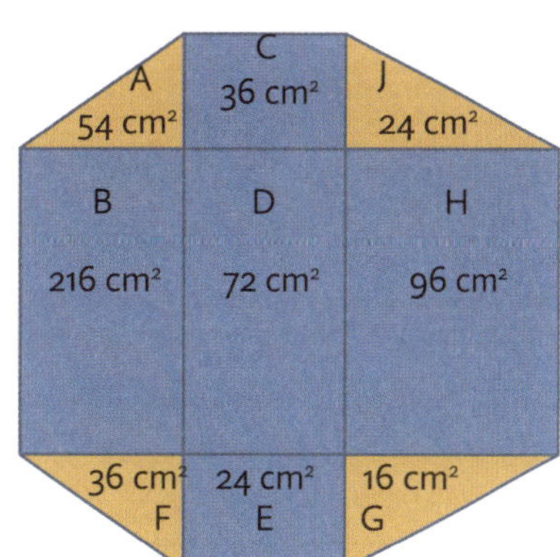

130/574 bzw. 23 %

A = B : 4. A ist ein rechtwinkliges Dreieck, also: $C = D : 2 = 36\text{ cm}^2$. E = D : 3, also: F (als rechtwinkliges Dreieck) $= B : 6 = 36\text{ cm}^2$. $H = G \times 6 = 96\text{ cm}^2$. A verhält sich zu B wie J zu H. Deshalb: $J = H : 4 = 24\text{ cm}^2$.

Lösungen

38

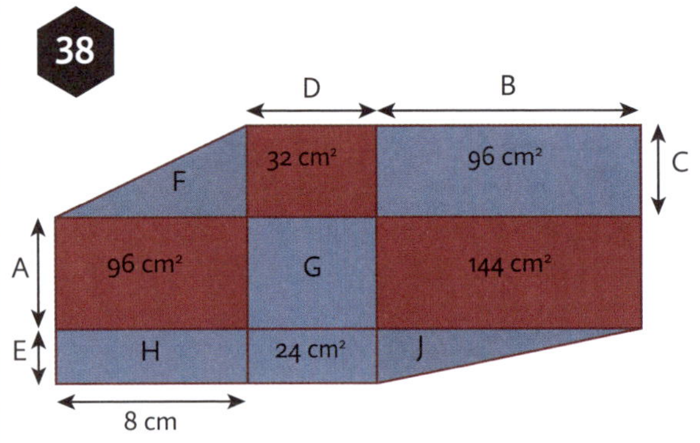

Rote Fläche: 272 cm²,
blaue Fläche: 284 cm²
A = 96 cm² : 8 cm = 12 cm
B = 144 cm² : 12 cm = 12 cm
C = 96 cm² : 12 cm = 8 cm
D = 32 cm² : 8 cm = 4 cm
E = 24 cm² : 4 cm = 6 cm
F = (C x 8 cm) : 2 = 32 cm²
G = A x D = 48 cm²
H = E x 8 cm = 48 cm²
J = (B x E) : 2 = 36 cm²

11

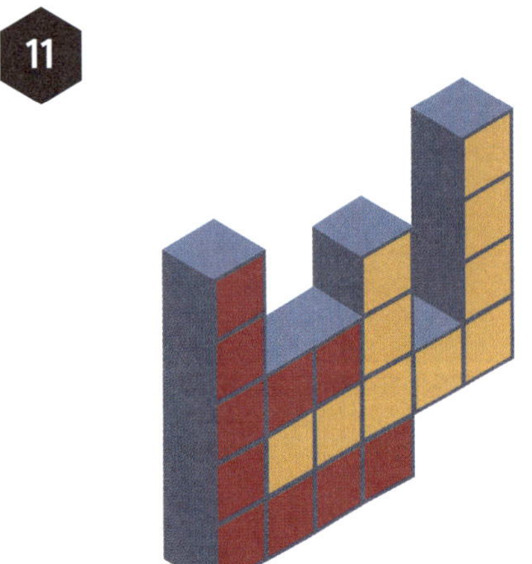

40

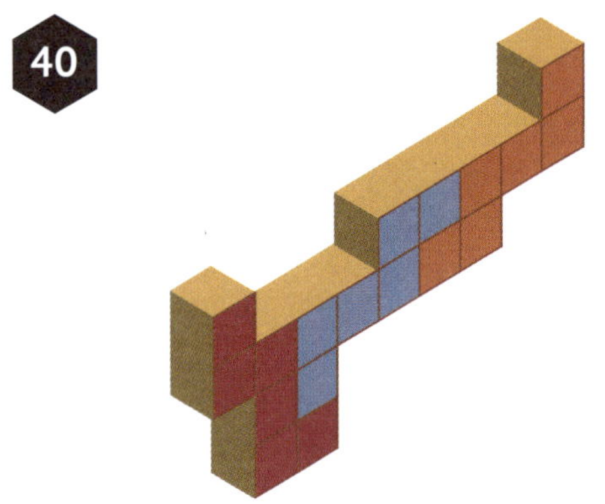

2

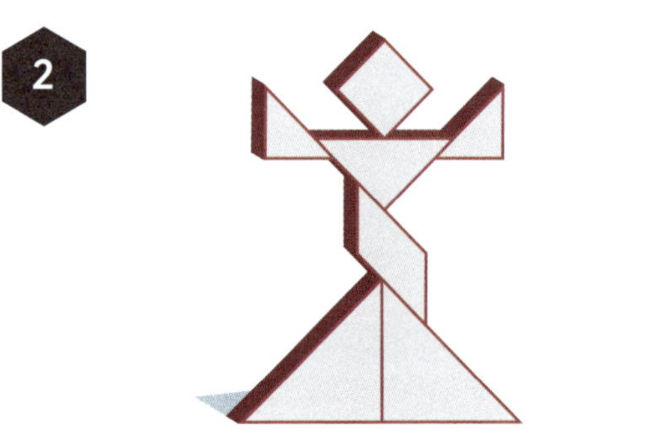

42

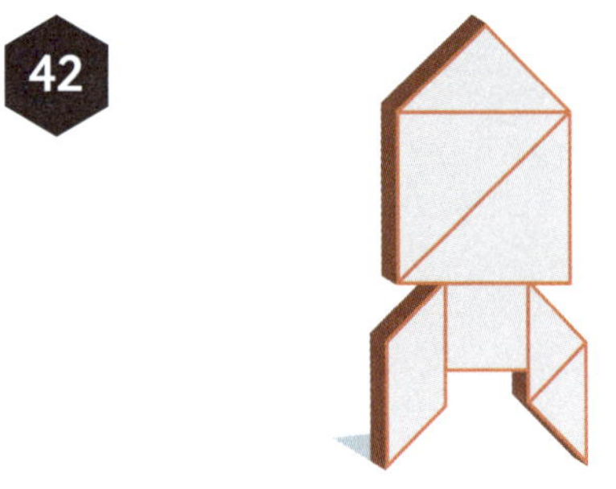

119

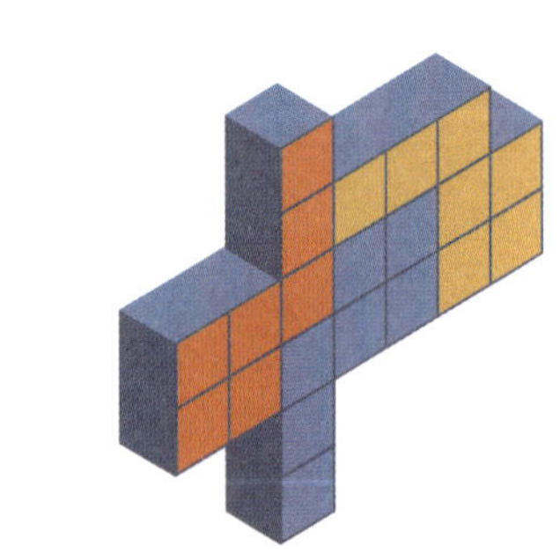

44

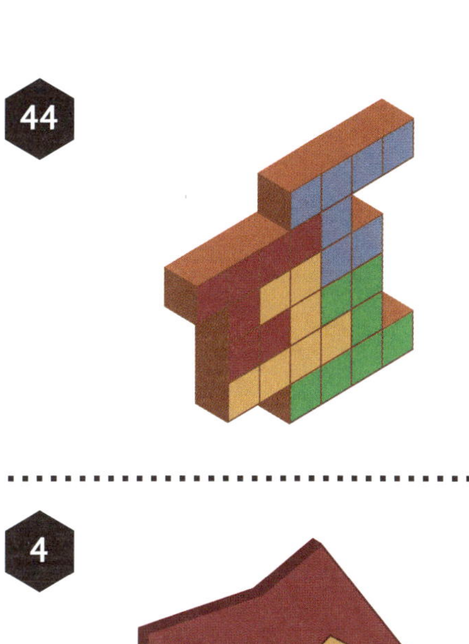

4

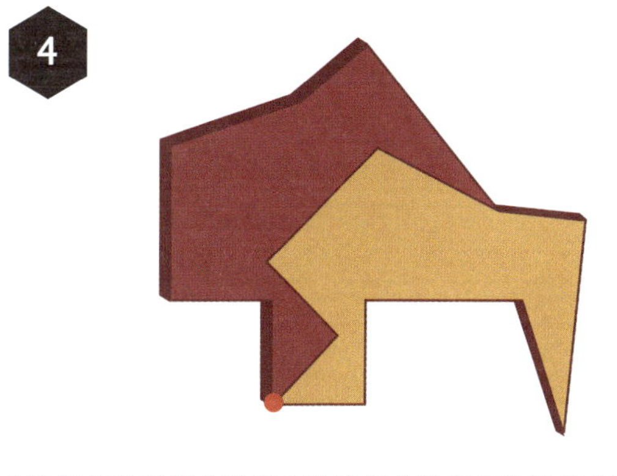

46

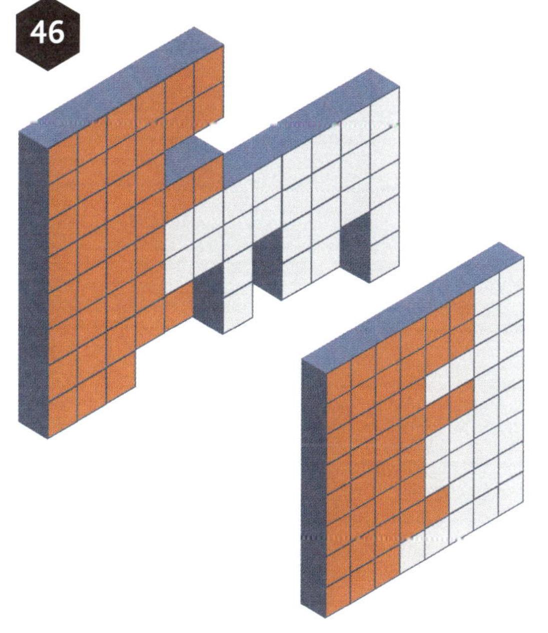

47

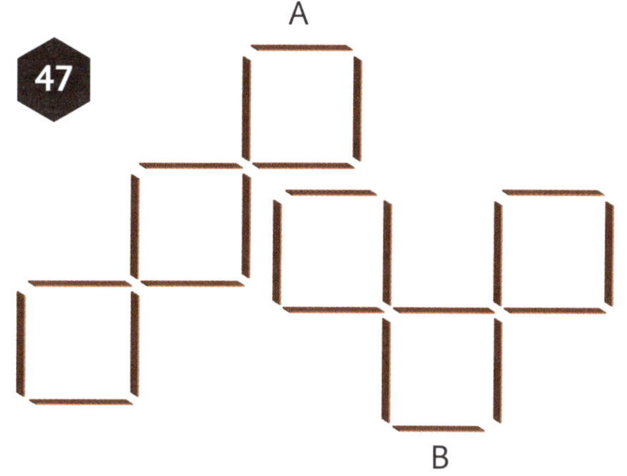

5

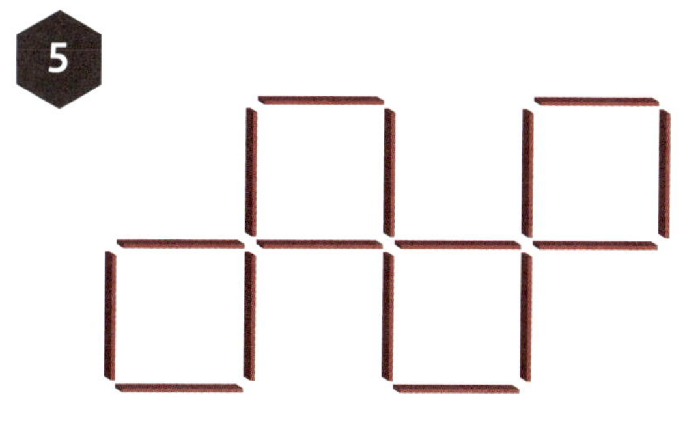

8

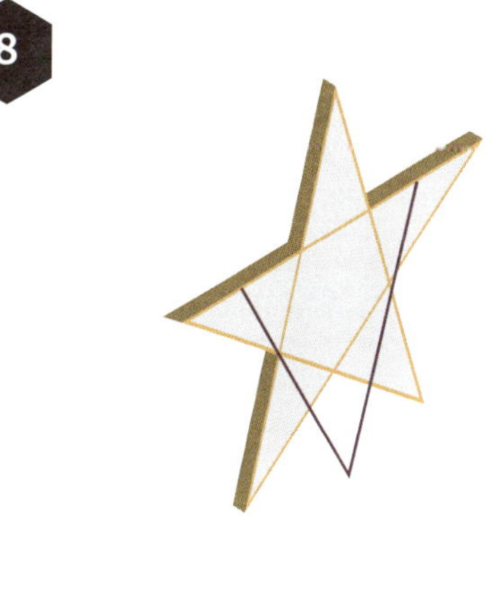

Lösungen

50

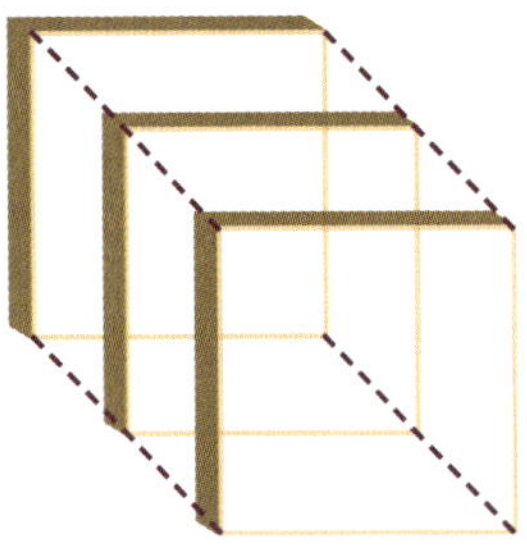

Die vier Dreiecke sind zweidimensional, die acht Quadrate dreidimensional zu denken.

51

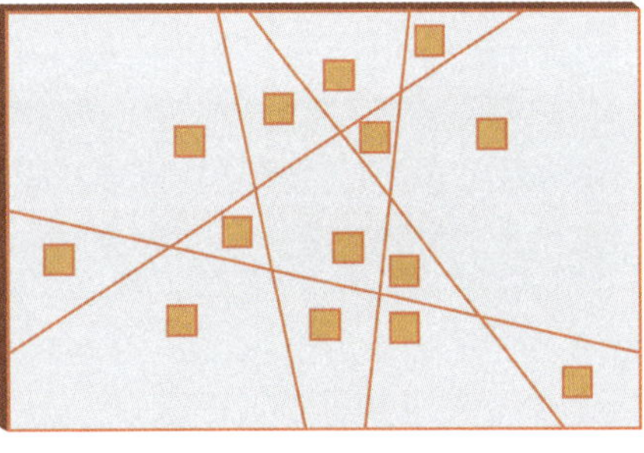

9

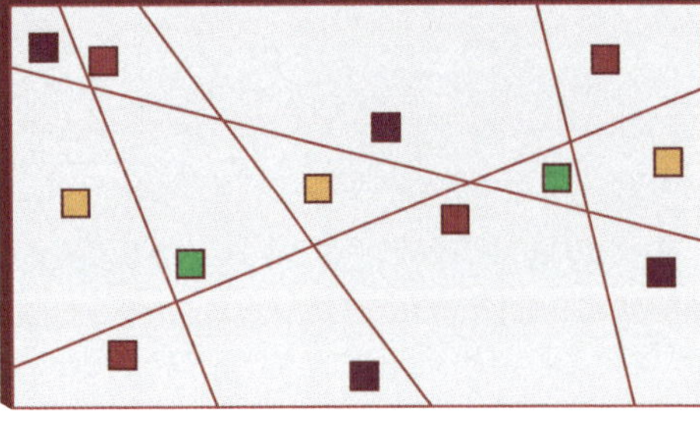

53

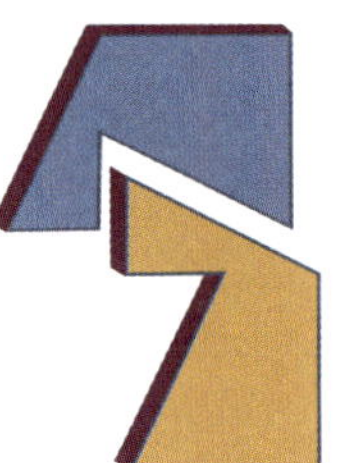

54

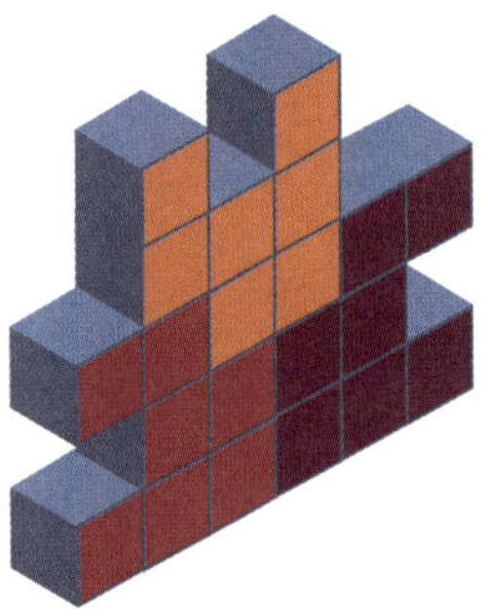

13

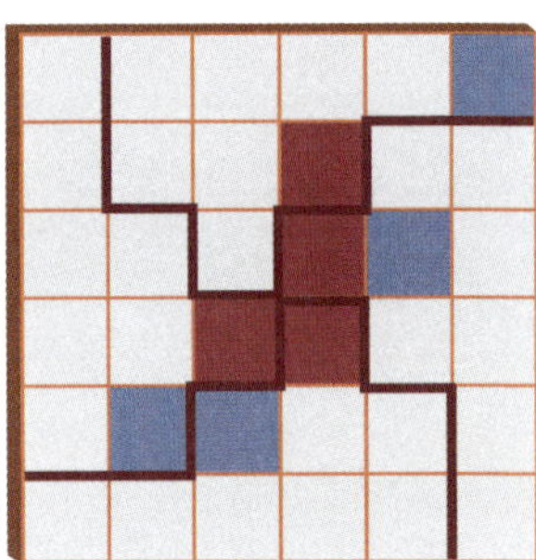

91

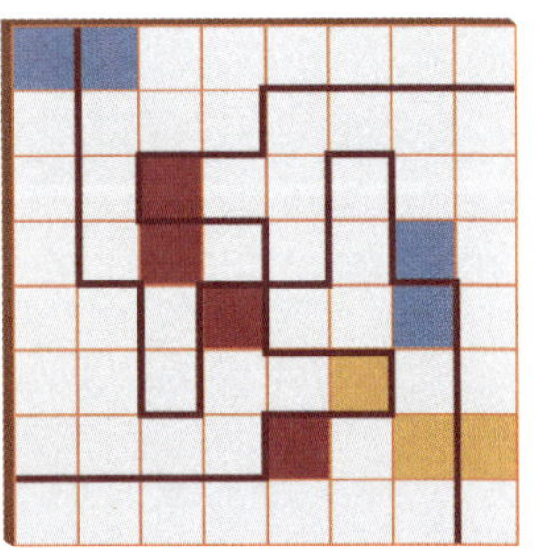

94

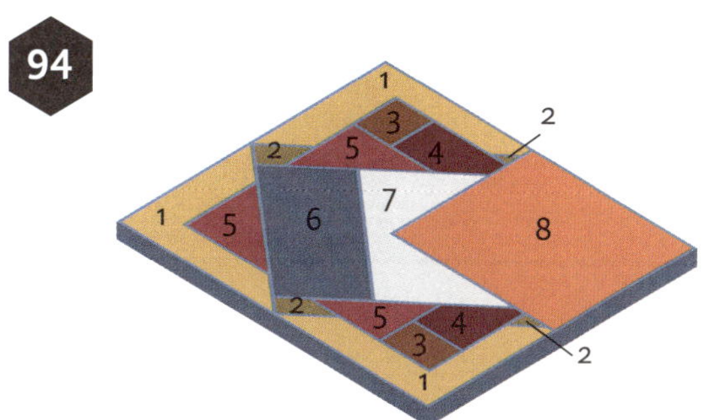

58

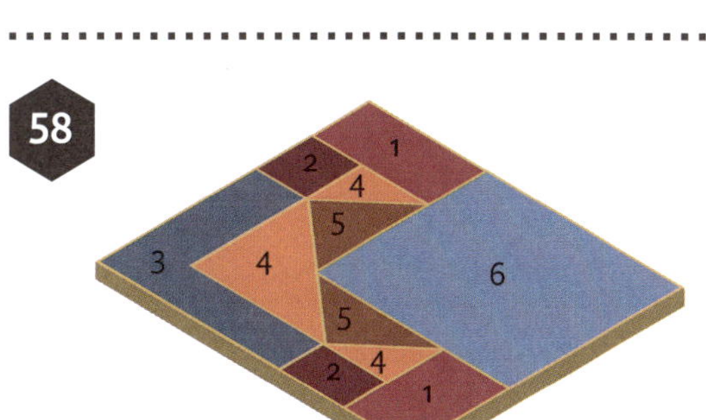

59

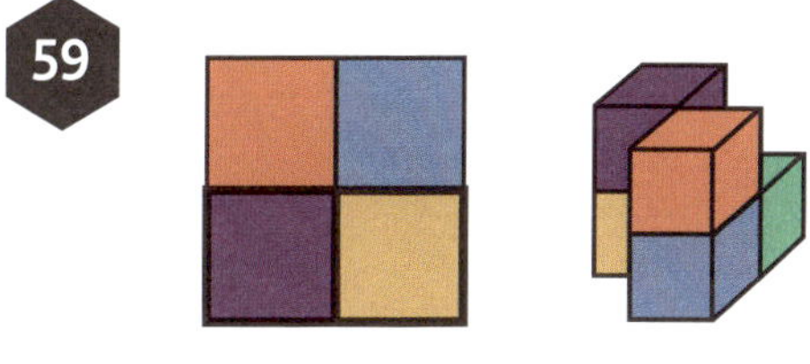

17

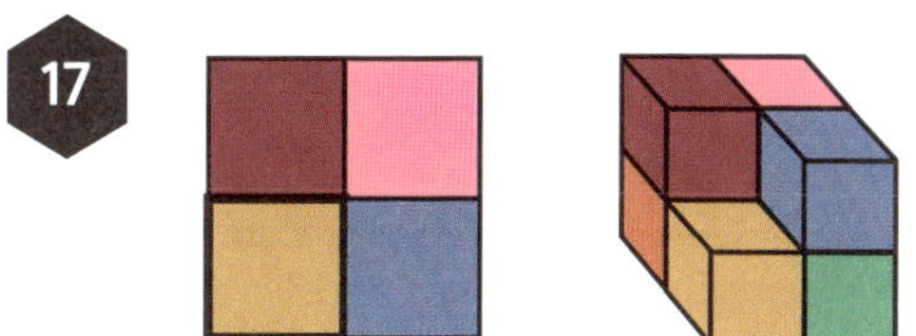

19

35

62

124
40 (x 1), 28 (x 2), 24 (x 4), 12 (x 8),
8 (x 9), 8 (x 16), 4 (x 18)

63

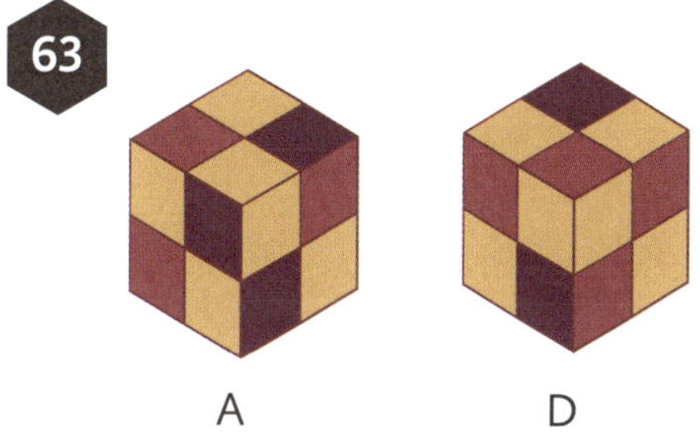

21

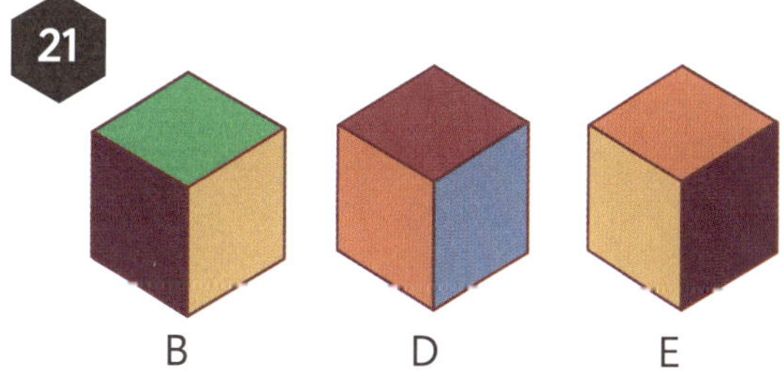

65

Jede Seite der rautenförmigen Fliese ist 28 cm : 4 = 7 cm lang. Das gilt auch für die anderen Fliesen. Die gelbe Fläche hat einen Umfang von 16 x 7 cm = 122 cm. Der Gesamtumfang umfasst 32 Seitenlängen, also ist der Umfang der gelben Fläche halb so groß wie der Gesamtumfang.

Lösungen

66

6 cm
Der Gesamtumfang entspricht 84 Breiten, also ist jede Diele 504 cm : 84 = 6 cm lang.

25 D

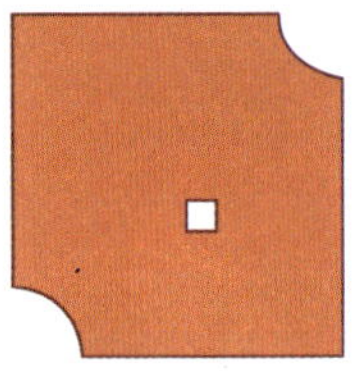

68 C

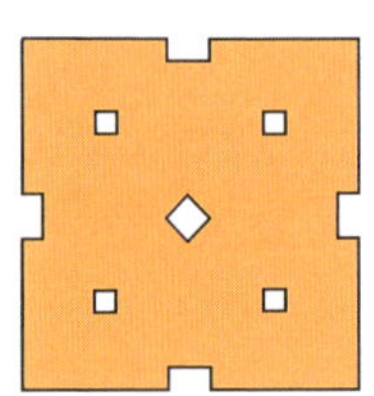

69

50°
Winkel A = Winkel B
(gegenüberliegende Winkel)
Also: $5x - 20° = 4x + 10°$
Deshalb: $5x = 4x + 10° + 20°$ und
$5x - 4x = 10° + 20°$
Ergo: x = 30°, und Winkel A und B = 130°
Daraus folgt: Winkel C = 50°
(die Winkel A + C bzw. B + C führen zu einer geraden Linie, also 180°)

70

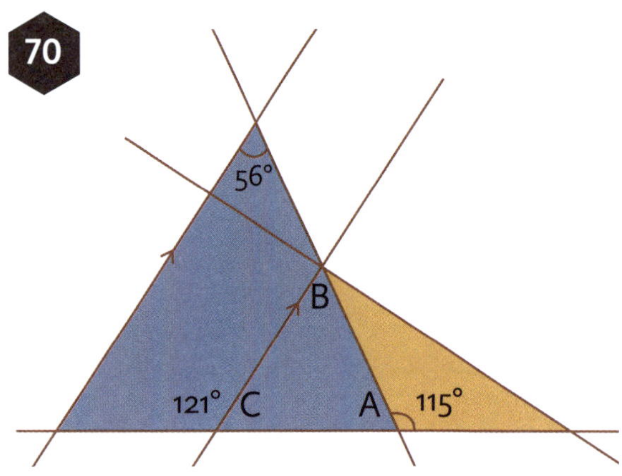

121°
Das Einfügen von A, B und C erleichtert das Rechnen. Winkel A = 180° – 115° = 65°
Winkel B = 56° (korrespondierende Winkel – gerade Linie quert parallele Linien)
Winkel C = 180° – 65° – 56° = 59°
Winkel ? = 180° – 59° = 121°

71

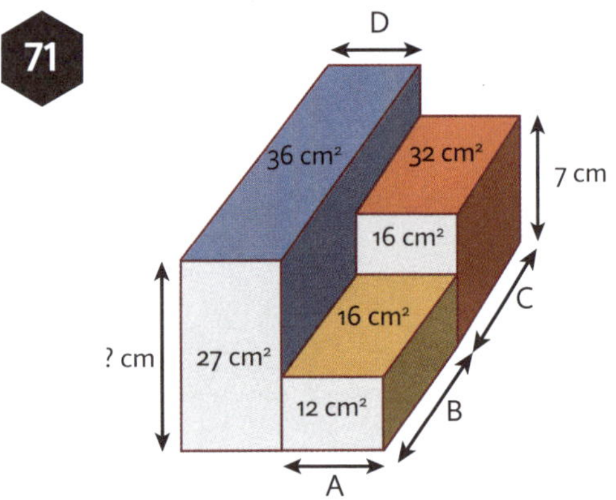

9 cm
A = (16 cm² + 12 cm²) : 7 cm = 4 cm
B = 16 cm² : 4 cm = 4 cm
C = 32 cm² : 4 cm = 8 cm
D = 36 cm² : 12 cm = 3 cm
? = 27 cm² : 3 cm = 9 cm

30

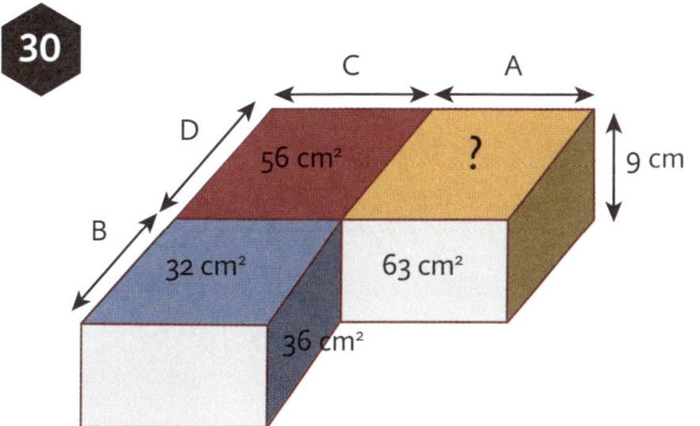

49 cm²

A = 63 cm² : 9 cm = 7 cm

B = 36 cm² : 9 cm = 4 cm

C = 32 cm² : 4 cm = 8 cm

D = 56 cm² : 8 cm = 7 cm

? = A x D = 7 cm x 7 cm = 49 cm²

31

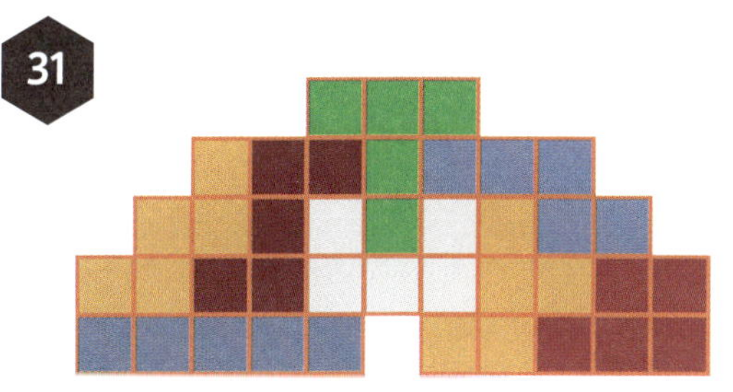

74

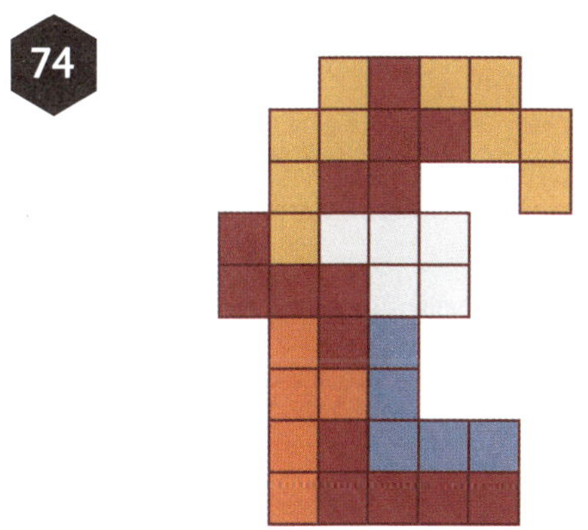

75

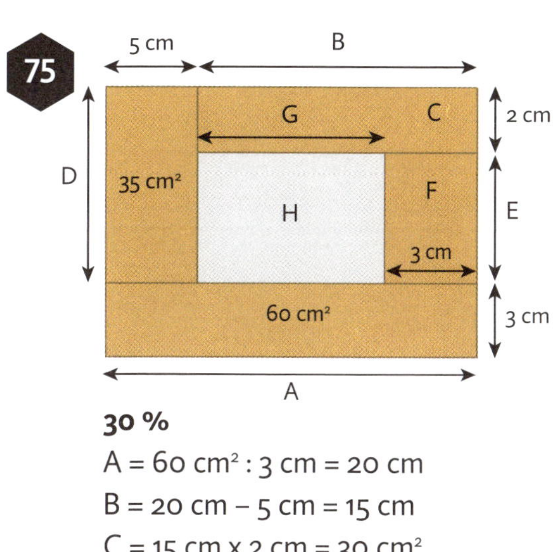

30 %

A = 60 cm² : 3 cm = 20 cm

B = 20 cm – 5 cm = 15 cm

C = 15 cm x 2 cm = 30 cm²

D= 35 cm² : 5 cm = 7 cm

E = 7 cm – 2 cm = 5 cm

F = 5 cm x 3 cm = 15 cm²

G = 20 cm – 5 cm – 3 cm = 12 cm

H = E x G = 60 cm²

60 cm² = 30 % von 200 cm²

117

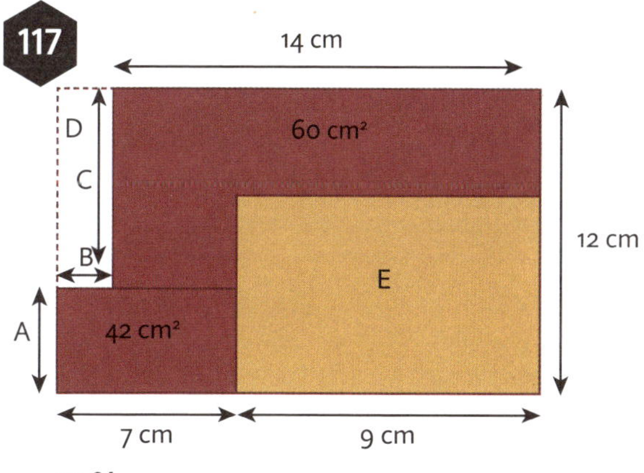

43 %

A = 42 cm² : 7 cm = 6 cm

B = 9 cm + 7 cm – 14 cm = 2 cm

C = 12 cm – A = 6 cm. D = B x C = 12 cm²

E = 12 cm² x (7 cm + 9 cm) – D – 60 cm²

– 42 cm² = 192 cm² – 114 cm² = 78 cm²

Lösungen

77

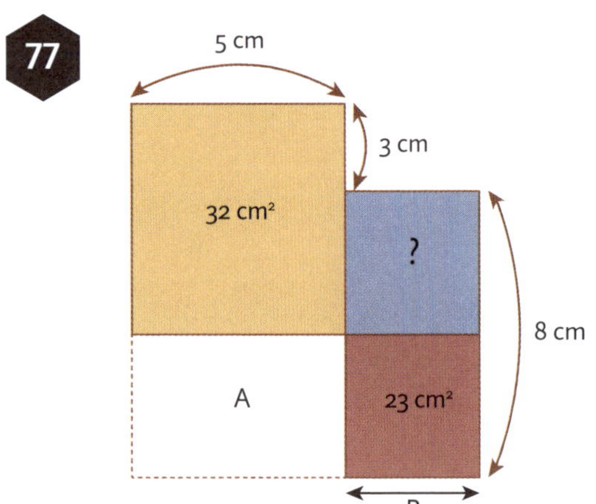

17 cm²

Gedachte Fläche A anfügen.

A = ((8 cm + 3 cm) x 5 cm) – 32 cm² = 23 cm²

A = 23 cm², also ist B = 5 cm

? = 5 cm x 8 cm – 23 cm² = 17 cm²

36

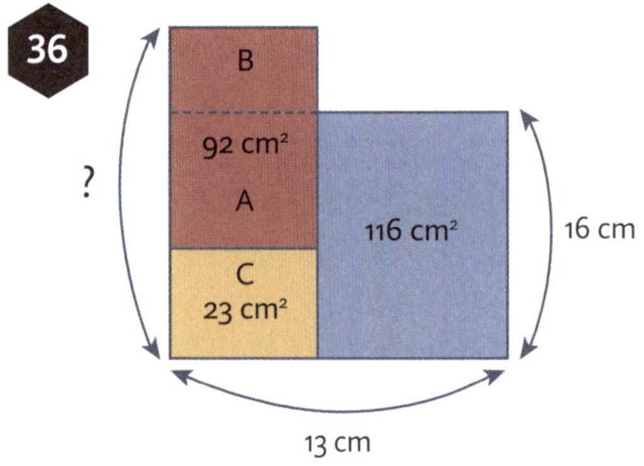

20 cm

Rote Fläche in A und B einteilen

A = 13 cm x 16 cm – 116 cm² – 23 cm²
= 69 cm²

B = 92 cm² – 69 cm² = 23 cm²

23 cm² = 69 cm² : 3

C = 16 cm : 4 = 4 cm

? = 16 cm + 4 cm = 20 cm

33

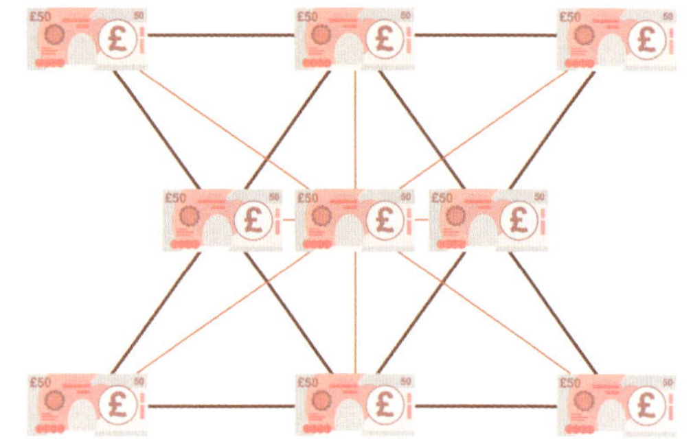

80

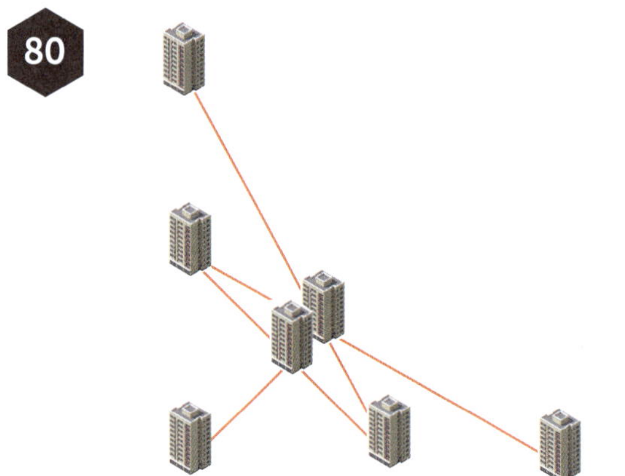

122

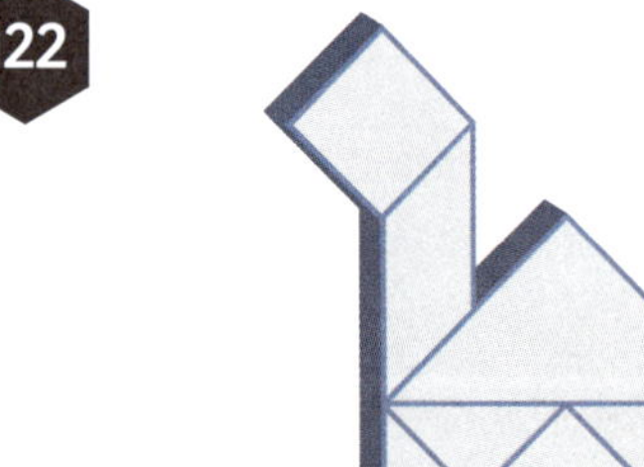

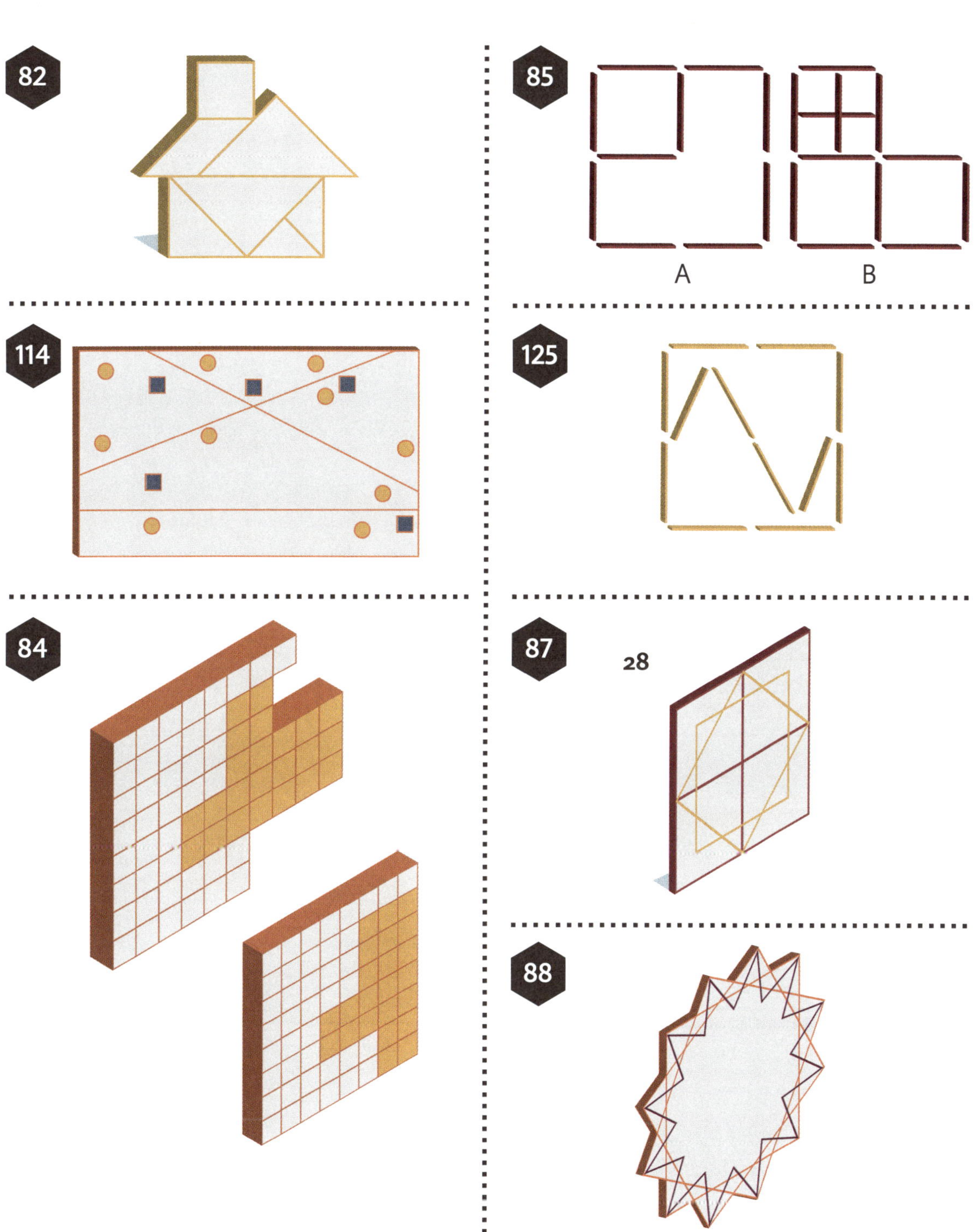

Durch einen zwölfzackigen Stern

Lösungen

89

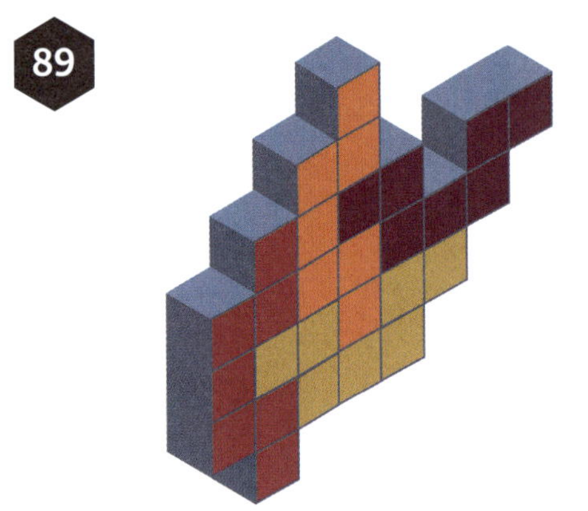

16

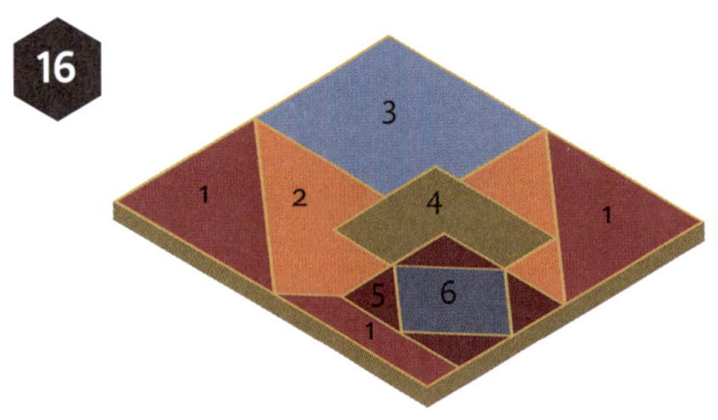

133

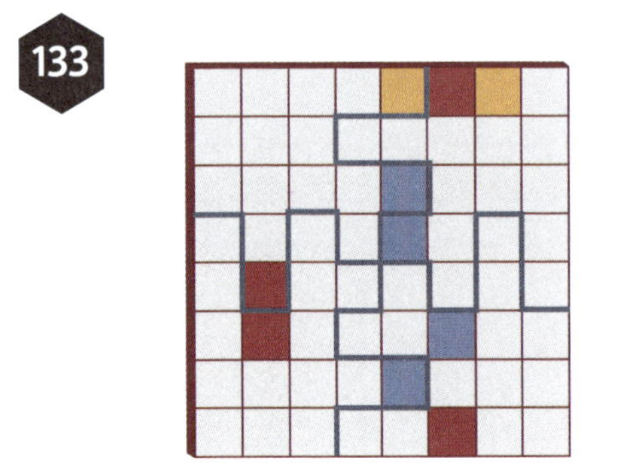

102 **128 cm**

92

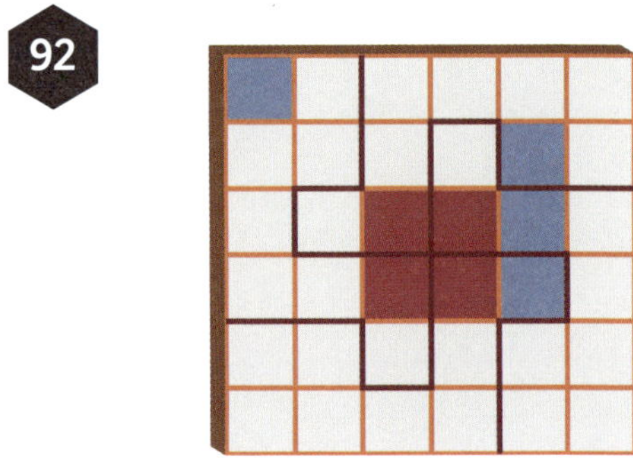

93

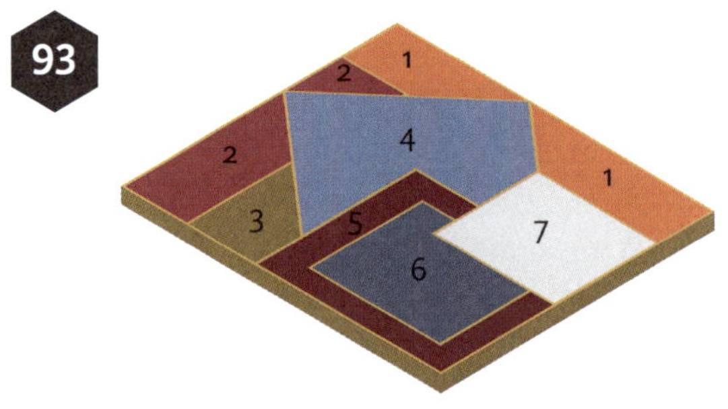

104 **B**

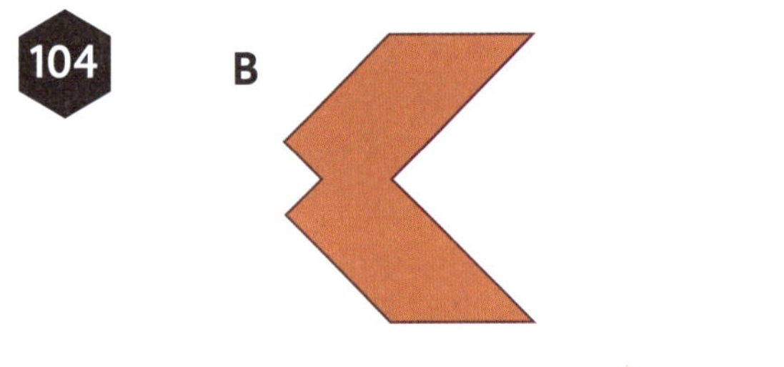

95

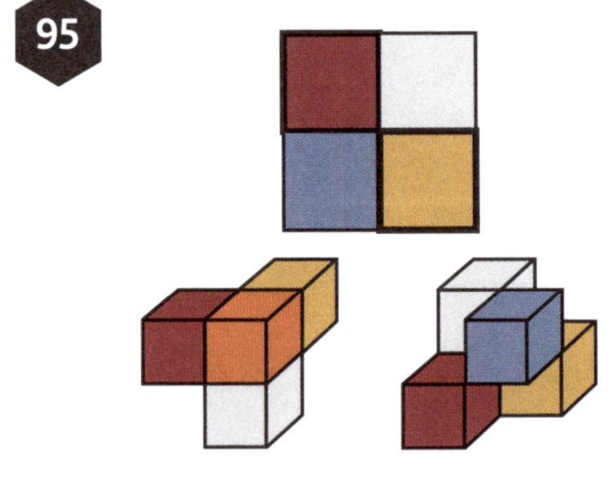

96

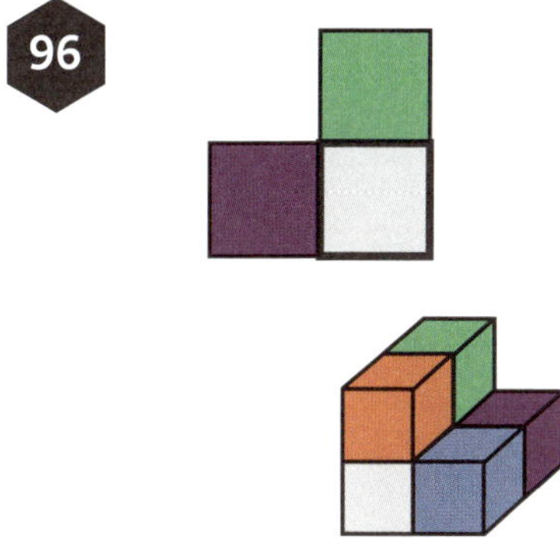

98

204

Es sind insgesamt 204 Quadrate: 8 x 8 1-x-1-Quadrate, 7 x 7 2-x-2-Quadrate etc., also insgesamt: 64 + 49 + ... + 1 = 204. Die mathematische Formel lautet: N(N+1)(2N+1):6, wobei N die Anzahl der Quadrate in einer einzelnen Reihe/Spalte ist.

83

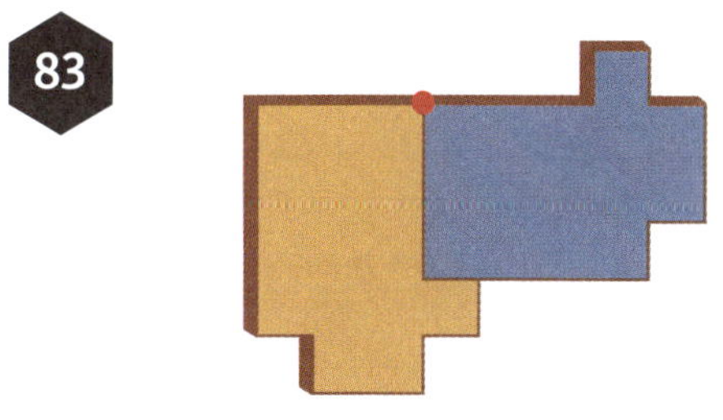

141

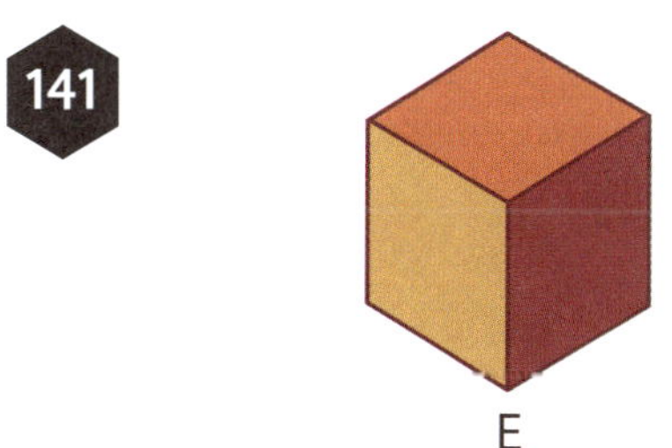

E

99

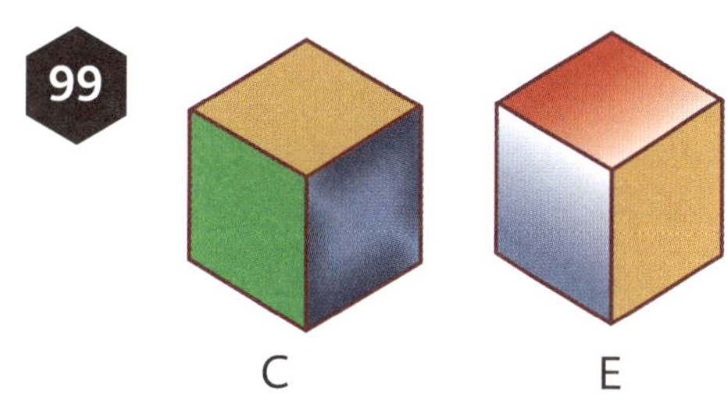

C E

123

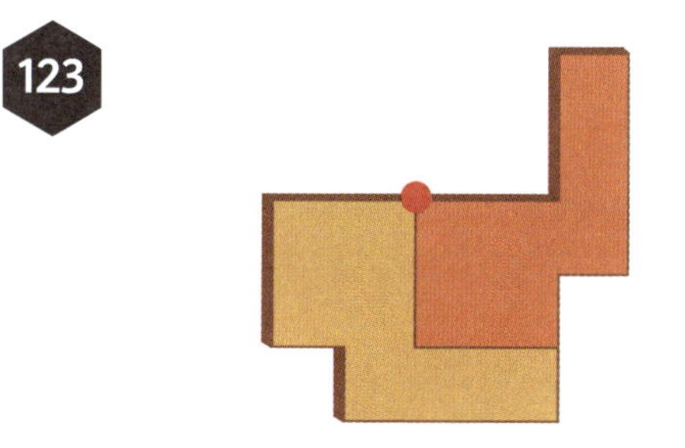

105

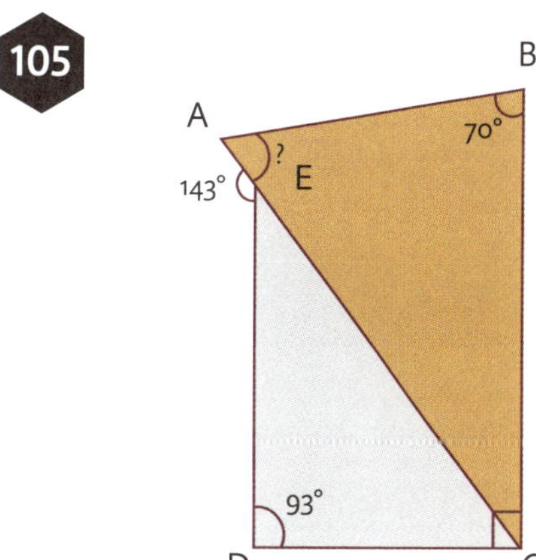

70°

Das Einfügen von A, B, C und D erleichtert das Rechnen. Winkel AED ist 143°, also muss Winkel DEC 37° sein. Winkel ECD muss 180° – 37° – 93° = 50° sein. Da Winkel BCD ein rechter Winkel ist, muss Winkel BCA 90° – 50° = 40° sein. Deshalb muss BAE 180° – 70° – 40° = 70° sein.

Lösungen

106

15°

Jede Ecke des größeren Quadrats ist 90° und umfasst einen Winkel eines gleichseitigen Dreiecks (60°) sowie die beiden kleineren Winkel eines gleichschenkligen Dreiecks. Diese beiden Winkel müssen zusammen 90° – 60° = 30° ergeben. Also müssen die kleineren Winkel der gleichschenkligen Dreiecke 30° : 2 = 15° sein.

107

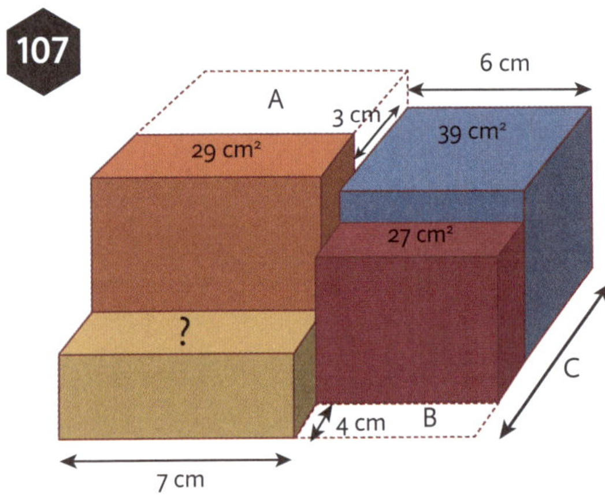

55 cm^2

Gedachte Flächen A und B anfügen.

A = 7 cm x 3 cm = 21 cm^2

B = 6 cm x 4 cm = 24 cm^2

C = (24 cm^2 +27 cm^2 + 39 cm^2) : 6 cm = 15 cm

? = (7 cm x 15 cm) – 21 cm^2 – 29 cm^2 = 55 cm^2

131

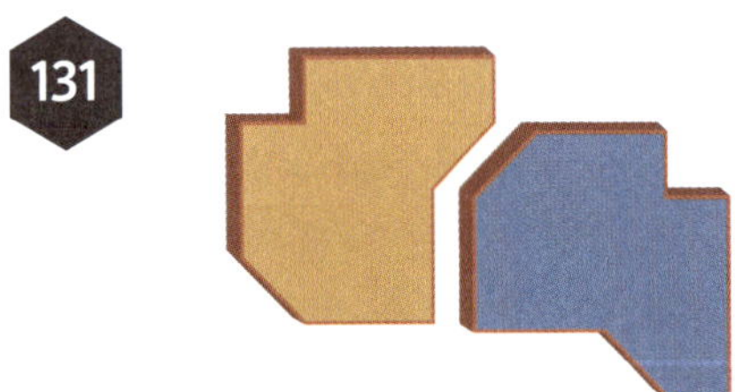

108

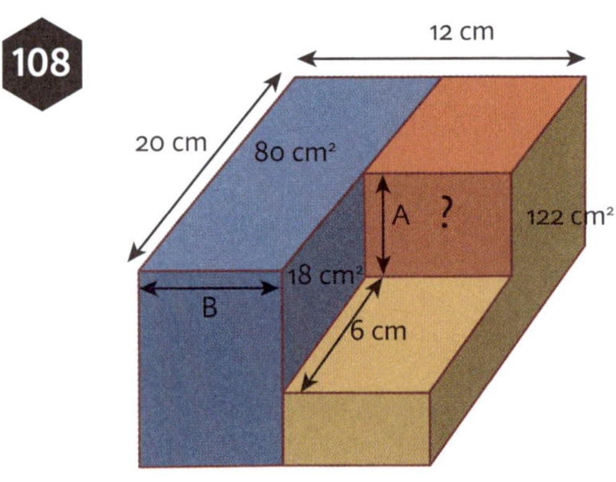

24 cm^2

A = 18 cm^2 : 6 cm = 3 cm

B = 80 cm^2 : 20 cm = 4 cm

? = (12 cm – 4 cm) x 3 cm = 24 cm^2

109

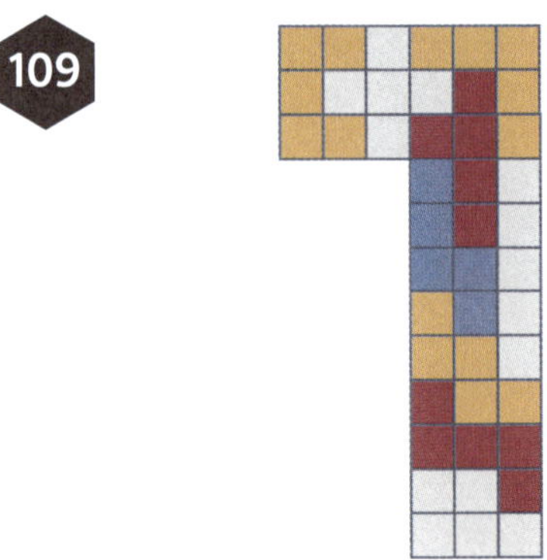

110

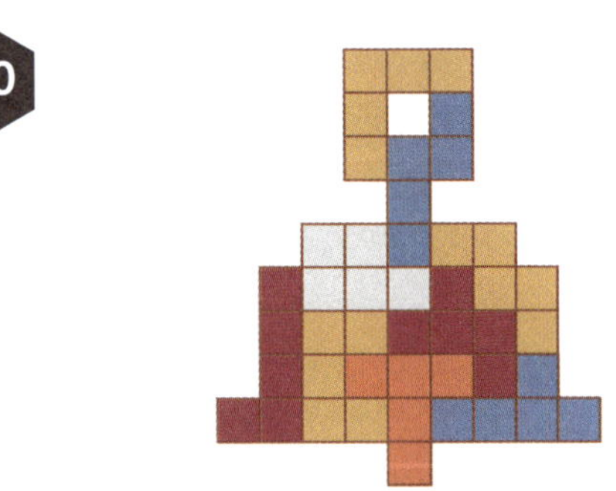

111

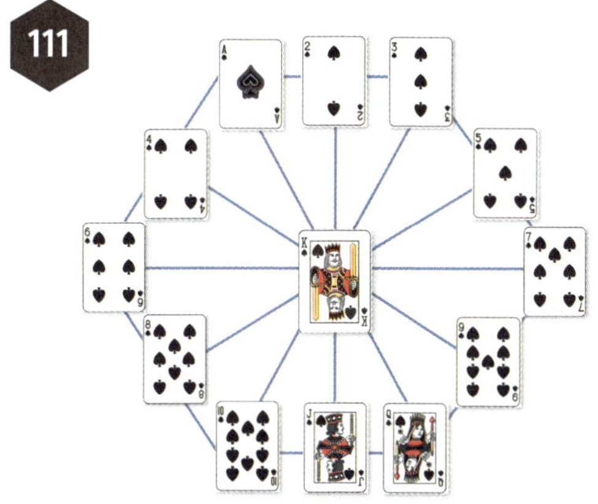

112

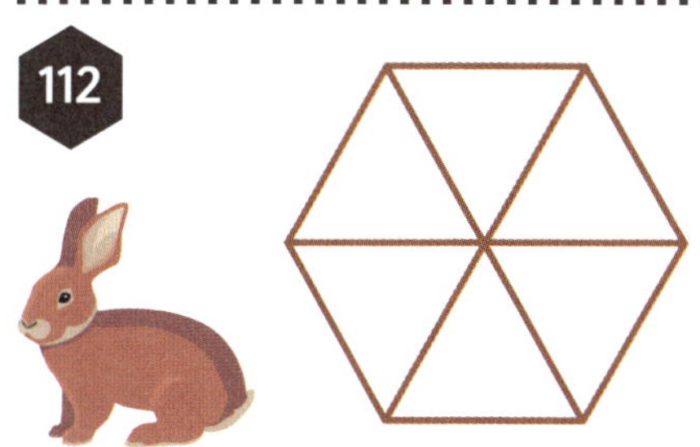

113

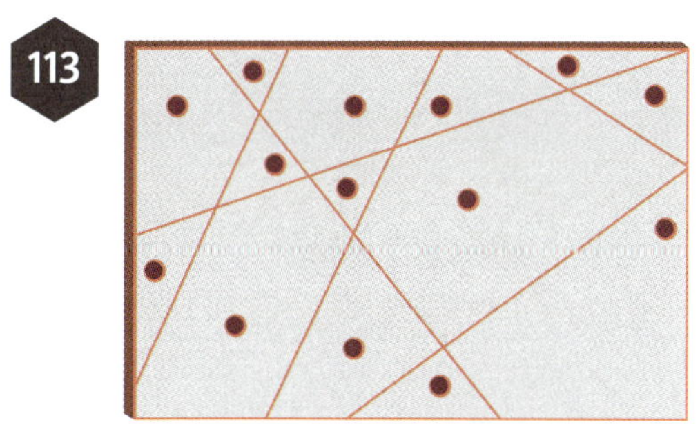

90

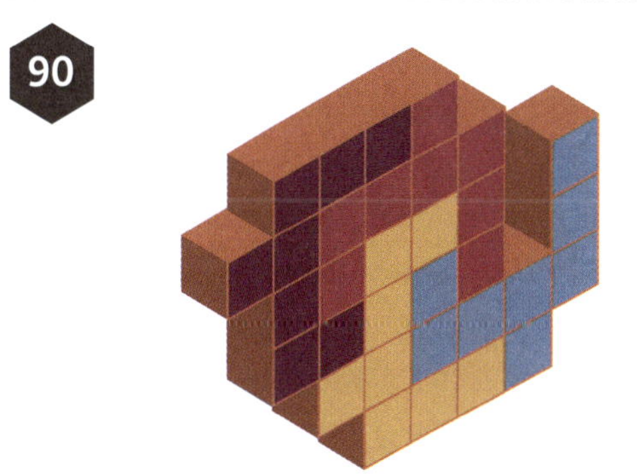

195

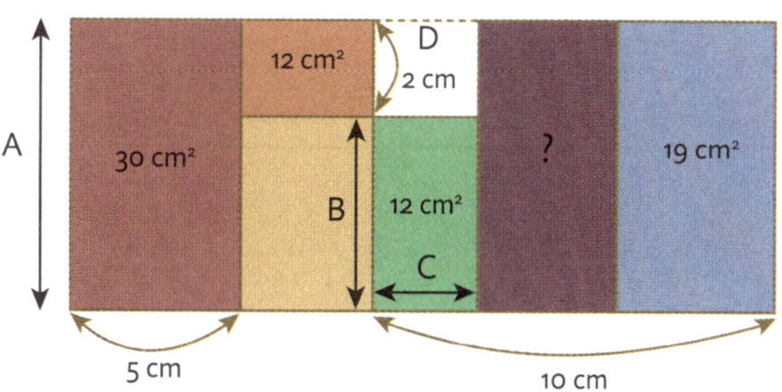

23 cm^2

A = 6 cm. B = 6 cm – 2 cm = 4 cm. C = 12 cm^2 : 4 cm = 3 cm. Gedachte Fläche D anfügen.

D = 2 cm x 3 cm = 6 cm^2

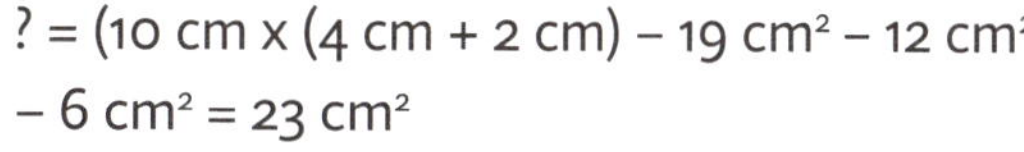

? = (10 cm x (4 cm + 2 cm) – 19 cm^2 – 12 cm^2 – 6 cm^2 = 23 cm^2

116

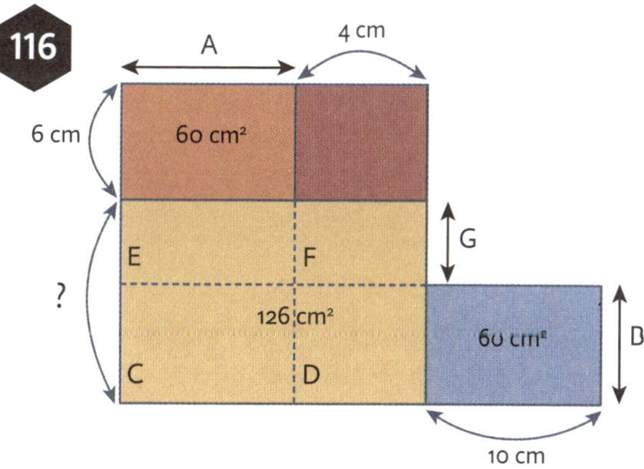

9 cm

A = 60 cm^2 : 6 cm = 10 cm

B = 60 cm^2 : 10 cm = 6 cm

Gelbe Fläche in C, D, E und F einteilen.

C = 10 cm x 6 cm = 60 cm^2

D = 4 cm x 6 cm = 24 cm^2

E+F = 126 cm^2 – 60 cm^2 – 24 cm^2 = 42 cm^2

E+F = C+D : 2

G = 6 cm : 2 = 3 cm

? = 6 cm + 3 cm = 9 cm

Lösungen

76

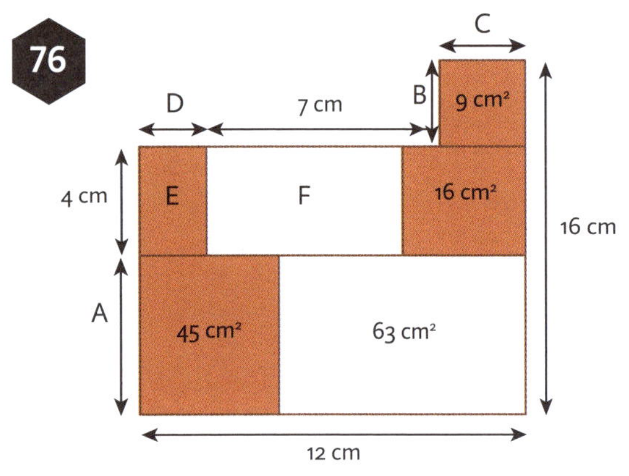

Die hellgraue

A = (45 cm² + 63 cm²) : 12 cm = 9 cm
B = 16 cm – 9 cm – 4 cm = 3 cm
C = 9 cm² : 3 cm = 3 cm
D = 12 cm – C – 7 cm = 2 cm
E = 4 cm x D = 8 cm²
F = (4 cm x 12 cm) – E – 16 cm² = 24 cm²

118

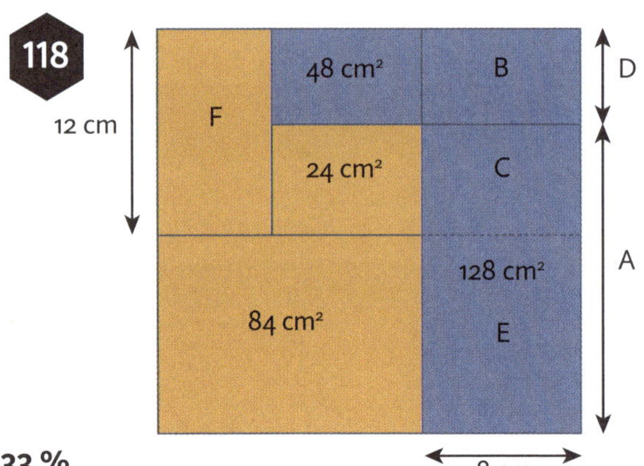

33 %

A = 128 cm² : 8 cm = 16 cm. Fläche B definieren. 48 cm² = 24 cm² x 2, also: B = C x 2. Länge B + C = 12 cm, also ist D (Länge B) 12 cm : 3 x 2 = 8 cm. B = D x 8 cm = 64 cm² und C = B : 2 = 32 cm². E = 128 cm² – C = 96 cm². E = B + C, also: 84 cm² = 48 cm² + 24 cm² + F. F = 84 cm² – 48 cm² – 24 cm² = 12 cm²

43

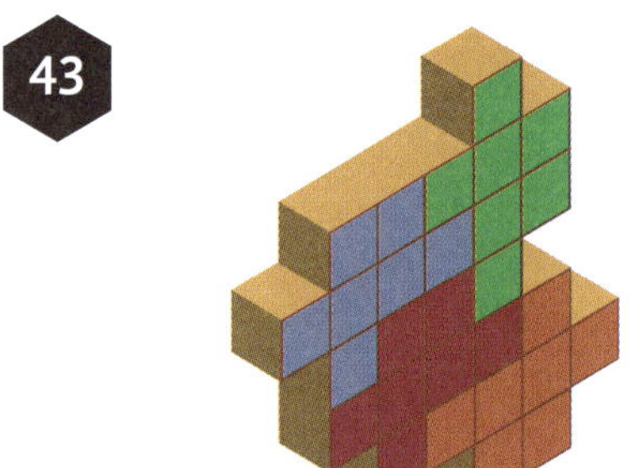

120

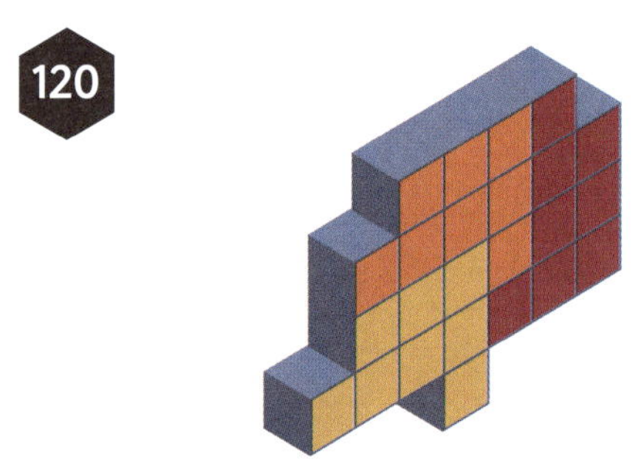

121

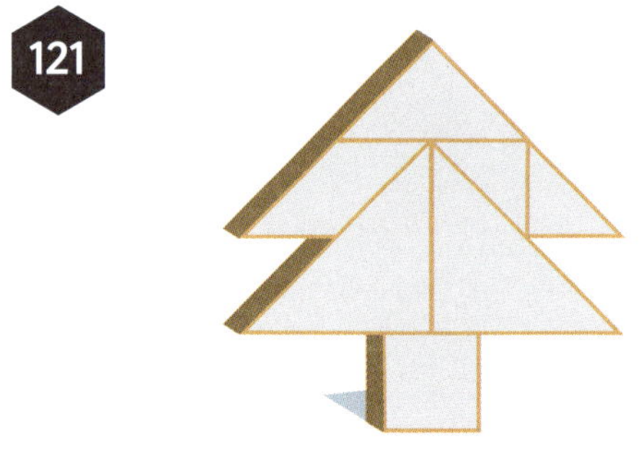

81

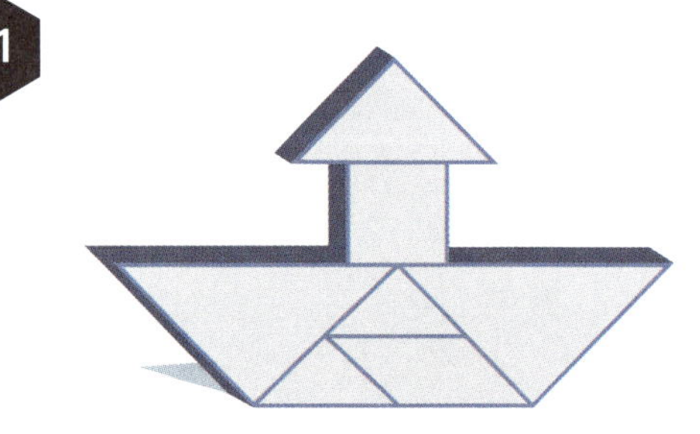

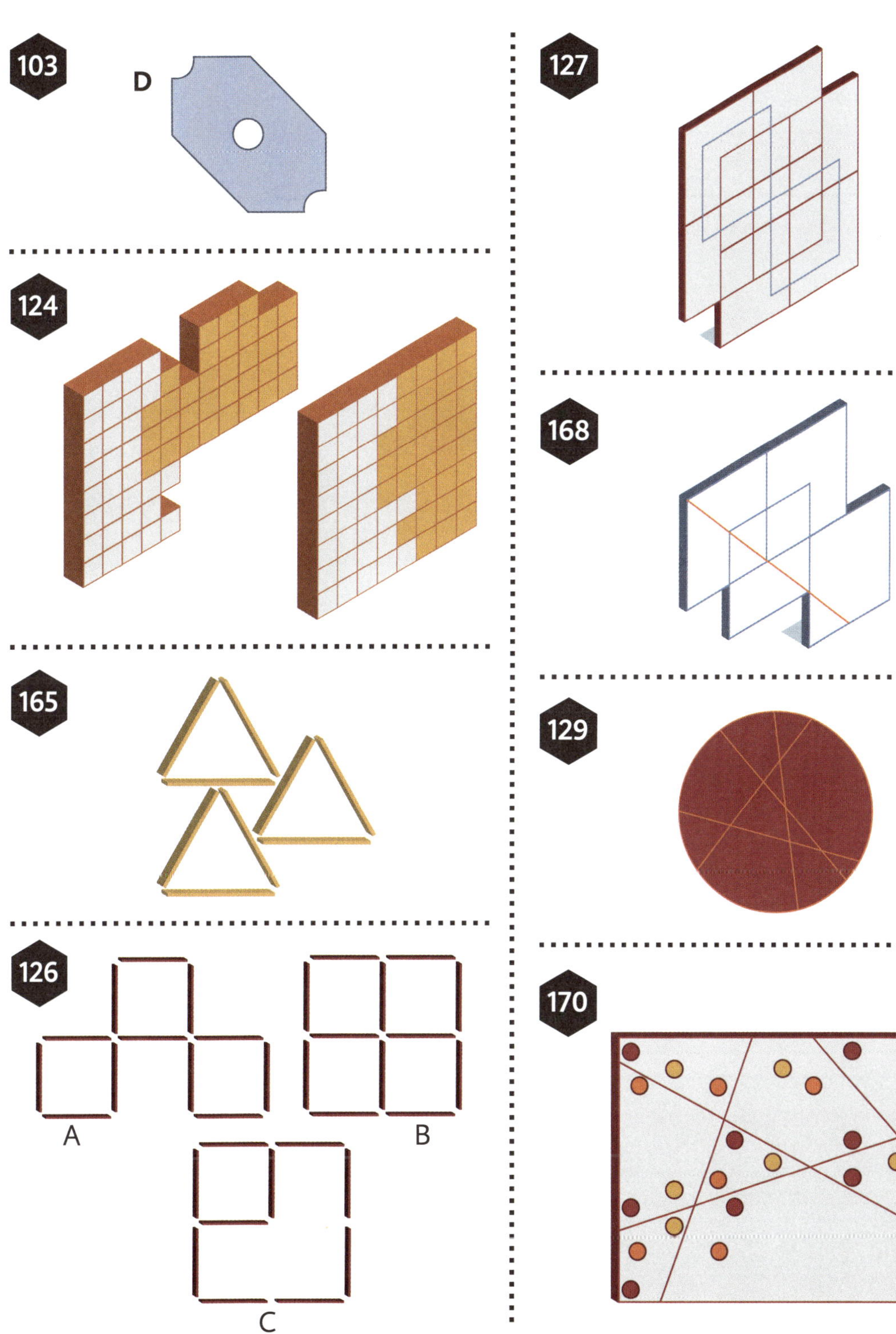
103
D
124
165
126
A
B
C
127
168
129
170

Lösungen

101 92 cm

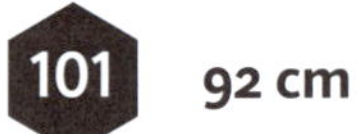

132

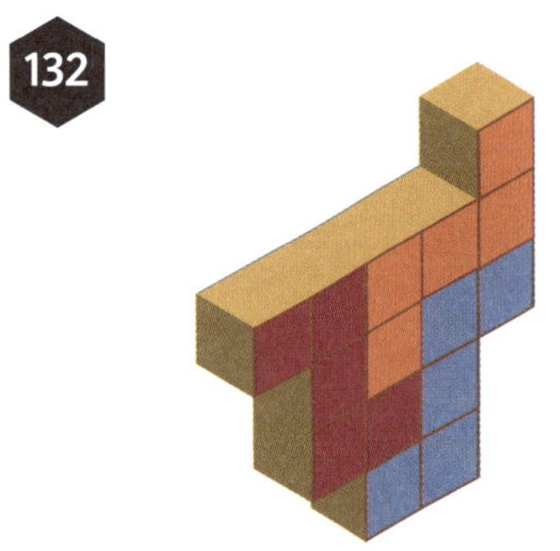

56

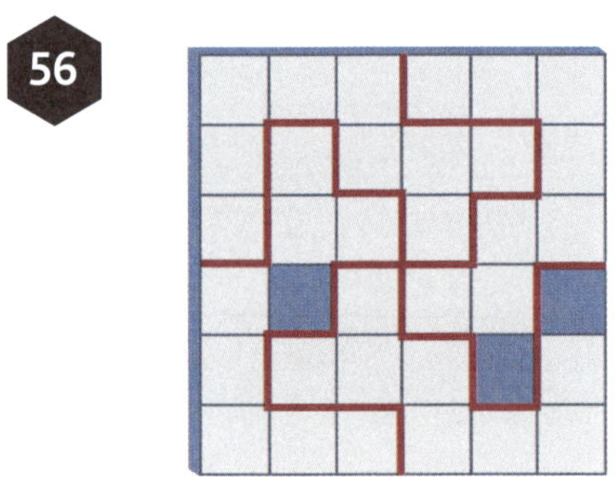

134

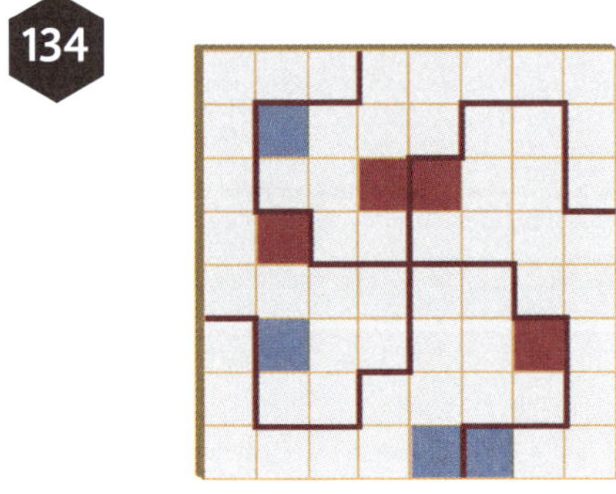

176

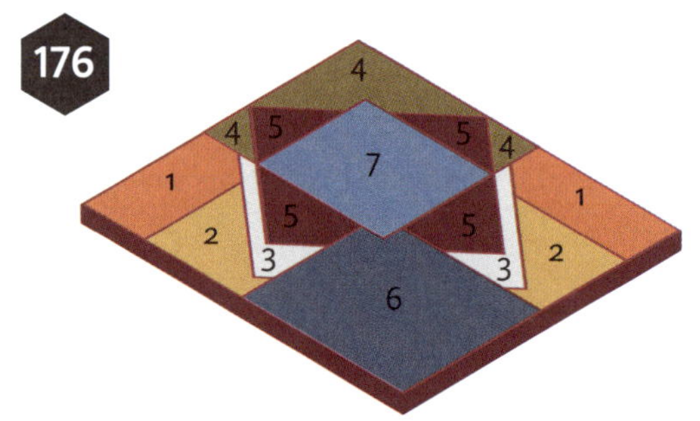

136

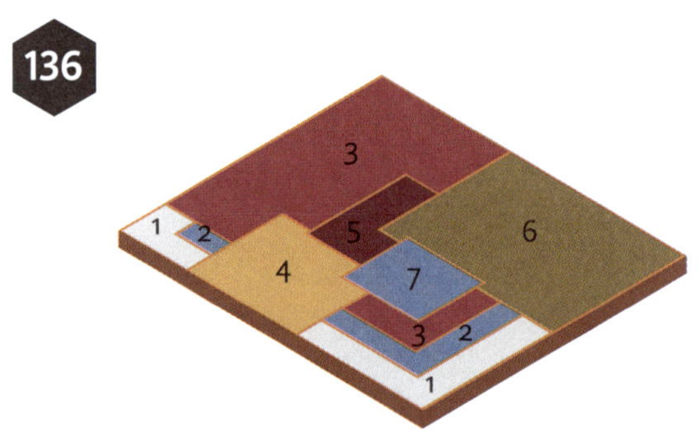

178

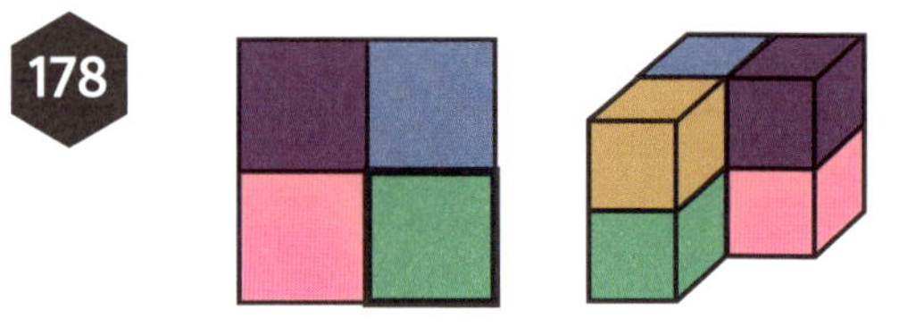

138

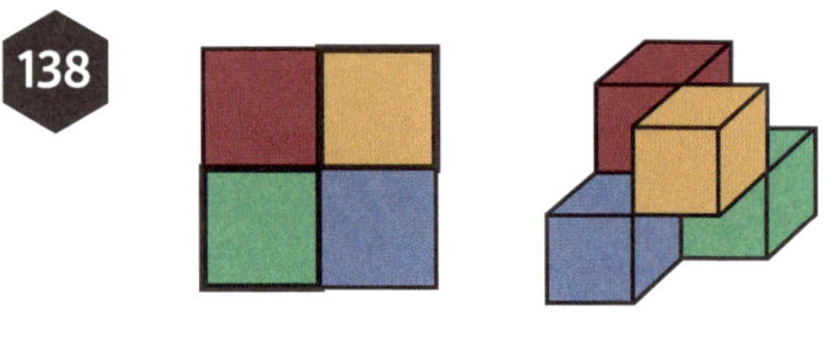

97 14

140 **19**

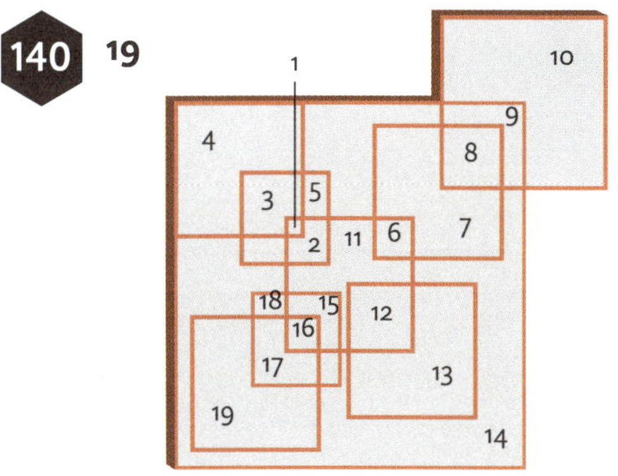

181

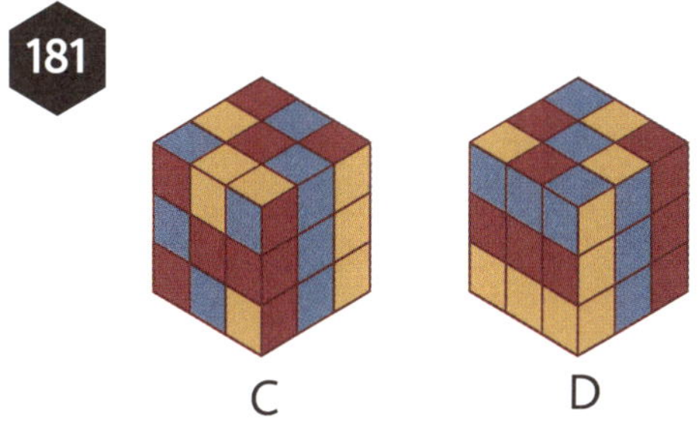

142

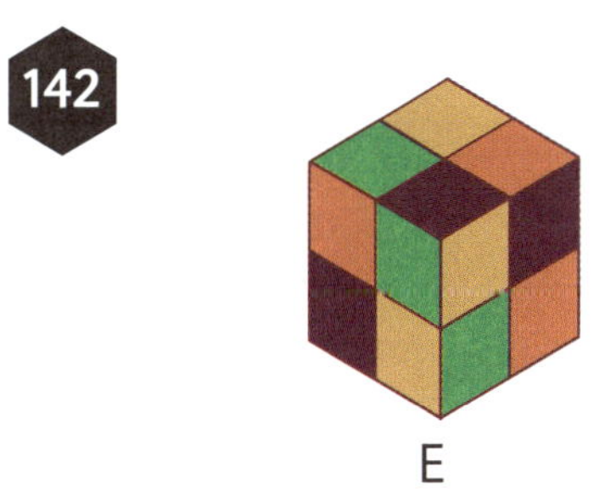

154

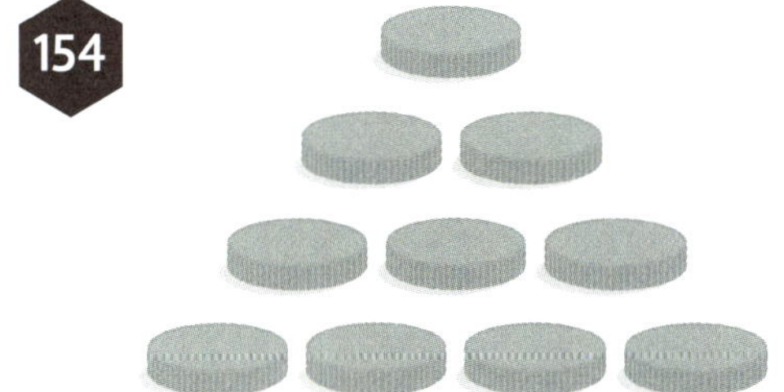

188 **80°**

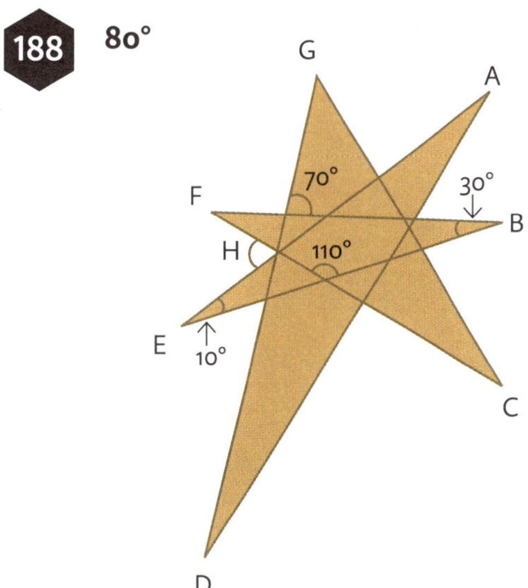

148 **18°**

Da die Linien AD und EF parallel zueinander verlaufen, ist Winkel CEF = 142° und Winkel FEG = 180° – 142° = 38°. Deshalb ist Winkel EGF 180° – 90° – 38° = 52° und Winkel GHJ 180° – 52° – 110° = 18°.

185 **D**

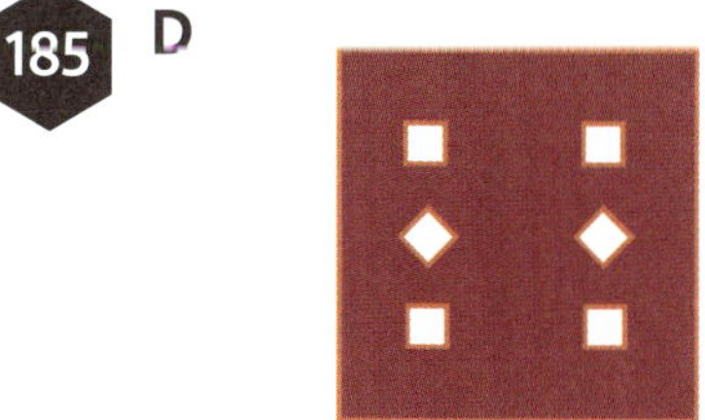

162

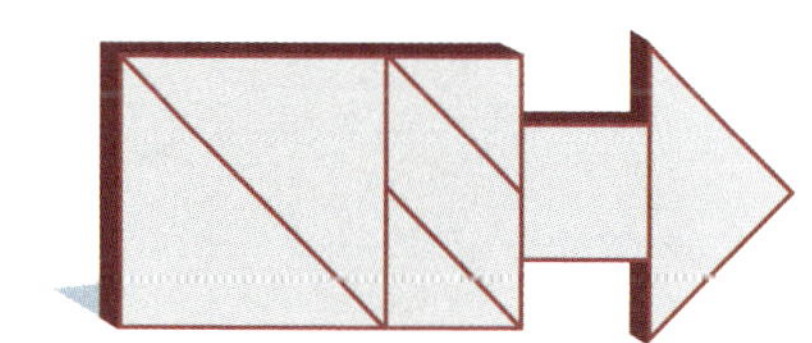

Lösungen

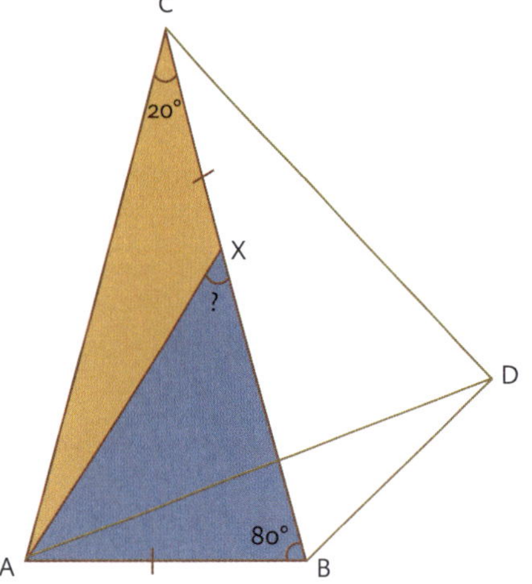

30°

Winkel A muss ebenso wie Winkel B 180° – 20° – 80° = 80° sein, da Linie AC und Linie BC gleich lang sind. Dann wird ein gedachtes gleichseitiges Dreieck ACD hinzugefügt. AC = AD = CD. Winkel BCD muss 60° – 20° = 40° sein. Verbindet man Punkt B und D mit einer Linie, entsteht das Dreieck BCD. Linie BC = CD, also sind CBD und CDB jeweils 70°. Winkel CDA ist 60°, also muss Winkel ADB 10° und Winkel DAB 20° sein. Da Linie AB = Linie CX und Linie AC = Linie AD und Winkel ACX = Winkel DAB, sind die Dreiecke ACX und DAB kongruent (Seite, Winkel, Seite). So muss Winkel AXC mit Winkel ABD (150°) korrespondieren und ? = 180° – 150° = 30°.

B

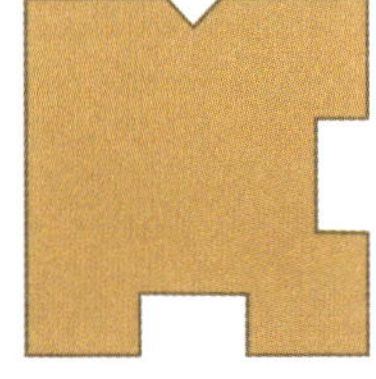

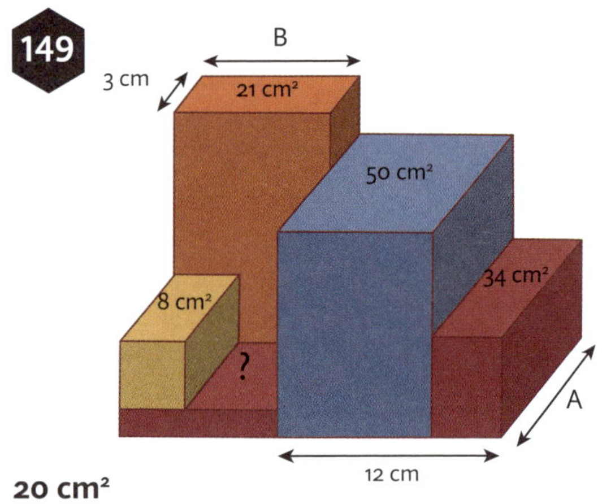

20 cm²

A = (50 cm² + 34 cm²) : 12 cm = 7 cm

B = 21 cm² : 3 cm = 7 cm

? = A x B – (21 cm² + 8 cm²) = 20 cm²

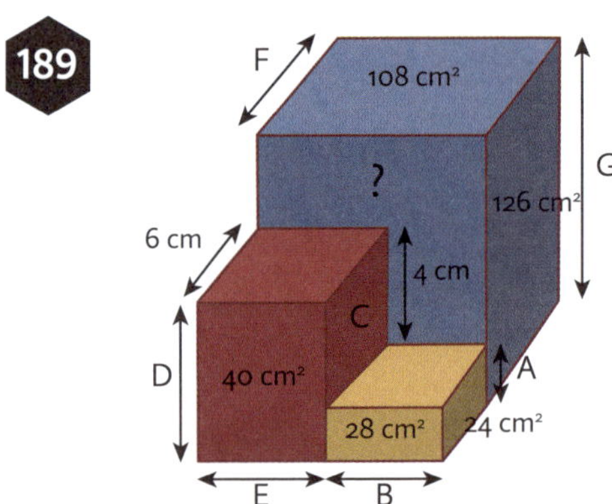

100 cm²

A = 24 cm² : 6 cm = 4 cm

B = 28 cm² : 4 cm = 7 cm

C = 6 cm x 4 cm = 24 cm²

D = 4 cm + 4 cm = 8 cm

E = 40 cm² : 8 cm = 5 cm

F = 108 cm² : (E + B) = 9 cm

G = 126 cm² : 9 cm = 14 cm

? = G x (E+B) – 40 cm² – 28 cm² = 100 cm²

191

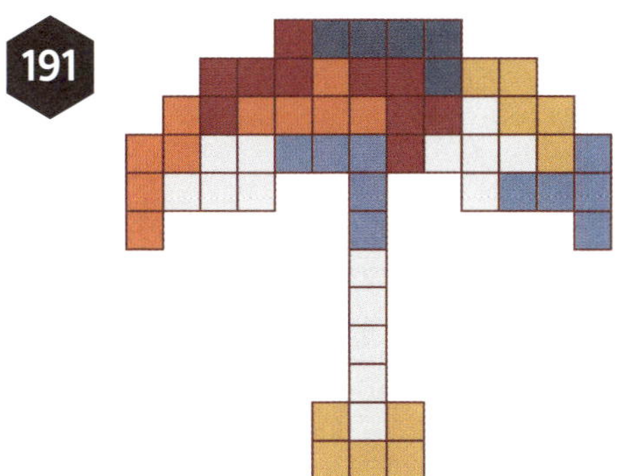

152

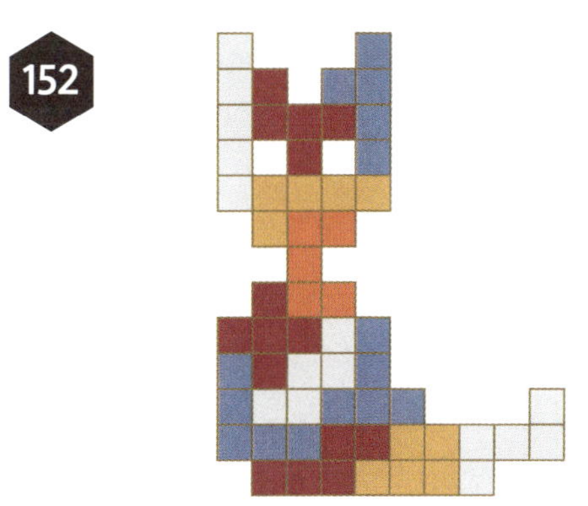

164

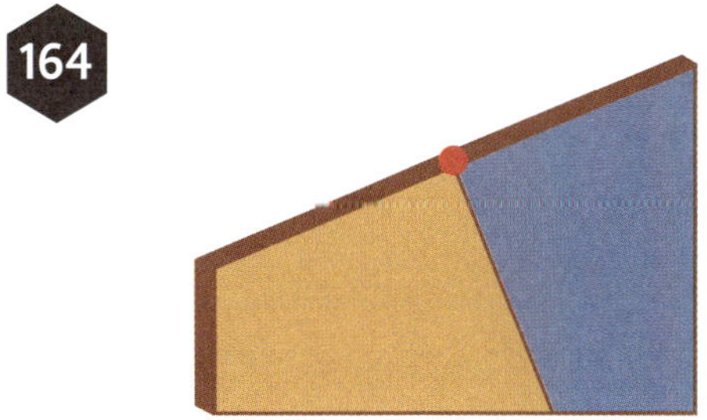

143

9 cm

Der Umfang entspricht 54 Dielenbreiten.

486 cm : 54 = 9 cm

115

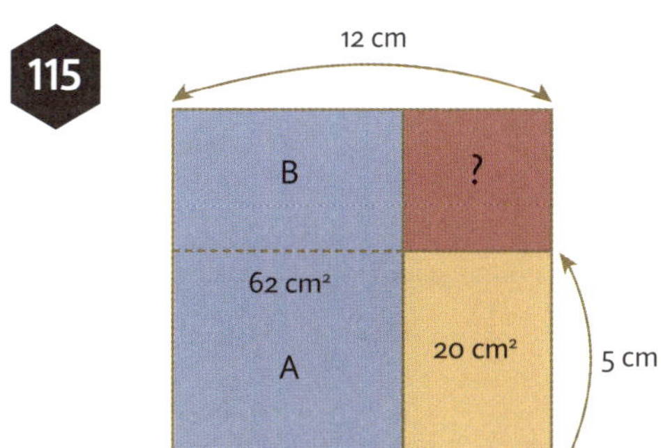

11 cm²

Blaue Fläche in A und B einteilen.

$A = 5\ cm \times 12\ cm - 20\ cm^2 = 40\ cm^2$

$20\ cm^2 = 40\ cm^2 : 2$

$B = 62\ cm^2 - 40\ cm^2 = 22\ cm^2$

$? = 22\ cm^2 : 2 = 11\ cm^2$

156

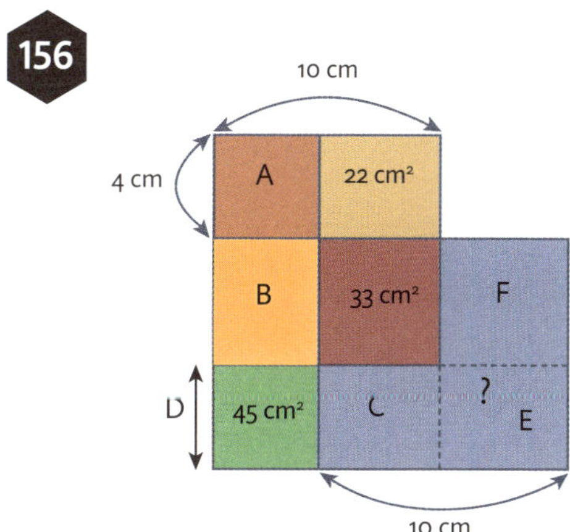

127 cm²

$A = (10\ cm \times 4\ cm) - 22\ cm^2 = 18\ cm^2$. Gelbe Fläche = B. $33\ cm^2 = 22\ cm^2 : 2 \times 3$, deshalb: $B = 18\ cm^2 : 2 \times 3 = 27\ cm^2$. Blaue Fläche in C, E und F einteilen. A + B = $45\ cm^2$, also: $C = 22\ cm^2 + 33\ cm^2 = 55\ cm^2$. $C + 45\ cm^2 = 100\ cm^2$, also: $D = 100\ cm^2 : 10\ cm = 10\ cm$. Da die Länge von C + E = 10 cm, $E = 45\ cm^2$ und $F = B = 27\ cm^2$.

$? = 55\ cm^2 + 45\ cm^2 + 27\ cm^2 = 127\ cm^2$.

Lösungen

157

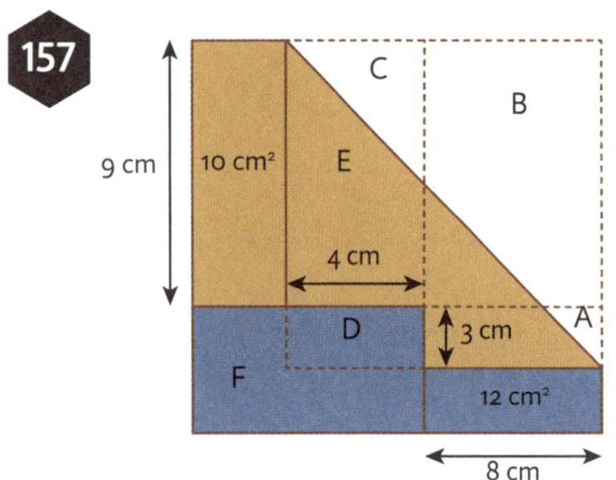

1/3. (35/105)

Gedachte Flächen A, B, C und D hinzufügen.

A = 3 cm x 8 cm = 24 cm^2

B = 9 cm x 8 cm = 72 cm^2

C = 4 cm x 9 cm = 36 cm^2

D = 4 cm x 3 cm = 12 cm^2

A + B + C + D = 144 cm^2

Das unregelmäßige Vieleck E = 144 cm^2 : 2 – D = 60 cm^2

12 cm^2 + A = B : 2, also: D + F = (10 cm^2 + C) : 2 = 23 cm^2

159

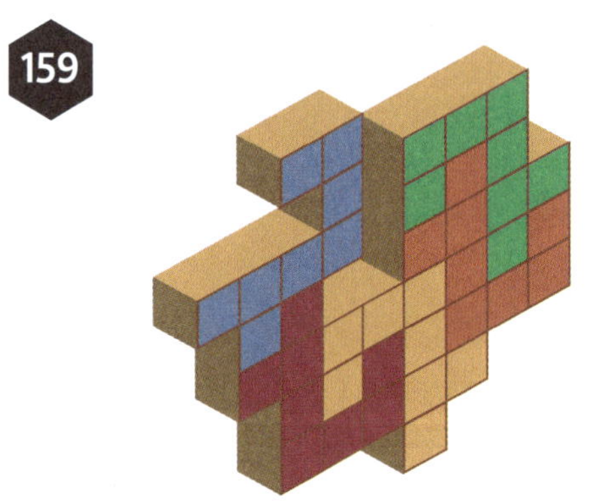

139

12

200

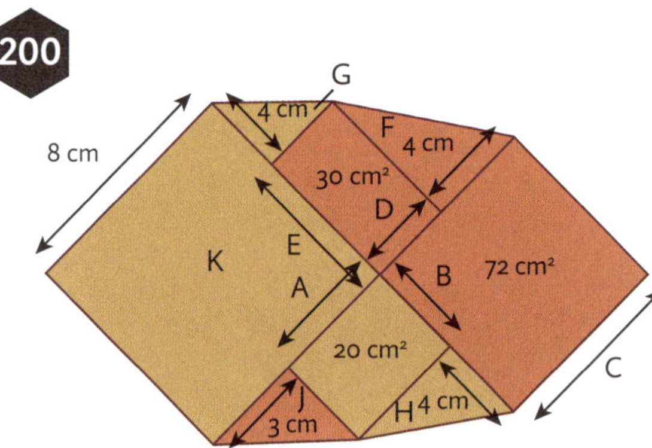

50 %

A = 8 cm – 3 cm = 5 cm. B = 20 cm^2 : 5 cm = 4 cm. C = 72 cm^2 : 8 cm = 9 cm.
D = 9 cm – 4 cm = 5 cm. E = 30 cm^2 : 5 cm = 6 cm. F = (6 cm x 4 cm) : 2 = 12 cm^2.
G = (D x 4 cm) : 2 = 10 cm^2. H = (A x 4 cm) : 2 = 10 cm^2. J = (B x 3 cm) : 2 = 6 cm^2.
K = 8 cm x (4 cm + E) = 80 cm^2

160

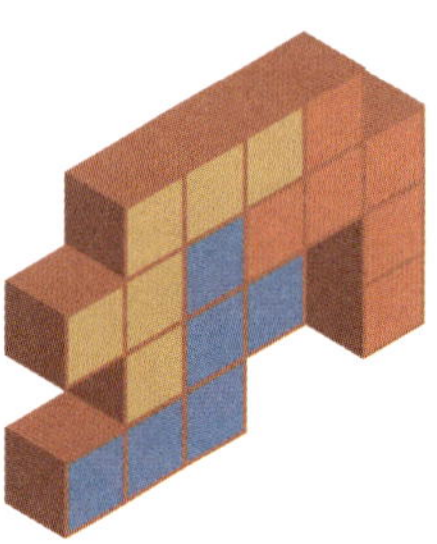

161

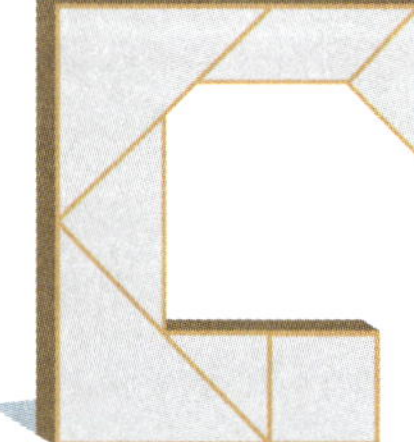

163

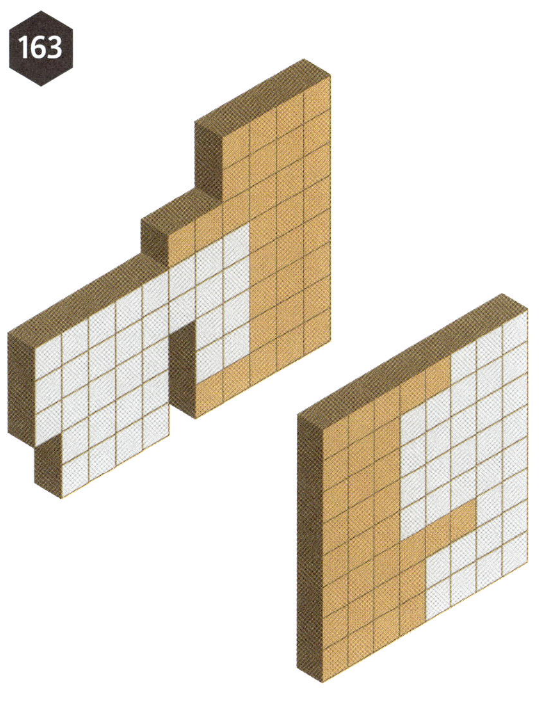

193

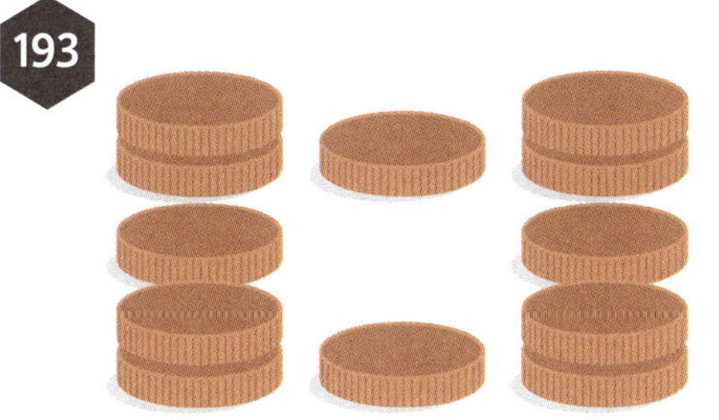

86

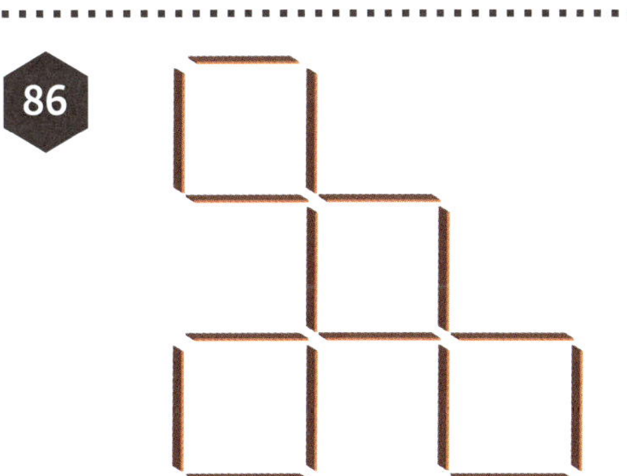

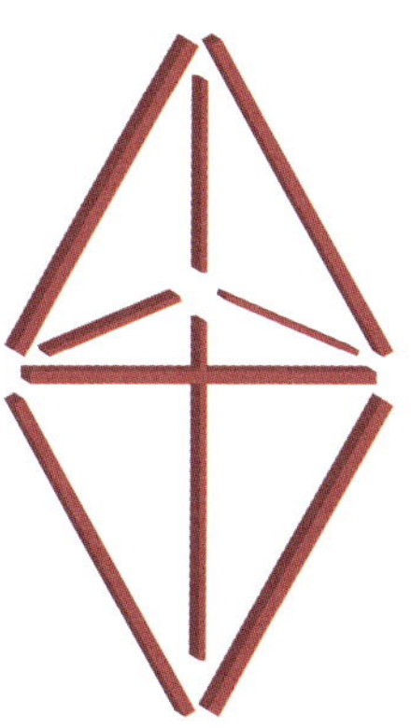

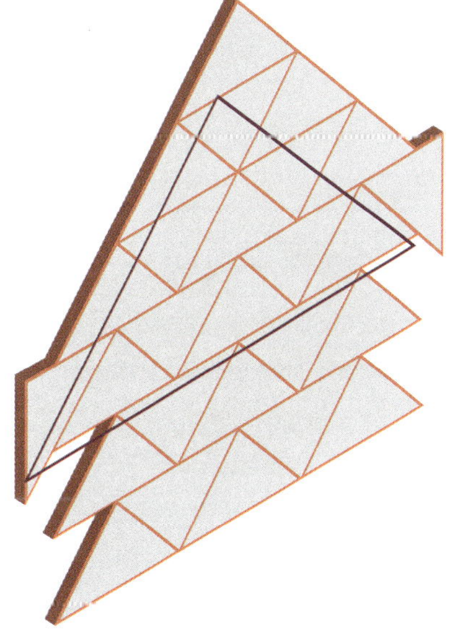

Lösungen

128

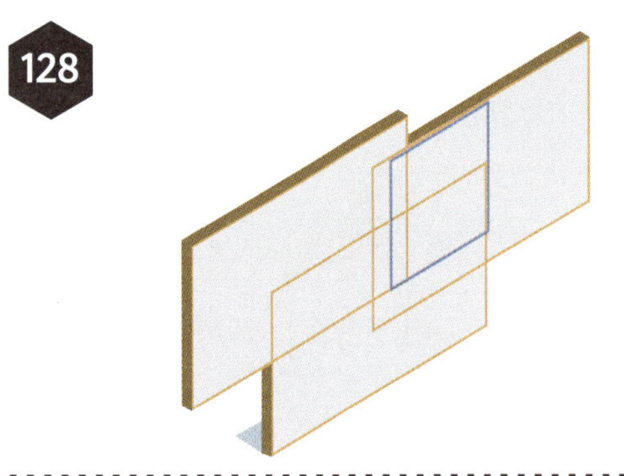

169

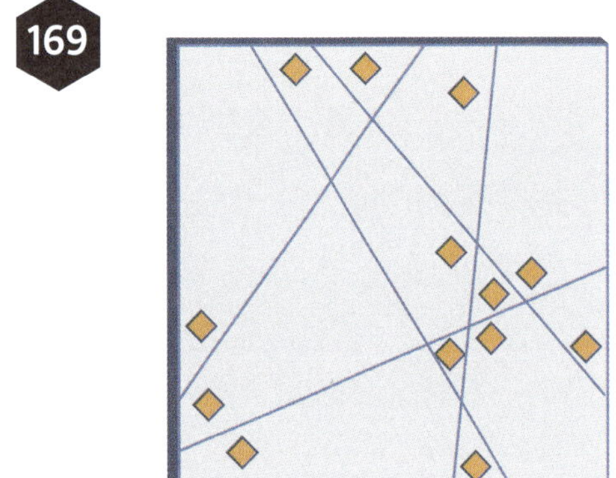

151

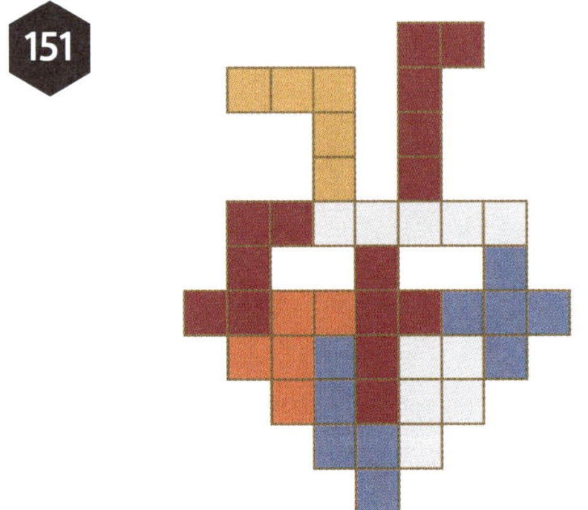

171

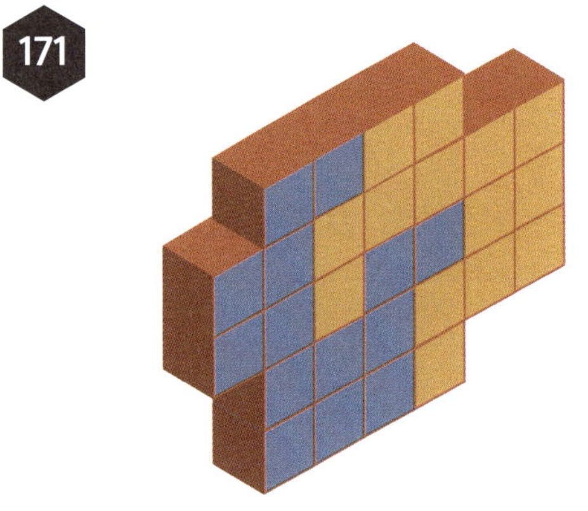

172

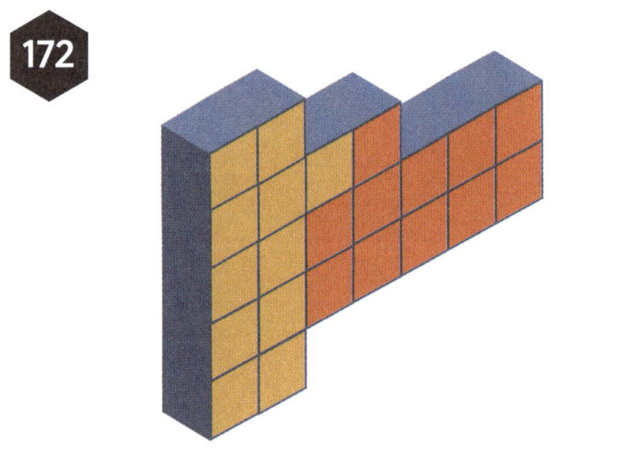

173

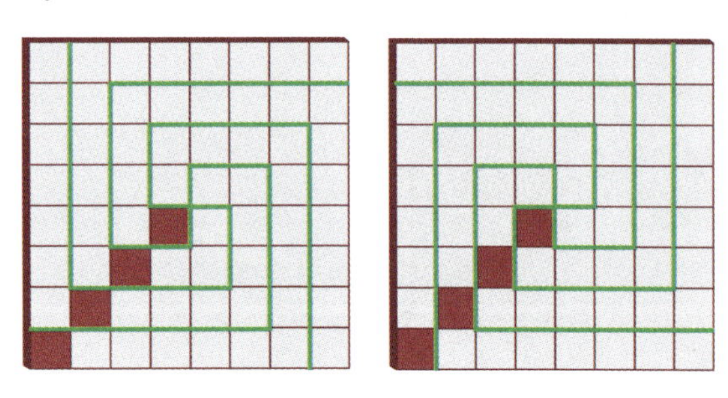

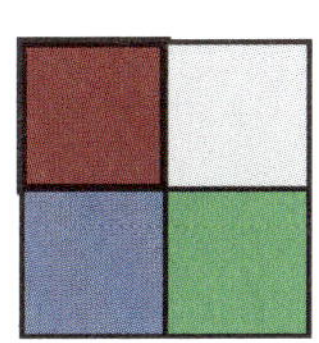

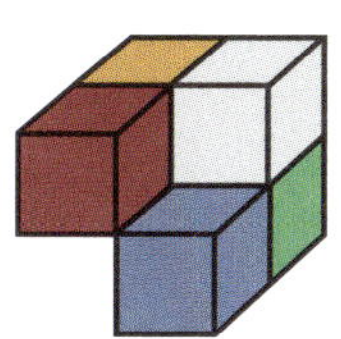

179

33

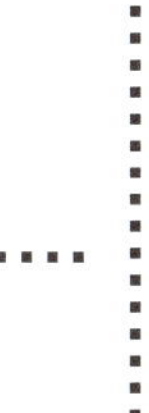

175

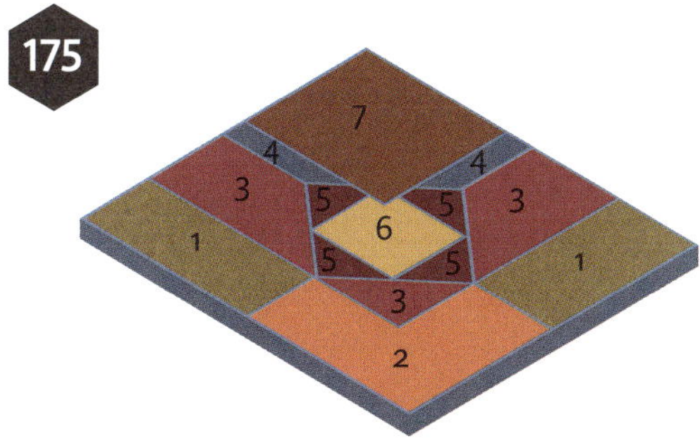

135

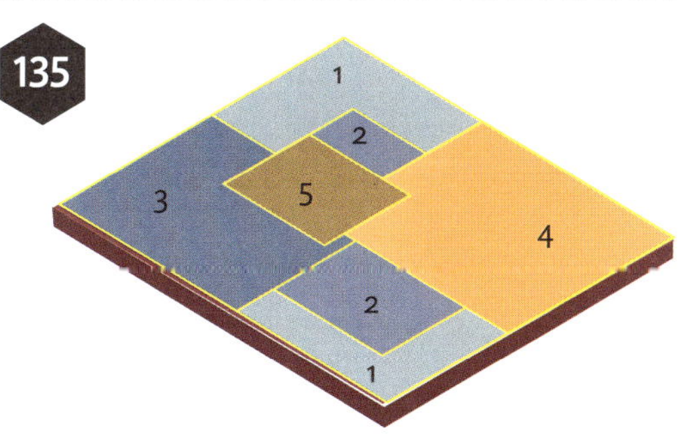

177

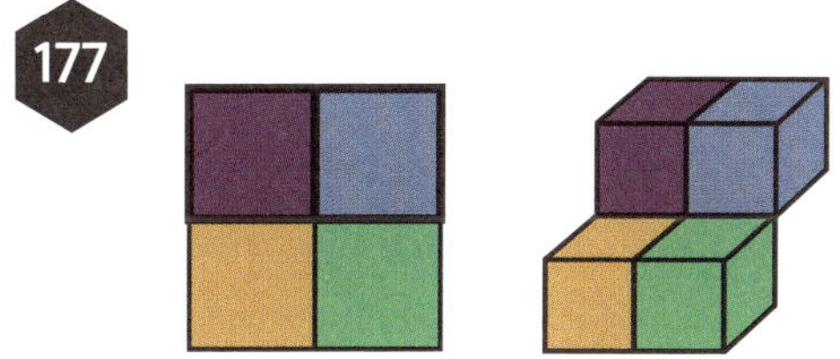

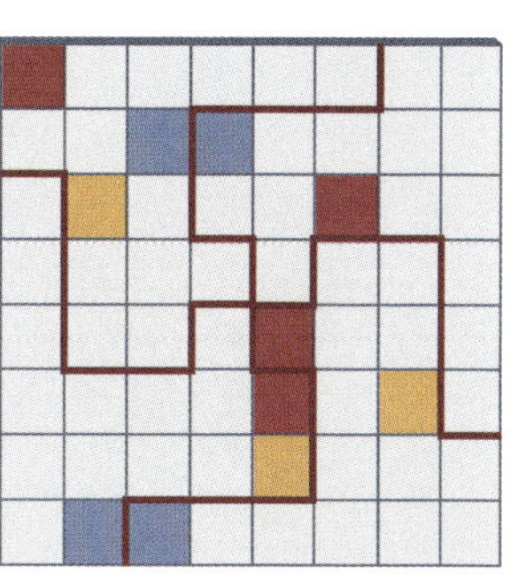

180

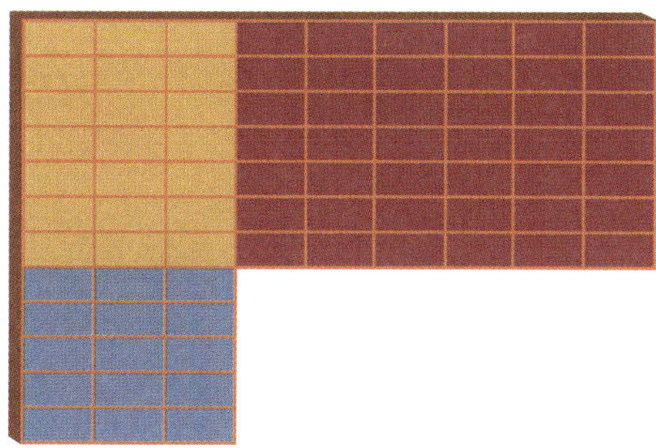

1560

Zuerst werden die Rechtecke in der gelb-roten Fläche berechnet:
(vertikale Linien x (vertikale Linien – 1)) x (horizontale Linien x (horizontale Linien – 1)) : 4 = 1260.
Dann werden die Rechtecke in der gelb-blauen Fläche berechnet:
((13 x 12) x (4 x 3)) : 4 = (156 x 12) : 4 = 468.
Die beiden Ergebnisse werden addiert: 1728.
Anschließend werden die Rechtecke in der gelben Fläche berechnet, die bereits bei der gelb-blauen Fläche gezählt wurden:
((8 x 7) x (4 x 3)) : 4 = 168.

Die Gesamtanzahl der Rechtecke beträgt 1728 – 168 = 1560.

Lösungen

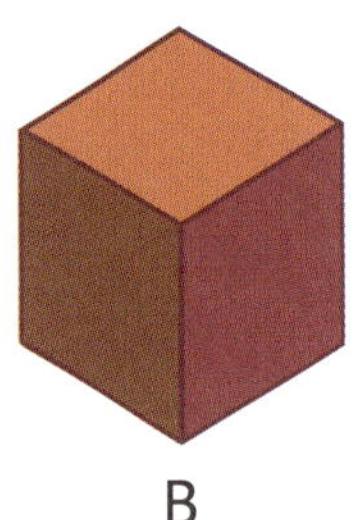

B

182

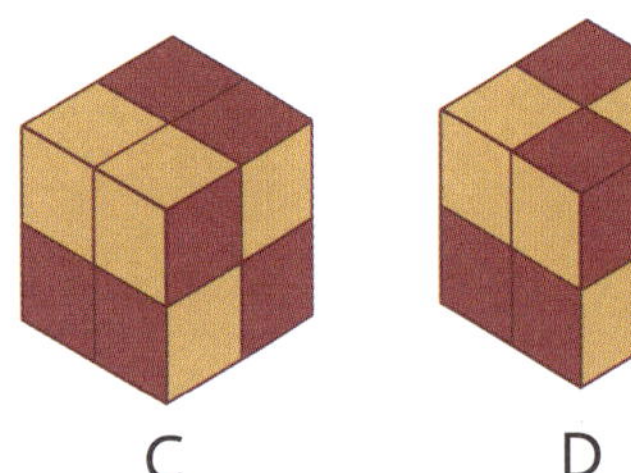

C D

183 **36 cm, 252 cm**

Die Seiten der quadratischen Fliese sind 12 cm lang, deshalb müssen die Seiten der rechteckigen Fliese 6 cm und 12 cm lang sein. Der Gesamtumfang entspricht 42 Breiten oder 21 Höhen = 252 cm.

184 **1200 cm**

Der Umfang der Mauer mit Löchern entspricht 48 Steinlängen und 48 Steinhöhen, was wiederum dem Umfang von 24 Steinen entspricht.

146 **C**

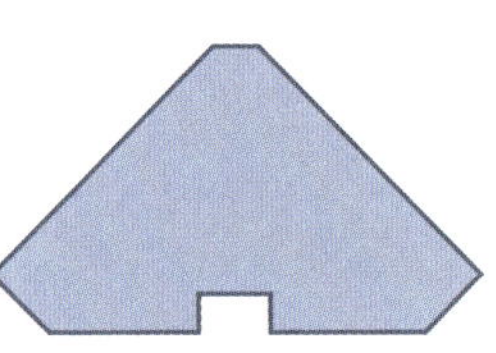

186 **B**

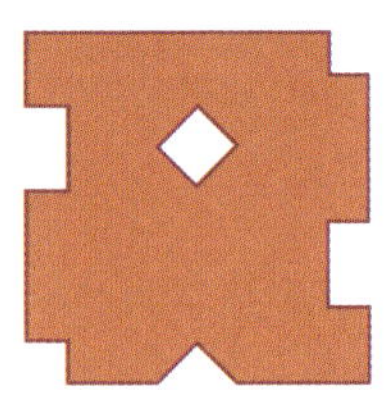

187

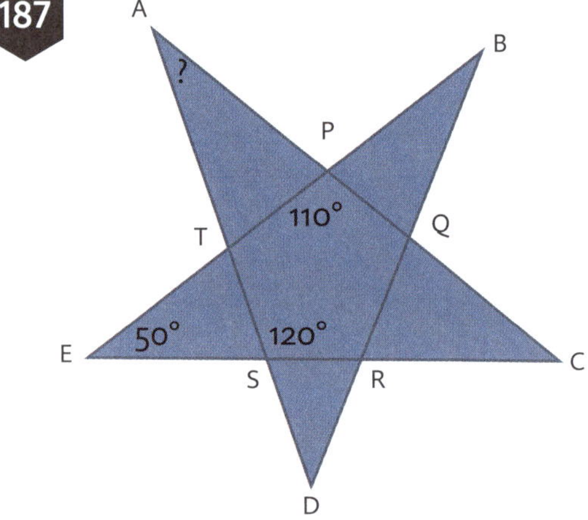

40°

Benennen Sie die Winkel wie oben abgebildet von A bis E und P bis T. Winkel APT muss 70° sein (Summe der Winkel auf einer geraden Linie). Ebenso muss Winkel TSE 60° und Winkel ETS 70° sein (Summe der Innenwinkel eines Dreiecks). Winkel ATP liegt Winkel ETS vertikal gegenüber und muss deshalb 70° sein. Daraus ergibt sich: Winkel TAP = 180° – 70° – 70° = 40°.

144

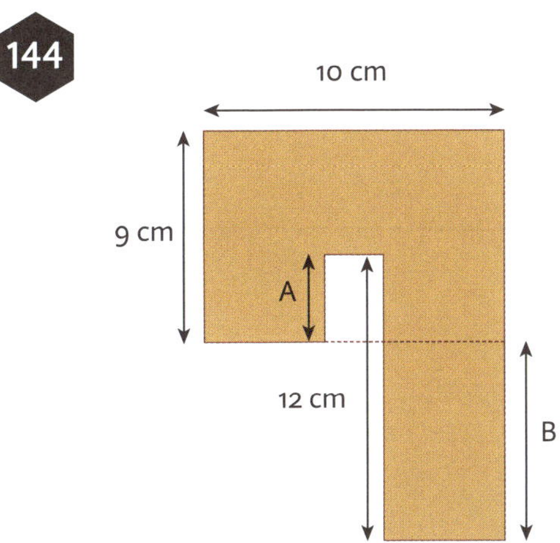

62 cm

Länge A + Länge B = 12 cm

150

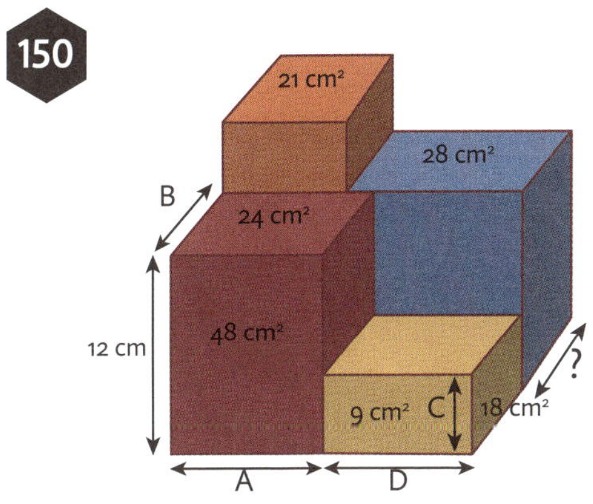

7 cm

A = 48 cm² : 12 cm = 4 cm

B = 24 cm² : 4 cm = 6 cm

C = 18 cm² : 6 cm = 3 cm

D = 9 cm² : 3 cm = 3 cm

A + D = 7 cm

? = (21 cm² + 28 cm²) : 7 cm = 7 cm

190

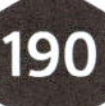
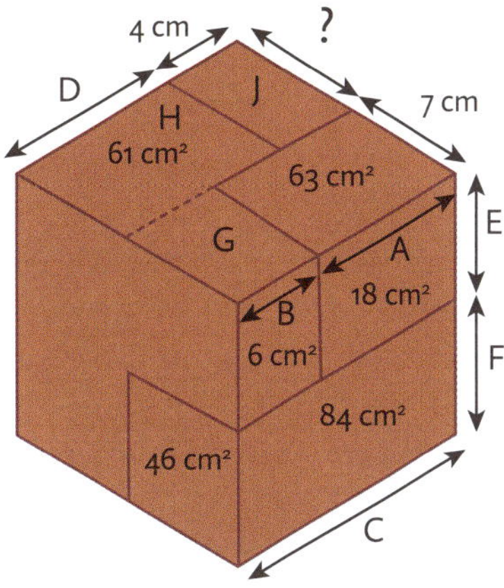

5 cm

A = 63 cm² : 7 cm = 9 cm

B = 6 cm² : 2 cm = 3 cm

C = A + B = 12 cm

D = C – 4 cm = 8 cm

E = 18 cm² : 9 cm = 2 cm

F = 84 cm² : C = 7 cm

Flächen G und H einfügen.

G = 7 cm x 3 cm = 21 cm²

H = 61 cm² – 21 cm² = 40 cm²

Da H doppelt so lang ist wie Fläche J, muss Letztere 20 cm² sein;

ergo: ? = 20 cm² : 4 cm = 5 cm

130

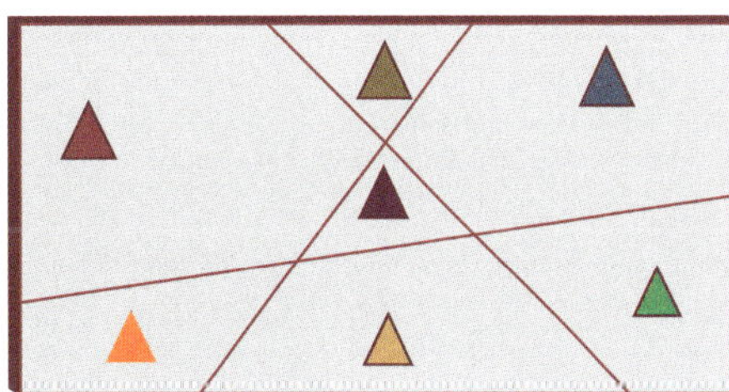

Lösungen

192

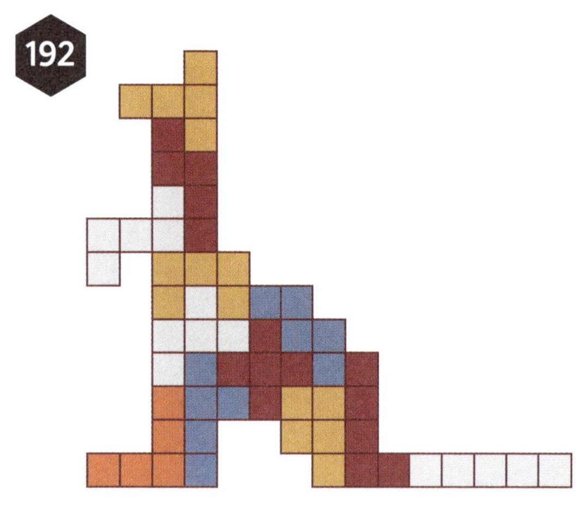

153

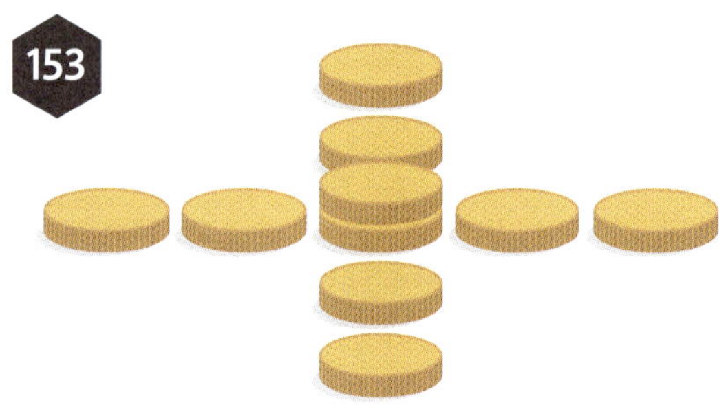

Legen Sie die oberste Münze aus der Sechserreihe auf die mittlere Münze der Fünferreihe.

194

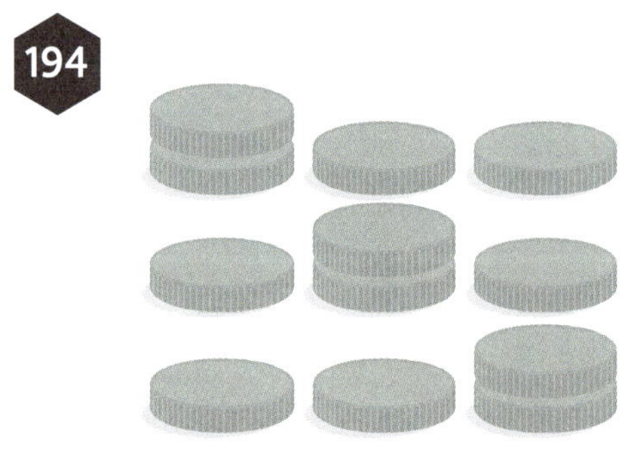

155

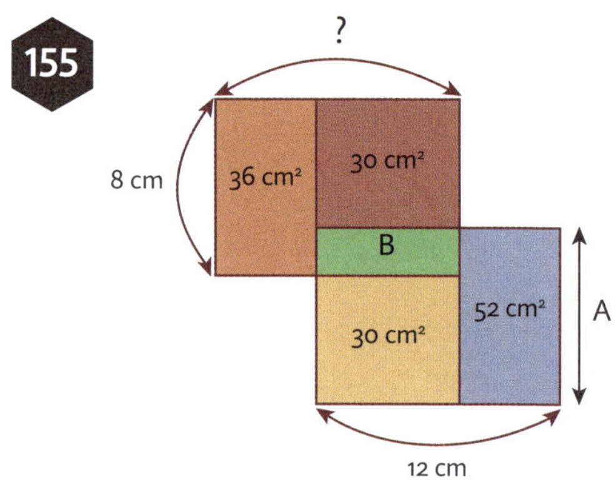

10 cm

A = 8 cm

B = (8 cm x 12 cm) – 52 cm² – 30 cm² = 14 cm²

? = (36 cm² + 30 cm² + 14 cm²) : 8 cm = 10 cm

196

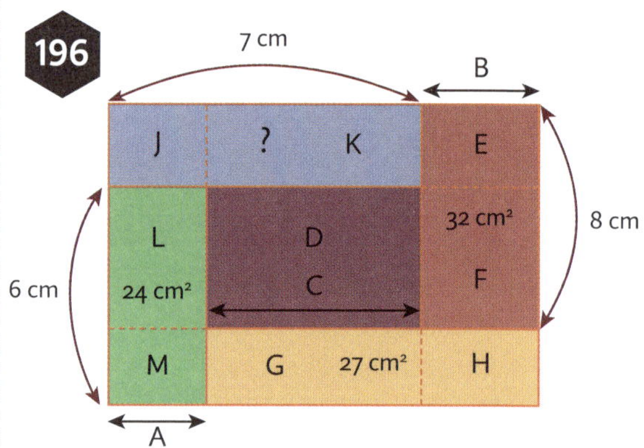

41 cm²

A = 24 cm² : 6 cm = 4 cm. B = 32 cm² : 8 cm = 4 cm. C = 7 cm – A (4 cm) = 3 cm. Fläche D kennzeichnen und die umliegenden Flächen in E und F, G und H, M und L sowie J und K einteilen. D + K = (3 cm + 4 cm) x 8 cm – 32 cm² = 24 cm². D + F = 6 cm x 7 cm – 27 cm² = 15 cm². E + K = 7 cm x 8 cm – 15 cm² = 41 cm². Da E ebenso groß ist wie J, gilt: J + K = 41 cm². ? = 41 cm².

197

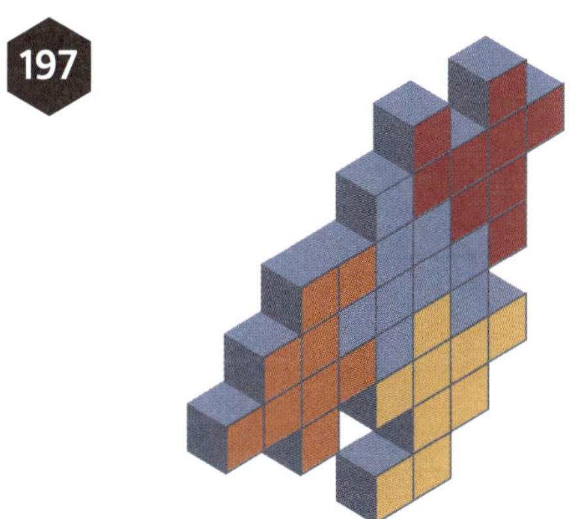

198

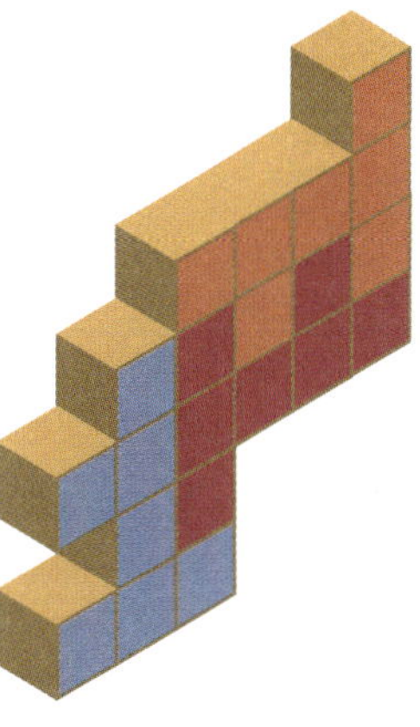

199

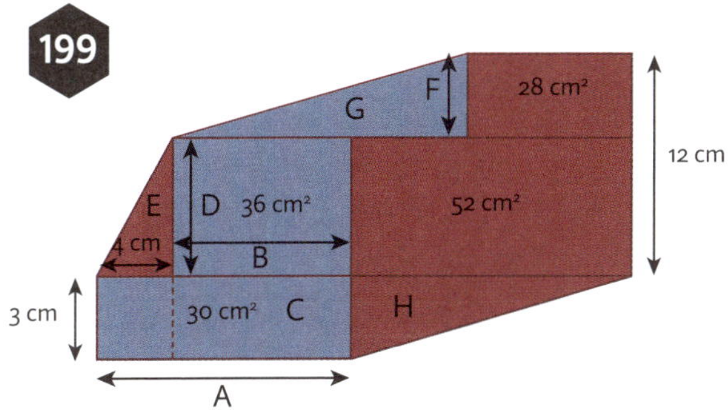

Rote Fläche: 105 cm^2,

blaue Fläche: 96 cm^2

A = 30 cm^2 : 3 cm = 10 cm

B = 10 cm – 4 cm = 6 cm

C = 6 cm x 3 cm = 18 cm^2

D = 36 cm^2 : 6 cm = 6 cm

E = (4 cm x 6 cm) : 2 = 12 cm^2

F = 12 cm – 6 cm = 6 cm

G x 2 + 28 cm^2 = 36 cm^2 + 52 cm^2 = 88 cm^2

G = (88 cm^2 – 28 cm^2) : 2 = 30 cm^2

H x 2 = 52 cm^2 : 2 = 26 cm^2

H = 26 cm^2 : 2 = 13 cm^2

158

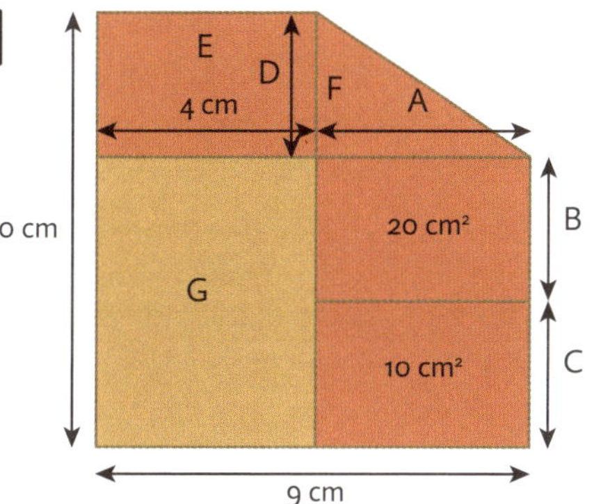

30 %

A = 9 cm – 4 cm = 5 cm

B = 20 cm^2 : 5 cm = 4 cm

C = 10 cm^2 : 5 cm = 2 cm

D = 10 cm – B – C = 4 cm

E = D x 4 cm = 16 cm^2

F = (A x D) : 2 = 10 cm^2

G = 4 cm x (B + C) = 24 cm^2

Notizen